解説

BEPS
防止措置
実施条約

矢内一好［著］

財経詳報社

はしがき

　2017年6月7日に香港を含む68の国又は地域が署名したBEPS防止措置実施条約（以下「多国間条約」という。）は，今後の租税条約の活用に2つのインパクトを与えるものといえよう。

　1つは，BEPS（税源浸食と利益移転）防止措置について，これまでの二国間租税条約を修正するという租税条約適用に関する技術的側面の修正である。日本の租税条約の現状を考えると，現在まで約30年以上が経過している昭和に締結された租税条約は，アイルランド，イタリア，インドネシア，スペイン（条約改正交渉中），スリランカ，旧ソ連（ロシアとは改正条約署名），中国，スロバキア，チェコ，ハンガリー，ブラジル，フィジー，ポーランドと多く残っており，日本と経済交流の盛んな国も含まれている。

　租税条約の特徴は，国際的二重課税の排除ということで，源泉地国における配当，利子，使用料等の源泉徴収税率を減免することであるが，多国間条約には，そのような機能はない。結果として，租税回避防止を主たる機能とする多国間条約と，従来からの国際的二重課税の排除を行う二国間租税条約が今後併存することになる。なお，これらの租税条約以外に，税務行政の国際協力を規定した多国間の租税条約で税務行政執行共助条約があり，結果として租税条約の三重構造となる。

　第2の点は，多国間条約が適用される場合，国側と租税条約のユーザーである企業等の双方において租税条約の戦略的活用が焦点となろう。従来の二国間租税条約では，日本対先進国の場合，源泉地国課税の相互減免ということで，ほぼ利害関係は均衡しており，日本対途上国の場合は，日本が源泉地国の税負担の軽減を享受し，途上国は，日本からの投資を受け入れることの経済的効果を得てきた。

　多国間条約は，国側としては，適用となる租税条約の選択，適用となる多国間条約の条項の選択等，その判断次第では，結果として日本企業等にとって有利或いは不利が生じる可能性がある。また，適用を受ける企業等においても，

多国間条約に規定のある租税回避防止の規定の内容を吟味して，投資先の国における税務リスクを的確に判断する必要がある。このような意味からすると，従来型の二国間租税条約の特徴を静的な適用とするのであれば，多国間条約は，動的な適用ということになり，租税条約の戦略的活用の側面が強くなったのである。そのため，国の選択という判断が適用を受ける企業等に不利な状況を作り出すことも可能性としてはあることから，従来にも増して，国の租税条約政策が重要性を増すことになるといえよう。

本書は，3つのパートから構成されている。

最初のパートは，多国間条約の基礎的な情報，背景等に関する事項を記述したものである。

第2のパートは，多国間条約の解説である。多国間条約は全7部，39条から構成されており，BEPS行動計画（Action Plan on Base Erosion and Profit Shifting）の他の項目との関連もある。また，財務省が公表した「BEPS防止措置実施条約の適用に関する我が国の選択の概要（暫定版）」によれば，日本が適用することを選択している本条約の規定と適用しないことを選択している本条約の規定が明らかになっているが，本書は，適用の選択の有無を明示しつつ，日本が適用することを選択した条項を中心に解説をする。したがって，日本が適用しないことを選択している条項についての説明は最小限度にとどめている。

各条項では，「予備的考察」と「解説」を分けて，本来であれば，条文の「解説」を先行させてその検討は「解説」の後に続けるのが通常であるが，「解説」の前に条文解釈に関連した事項を「予備的考察」として置くスタイルを採用している。

第3のパートは，本書の副題にあるように，多国間条約の適用が開始されると，現行の二国間租税条約及び税務執行共助条約というそれぞれその適用範囲を異にする3つの租税条約が同時並行的に動き出すことになる。これを本書では，多元化（①多国間条約，②二国間租税条約，③税務執行共助条約）と表現しているが，それ以外にも，金融情報の自動交換制度等もあり，これらの状況を踏まえて，投資をする企業或いはすでに投資をした企業等にとって，多国間条約等の適用と従来の事業活動の内容を一度再検討しておく必要があろう。

そして，最後に，資料として，日本の適用対象租税条約となった国の選択等の関連の一覧表を添付してある。

国際税務の領域では，BEPS プロジェクトの今後の動向に関する見解等も出始めているが，BEPS プロジェクトと重ね合わせて，英国離脱という状況にある EU の動向，多国間条約に参加しなかった米国の動向等というある種の現象面の分析と並行して，租税回避防止をキーワードとした場合，国内法としては，一般否認規定，義務的開示制度等の導入，税務執行面では，税務執行共助条約の適用による国際的同時税務調査に基づく情報交換，移転価格税制における所得相応性基準の導入等，多くの事象が同時並行的に進展している。

　国際税務領域では，今後上記に示したように，多元的な要素の同時進行という事態が続き，企業等が判断をする場合，どのような座標軸を用いて判断をするのかということになろうが，その判断要素の１つが，この多国間条約であろう。

　多国間条約は，今後，安定した適用に至るまでの間の動向を注視する必要があるが，租税条約という国際税務の１つの領域が新しいステージになったことは事実である。

　本書は，2017年 6 月の多国間条約署名の段階で作成されたもので，その内容は，「多国間条約基礎編」ということになり，今後，日本が適用対象として選択している条約相手国がどのような選択をするのかを見極めて，第 2 段階としての多元的視点からの「多国間条約実施編」へと繋げる必要があろう。この「多国間条約実施編」の作成は他日を期したい。

　本書の出版を認めて頂いた財経詳報社社長宮本弘明氏のご配慮に感謝するとともに，本書が何らかのお役に立つことがあれば，筆者として望外の喜びである。

平成29年12月　　　　　　　　　　　　　　　　　　　　　　矢内一好

目　　次

はしがき

I｜多国間条約の概要

❶　基礎資料 ……………………………………………………………… 2
❷　多国間条約署名までの BEPS 関連事項 …………………………… 7
❸　BEPS 行動計画15の動向 …………………………………………… 8
❹　多国間条約の各条項 ………………………………………………… 9
❺　多国間条約によって導入される BEPS 防止措置 ………………… 11
❻　既存の租税条約との適用関係 ……………………………………… 12

II｜BEPS 行動計画15
（多国間における新たな協定の構築）の概要

❶　2014年報告書 ………………………………………………………… 14
❷　2015年マンデート …………………………………………………… 20
❸　2015年最終報告書 …………………………………………………… 22

III｜多国間条約の解説

❶　日本の対応 …………………………………………………………… 24
❷　多国間条約解釈の基礎 ……………………………………………… 29

❸ 第 1 部（前文，第 1 条〜第 2 条）……………………………… 35
❹ 第 2 部（ハイブリッド・ミスマッチ：第 3 条〜第 5 条）……… 38
❺ 第 3 部（租税条約の濫用：第 6 条〜第11条）………………… 50
❻ 第 4 部（PE 判定の回避：第12条〜第15条）…………………… 98
❼ 第 5 部（紛争解決の改善：第16条〜第17条）………………… 119
❽ 第 6 部（仲裁：第18条〜第26条）……………………………… 136
❾ 第 7 部（最終諸規定：第27条〜第39条）……………………… 182

Ⅳ 多国間条約の今後の課題

❶ 日本の現行租税条約の状況………………………………………214
❷ 条約法に関するウィーン条約（条約法条約）………………………220
❸ 米国が不参加の理由………………………………………………223
❹ 米国不参加による日本への影響…………………………………224
❺ 租税条約戦略（従来型）……………………………………………224
❻ 多国間条約適用後の展開…………………………………………231
❼ BEPS は米国企業包囲網か………………………………………233
❽ 多国間条約の第 2 ラウンド　……………………………………236
❾ PPT の検討…………………………………………………………237

（資料）
多国間条約の留保と選択一覧表……………………………………………244

I
多国間条約の概要

2　Ⅰ　多国間条約の概要

① 基礎資料

(1)　概　要

多国間条約に関する基礎資料は次のとおりである。

正式名称（和文）	BEPS 防止のための租税条約関連措置の実施に係る多国間条約
英文名称	Multilateral Convention to implement Tax Treaty Related Measures to Prevent BEPS
英文略称	Multilateral Instrument（MLI）
署名日	2017年6月7日
署名国等	署名（68か国），署名の意思を表明（8か国）
本条約の構成	全39条

(2)　2017年6月7日の署名国

多国間条約に署名した国は次のとおりである（以下※は日本との租税条約締結国）。

アイスランド（条約交渉開始）	アイルランド※	アルゼンチン
アルメニア※	アンドラ	イスラエル※
イタリア※	インド※	インドネシア※
ウルグアイ	英国※	エジプト※
オーストラリア※	オーストリア※	オランダ※
ガーンジー（情報交換協定）	カナダ※	ガボン
韓国※	キプロス	ギリシャ
クウェート※	クロアチア	コスタリカ
コロンビア	サンマリノ	ジャージー（情報交換協定）
ジョージア※	シンガポール※	スイス※
スウェーデン※	スペイン※	スロバキア※
スロベニア※	セーシェル	セネガル
セルビア	チェコ※	中国※

1 基礎資料　3

チリ※	デンマーク※	ドイツ※
トルコ※	日本	ニュージーランド※
ノルウェー※	パキスタン※	ハンガリー※
フィジー※	フィンランド※	フランス※
ブルガリア※	ブルキナファソ	ベルギー※
ポーランド※	ポルトガル※	マルタ
マン島（情報交換協定）	南アフリカ※	メキシコ※
モナコ	ラトビア※	リトアニア （平成29年7月13日　署名）
リヒテンシュタイン（情報交換協定）	ルクセンブルク※	ルーマニア※
ロシア※	香港※	

　多国間条約への署名を表明した8か国は次のとおりである。

カメルーン	コートジボワール	エストニア（条約交渉開始）	ジャマイカ
レバノン	モーリシャス	ナイジェリア	チュニジア

　モーリシャスは2017年7月5日，ナイジェリアは2017年8月17日に署名した。

(3)　多国間条約作成特別委員会出席国（2015年5月28日開催）

　標題にある特別委員会には出席しているが，2017年6月7日の署名に参加しなかった国は，27か国で次のとおりである。

アゼルバイジャン，バングラデシュ，バルバドス，ブータン，ブラジル，グアテマラ，ドミニカ，ジャマイカ，カザフスタン，レバノン，リベリア，マレーシア，マーシャル諸島，モーリシャス，モルドバ，モロッコ，ナイジェリア，フィリピン，カタール，サウジアラビア，スリランカ，スワジランド，タンザニア，タイ，チュニジア，ベトナム，ザンビア

　上記のブラジル，マレーシア，フィリピン，サウジアラビア，スリランカ，タイ，ベトナム等は，署名に参加していない。
　特別委員会のメンバーで上記の特別委員会に欠席した国は次のとおりである。

> バーレーン，ベリーズ，ベニン，バミューダ，ボスニア・ヘルツェゴヴィナ，カメルーン，コートジボワール，エストニア，ハイチ，ヨルダン，ケニア，モーリタニア，モンゴル，パナマ，パプアニューギニア，ペルー，ウガンダ，ウクライナ，アラブ首長国連邦，米国，ジンバブエ

米国は，特別委員会のメンバーであるが，署名に参加していない。

(4) 多国間条約の適用

① 本条約は，本条約に署名した5か国・地域が批准書，受諾書又は承認書を寄託することにより，その5番目の寄託から所定の期間が満了した後に，その5か国・地域について効力が生じることになる（多国間条約の批准と施行）。
② 本条約は，本条約の適用対象となる各租税条約のすべての締約国について本条約を批准し，一定の期間が経過した後に，その租税条約について適用が開始される（個別の租税条約に対する適用）。
③ 日本は，本条約について批准書等を寄託するためには国会の承認が必要である。

以上の多国間条約の適用を図示すると次のようになる（税制調査会資料より）。

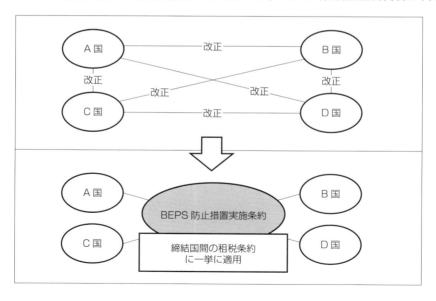

❶ 基礎資料　5

⑸　税務行政執行共助条約（Convention on Mutual Administrative Assistance in Tax Matters）

　税務行政執行共助条約（以下「共助条約」という。）は，OECD 及び欧州評議会により検討され作成されたもので，1986年7月に OECD 租税委員会，1987年4月に欧州評議会閣僚会議において条約案が採択された。その後，1987年6月に欧州評議会閣僚会議，1987年10月に OECD 理事会で署名のために開放することが合意され，1988年1月25日に OECD 加盟国及び欧州評議会加盟国に署名のために開放されている。

　日本は，1988年の開放後，当初は参加に意欲を示したが，外国の参加の動向が思わしくない等の理由から，消極的な姿勢に転じ，約20年余が経過したのである。

　その後，日本は，フランスにおいて開催された G20において，当時のフランスのサルコジ大統領の提唱により，2011年（平成23年）11月4日に共助条約に署名し，2013年（平成25年）6月28日に受託書を OECD に寄託し，同年10月1日にこの条約が発効している。

　共助条約の主な役割は，①同時税務調査及び他国の税務調査への参加を含む情報交換，②保全措置を含む租税債権徴収における協力，③文書の送達，である。したがって，共助条約が動き出すと，同時税務調査等に基づく情報交換ということになる。

　この共助条約の開放後の経緯であるが，共助条約（条約草案及びそのコメンタリーから構成されている。）は，その後，スウェーデン（1989年4月），ノルウェー（1989年5月），米国（1989年6月），フィンランド（1989年12月），オランダ（1990年9月），ベルギー（1992年2月），ポーランド（1996年3月），アイスランド（1996年7月），がこの条約（以下「原条約」という。）に署名したことにより，原条約は1995年4月に発効している。

　米国は，この条約について，徴収共助と文書送達に関する部分について留保しており，情報交換に関する部分についてのみ参加している。原条約に署名した国は，アイスランド以降も増加して，最終的には，30か国が署名している。30か国の署名を時期により区分すると，1980年代が4か国，1990年代が5か国，2000年代が8か国，2010年代が13か国という推移である。

　原条約はその後議定書（以下「改正共助条約」という。）により改正されて

2010年5月27日に開放されている。2017年9月12日現在の改正共助条約に署名した国及び地域は，113か国であり，そのうち，署名はしたが未発効の国は，米国等の13か国である。

また，署名・参加113か国のうち，宗主国からの適用拡大である地域が多い。例えば，バミューダ，英領バージン諸島，ケイマン諸島，ジブラルタル，ガーンジー，マン島，ジャージーは，いずれもタックスヘイブンとして有名な地域であるが，英国の海外領土或いは王室領である。これらの地域には，共助条約が英国の適用拡大という形になっている。

この共助条約が注目されているのは，OECDによる国際的租税回避対策であるBEPS行動計画において，多国間条約の意義が検討されており，その先駆け的な存在がこの共助条約である。

2017年10月現在，共助条約が発効となっている国で，日本と二国間租税条約を締結していない国は地域別に分けると次のとおりである。日本は，これらの国とは共助条約でつながっていることになる。

① ヨーロッパ（14）：アイスランド，アルバニア，アンドラ，エストニア（2016年8月条約交渉開始），キプロス，ギリシャ，グリーンランド，クロアチア，サンマリノ，ジブラルタル，フェロー諸島，マルタ，モナコ，リトアニア（2017年7月13日条約署名）

② アフリカ（8）：ウガンダ，ガーナ，カメルーン，セーシェル，セネガル，チュニジア，ナイジェリア，モーリシャス

③ 中南米（16）：アルゼンチン，アルバ，アンギラ，ウルグアイ，キュラソー，グアテマラ，コスタリカ，コロンビア，セントクリストファー・ネーヴィス，セントビンセント及びグレナディーン諸島，セントマーティン，セントルシア，タークス・カイコス諸島，バルバドス，ベリーズ，モンセラット

④ 大洋州（4）：クック諸島，ナウル，ニウエ，マーシャル諸島

⑤ 中東（1）：レバノン

⑹ 多国間条約関係文書

① 2014年報告書（Developing a Multilateral Instrument to Modify Bilateral Tax Treaties ACTION 15: 16 Sep. 2014 Deliverable, pages 64）

② 2015年マンデート（Action 15: A Mandate for the Development of a Multilateral Instrument on Tax Treaty Measures to Tackle BEPS, 6 Feb. 2015）.

③ 2015年最終報告書（OECD/G20 Base Erosion and Profit Shifting Project Developing a Multilateral Instrument to Modify Bilateral Tax Treaties ACTION 15: 5 Oct. 2015 Final Report, pages 56.）

④ 多国間条約原文（MULTILATERAL CONVENTION TO IMPLEMENT TAX TREATY RELATED MEASURES TO PREVENT BASE EROSION AND PROFIT SHIFTING）（仮訳文）

⑤ 多国間条約解説書（EXPLANATORY STATEMENT TO THE MULTILATERAL CONVENTION TO IMPLEMENT TAX TREATY RELATED MEASURES TO PREVENT BASE EROSION AND PROFIT SHIFTING）（以下「解説書」という。）

⑥ MULTILATERAL CONVENTION TO IMPLEMENT TAX TREATY RELATED MEASURES TO PREVENT BASE EROSION AND PROFIT SHIFTING（Information Brochure）

⑦ Multilateral Instrument Matching Database

⑧ Applying the MULTILATERAL INSTRUMENT Step-by-Step

⑨ MULTILATERAL CONVENTION TO IMPLEMENT TAX TREATY RELATED MEASURES TO PREVENT BASE EROSION AND PROFIT SHIFTING：Functioning under Public International Law

⑩ MATCHING OF RESERVATIONS AND NOTIFICATIOBS UNDER THE MULTILATERAL INSTRUMENT（MLI）PROVISIONS

⑪ BEPS防止措置実施条約の適用に関する我が国の選択の概要（暫定版）（財務省HP）

⑫ 税源浸食及び利益移転を防止するための租税条約関連措置を実施するための多数国間条約（財務省HP）

❷ 多国間条約署名までのBEPS関連事項

OECDにおけるBEPS関連の活動の概要は下記のとおりである。

2012年6月	第7回 G20メキシコ・ロスカボス・サミット首脳会合宣言において，租税分野では，情報交換の強化，税務行政執行共助条約署名への奨励と共に，多国籍企業による租税回避を防止する必要性が再確認され，OECD 租税委員会は，BEPS プロジェクトを開始した。
2012年後半	英国等において，多国籍企業の租税回避問題が生じていることが報道された。
2013年2月	OECD は，BEPS に対する現状分析報告書として，「税源浸食と利益移転への対応」(Addressing Base Erosion and Profit Shifting) を公表した。
2013年7月	OECD は，「BEPS 行動計画」(Action Plan on Base Erosion and Profit Shifting) を公表した。
2013年9月	第8回 G20ロシア・サンクトペテルブルクにおける首脳会合宣言において，BEPS 行動計画が全面的に支持された。この支持が BEPS プロジェクト推進の原動力となった。
2014年9月	BEPS 行動計画に関する第一弾報告書7つ（2014年報告書を含む。）が公表された。
2015年2月9〜10日	20か国財務大臣・中央銀行総裁会議
2015年10月5日	BEPS　Final Reports 公表
2015年11月15〜16日	G20首脳会合（トルコ・アンタルヤ・サミット）

　OECD における BEPS プロジェクトは，その成果を G20において承認を受けるスケジュールで運営されており，G20の承認を受けたことにより，BEPS プロジェクトの成果を OECD 加盟国ばかりでなく，非加盟国も OECD における決定事項に従うという図式になっている。

❸　BEPS 行動計画15（Action 15：Developing a Multilateral Instrument to Modify Bilateral Tax Treaties）の動向

　2013年7月に公表された BEPS 行動計画の第15項目が多国間条約に関する項目である。以下は，BEPS 行動計画15の沿革である。

2013年7月	BEPS 行動計画の第15項目に「多国間条約の開発」が規定。
2014年6月	CFA（OECD 租税委員会：the OECD Committee on Fiscal Affairs）が2014年報告書承認。
2014年9月16日	2014年報告書公表（マンデートの策定を勧告）。
2014年9月20日〜21日	G20財務大臣・中央銀行総裁会議（オーストラリア・ケアンズ）に2014年報告書提出。
2014年9月16日	国際法等との調整に関する報告。
2014年11月	CFA マンデート原案を協議。
2015年1月	CFA マンデート案了承。
2015年2月6日	「多国間条約の開発に係るマンデート」公表。
2015年2月9日・10日	トルコ・イスタンブールで開催されて G20財務大臣・中央銀行総裁会議において多国間条約の枠組みが支持された。
2015年5月27日	多国間条約作成作業開始。
2015年10月5日	BEPS 行動計画15の最終報告書公表。
2016年5月31日	多国間条約に係る検討案公表。
2016年11月24日	（参加国による条文の採択）多国間条約及びその解説書が公表。
2016年12月31日	署名のためにすべての関心のある国に開放された。
2017年6月7日	署名。
2018年初頭	多国間条約により修正開始見込み。

④ 多国間条約の各条項

　以下は多国間条約の各条項の見出しである。

第1部	適用範囲及び用語の解釈
第1条	条約の適用範囲
第2条	用語の解釈
第2部	ハイブリッド・ミスマッチ
第3条	パススルー事業体

	第4条	双方居住者となる団体
	第5条	二重課税排除の方法の適用
第3部		租税条約の濫用
	第6条	対象租税条約の目的の補正
	第7条	租税条約の濫用防止
	第8条	配当に係る課税減免の株式保有期間
	第9条	不動産化体株式の譲渡所得
	第10条	第三国所在の恒久的施設を利用する租税回避防止ルール
	第11条	自国居住者の条約適用の制限の適用
第4部		恒久的施設判定の回避
	第12条	コミッショネア契約等を利用した恒久的施設の判定の人為的回避
	第13条	準備的補助的活動等を利用した恒久的施設判定の人為的回避
	第14条	建設工事等の契約の分割
	第15条	企業に密接に関する者の定義
第5部		紛争解決の改善
	第16条	相互協議手続
	第17条	対応的調整
第6部		仲裁
	第18条	第6部適用の選択
	第19条	強制仲裁
	第20条	仲裁のための委員会の構成員の任命
	第21条	仲裁手続の秘密保護
	第22条	仲裁決定前に解決した場合
	第23条	仲裁手続の形態
	第24条	異なる解決の合意
	第25条	仲裁手続の費用
	第26条	対象租税条約に仲裁規定がない場合の補充
第7部		最終諸規定

第27条	署名及び批准，受託又は承認
第28条	留保
第29条	通告
第30条	対象租税条約の修正後の改正
第31条	締約国会議
第32条	解釈と施行
第33条	修正
第34条	効力発生
第35条	適用開始
第36条	第6部（仲裁）の開始
第37条	脱退
第38条	議定書との関連
第39条	寄託者

❺　多国間条約によって導入される BEPS 防止措置

多国間条約には次のような BEPS 防止措置が盛り込まれている。

多国間条約の該当条文等	BEPS 行動計画の項目
第2部：ハイブリッド・ミスマッチ（3条〜5条）	行動計画2（ハイブリッド・ミスマッチの効果の無効化）
第3部：条約の濫用（6条〜11条）	行動計画6（租税条約の濫用防止）
第4部：恒久的施設判定の回避（12条〜14条）	行動計画7（恒久的施設認定の人為的回避の防止）
第5部：紛争解決の改善，第6款：仲裁	行動計画14（相互協議の効果的実施）

多国間条約によって既存の租税条約に導入される BEPS 防止措置は，租税条約の濫用等を通じた租税回避行為の防止に関する措置，及び，二重課税の排除等納税者にとっての不確実性排除に関する措置である。

❻ 既存の租税条約との適用関係

既存の租税条約との関係は次のとおりである。

① 多国間条約の各締約国は，その既存の租税条約のいずれを多国間条約の適用対象とするかを任意に選択することができる。

② 既存の租税条約のいずれかの締約国が多国間条約の締約国でない場合，又は，その租税条約を多国間条約の適用対象として選択していない場合，多国間条約はその租税条約については適用されないことになる。2017年6月7日の署名には，米国が参加していないことから，日米租税条約には多国間条約が適用されないことになる。

Ⅱ
BEPS 行動計画15
（多国間における新たな
協定の構築）の概要

❶ 2014年報告書

(1) 同報告書の概要

　2014年報告書は，2014年9月に公表され，その報告書のタイトルは，「二国間租税条約を修正するための多国間条約の発展」（Developing a Multilateral Instrument to Modify Bilateral Tax Treaties）であり，全体で63頁（本文27頁，付属資料36頁）のものである。

　この2014年報告書の要旨は[1]，まず，既存の二国間租税条約が，税源浸食と利益移転（BEPS）が起こりやすい状況を作り出していると分析し，これらを補正するためには，既存の租税条約を強化する方策ではなく，BEPSに対抗でき，かつ，二重課税排除の役割を果たすことができる必要があるとしている。そのために，既存の租税条約を改訂するのと同じ効果を持つ多国間条約の実行可能性の検討に各国は合意することになるというのが，OECDの考え方である。

　2014年報告書は，このような観点から租税と国際法の関連について分析を行っている。その目的は，BEPSに対する対抗策の実施と二国間租税条約の改訂である。そして，二国間租税条約を多国間条約により修正するという方法は租税の領域では前例がないことであるが，他の国際法領域では先例がある方法である。2014年報告書の結論は，多国間条約による方法が望ましいもので，また，実行可能であり，そのための交渉が早急に行われるべきであるとしている。

(2) 2014年報告書の骨子

　2014年報告書において主張されている骨子は，次のとおりである[2]。

① 既存の租税条約では，BEPSの対抗策としての効果がない。具体的には，OECDモデル租税条約の改訂であるが，その趣旨は，二重非課税を除去することである。改訂を有する箇所は，恒久的施設（以下「PE」という。）の定義，相互協議手続の改善である。また，現行のモデル租税条約にない規定として要望されているものは，ハイブリッド・ミスマッチに関するもの，BEPS対抗策を租税条約に規定することに関連した租税条約濫用防止

---

(1) OECD, Developing a Multilateral Instrument to Modify Bilateral Tax Treaties, 16. Sep. 2014. pp. 9-10.

(2) Ibid. pp. 11-14.

規定の導入に関するもので，専門家は，モデル租税条約の改訂の必要性を唱えている。

②　各国の租税条約を改訂したOECDモデル租税条約と同様の内容にするには，多くの時間を要することになる。BEPS対策は早急に行う必要があることから，効率的に各国の租税条約を改訂するためには，多国間条約による一括改訂方式が望ましいのである。

③　BEPSの租税回避は，多国間の国内法と租税条約の相互関係によるもので，BEPSを可能にした租税条約ネットワークを防止し，かつ租税管轄権を守るために，多国間条約によってより密接な協調が必要となる。

④　多国間条約は，短時間で合意した条約上の対策を実行することができ，かつ，租税条約の二国間の取極を守ることになる。多国間条約を利用することに3つの利点がある。第1は，多国間条約はその狙いが絞られている。第2は，BEPS対策に関して，世界中約3000余の租税条約を同時に修正することができる。第3は，多国間条約が，BEPS計画を促進するという政治的な要請に応えるものである。すなわち，BEPSによる濫用を縮小し，政府は，二国間租税条約を損ねることなく国際的な課税問題を解決することになる。

⑤　多国間条約の先例は税務執行共助条約である。2014年報告書は，多国間条約が望ましい方法で，実行可能であるとして，早急に，協議が開始されることを結論としている。

⑥　従来からの租税条約を迅速に改正するための昔からある障害は，政治的な決断を必要とするが，税務行政執行共助条約がその例で，この条約は，G20主導で行われた。

(3)　多国間相互協議の進展[3]

多国間条約の利点は，多国間における争点を解決するために多国間相互協議が発展することである。多国間相互協議は，多国間において活動する納税義務者の場合に，関連各国の権限ある当局による相互協議を可能にする。そして，権限ある当局による合意ができない場合，仲裁を規定することになる。

---

(3)　Ibid. pp. 23-24.

(4) 法人の双方居住者問題[4]

この対策は，二国間租税条約に規定することが最も効果的である。

(5) 事業体課税（ハイブリッド・ミスマッチ問題）[5]

ハイブリッド・ミスマッチ問題とは，ある事業体が，一方の国において法人（団体課税）として扱われ，他方の国ではパススルー事業体（構成員課税）として扱われることをいう。その結果，双方の国において不課税或いは長期の課税繰延べという事態が生じる可能性がある。この問題は国内法により解決が図られるべきものであるが，租税条約を改正することで解決できる。すなわち，他方の締約国への支払は，他方で所得として認識することを条件に課税上の減免を認めるとするものである。

(6) 第三国所在の PE に係る課税関係[6]

例えば，A国（居住地国）とB国（源泉地国）が租税条約を締結している。C国にPEが所在し，B国の所得が当該PEに帰属する。B国では課税がなく，PE所在地国は低税率国である。二国間租税条約ではこの問題を部分的に解決できるが，最も効果的な方法は，多国間条約である。

(7) 租税条約の濫用[7]

租税条約の適用対象外である第三国居住者が，租税条約上の特典を取得することを防止するためには，多国間条約による防止策が適切である。

(8) 租税回避に関連する二国間租税条約の限界[8]

例えば，租税回避防止規定が租税条約に規定されていても，その適用範囲は条約締約国に限定されている。多国間条約に規定を置くことで，BEPSに関連する租税条約関連事項について，多国間条約へのすべての参加国が統一すべき

---

(4) Ibid. p. 24.
(5) Ibid. p. 24.
(6) Ibid. p. 24.
(7) Ibid. p. 24.
(8) Ibid. p. 25.

主要な規定を決定することは重要である。

⑼　二国間租税条約と多国間条約の法的関連性

2014年報告書では，多国間条約へ各国が参加することにより，二国間租税条約と多国間条約の併存は可能としている。二国間租税条約では，二重課税の排除を目的として，源泉地国における課税の減免を規定しているが，これらの規定は存続しつつ，BEPS 関連の租税回避項目で租税条約に係るものについて，多国間条約にこれらを規定して各国の租税条約におけるレベルの標準化を図るのが，OECD の意図するところであろう。

国際法では，同種の領域であれば，後法優先原則が適用になることから，既存の租税条約を改正することなしに，後法である多国間条約の規定が優先適用となる。したがって，多国間条約を採用することは，修正（modification）であって，改正（amendment）ではない。既存の租税条約は改正を必要とせず，多国間条約に参加することで，租税条約が修正されることになる[9]。

⑽　二国間租税条約と多国間条約の関連性の検討

2014年報告書の付属資料では，二国間租税条約と多国間条約の関連性について，次のような事項について検討を加えている[10]。
① 　多国間条約発効前に締結された二国間租税条約
② 　多国間条約発効後に締結された二国間租税条約
③ 　多国間条約参加国と第三国の関連
④ 　多国間条約の発効の期限
以下は，上記の①〜③についての検討である。

⑾　多国間条約発効前に締結された二国間租税条約

例えば，上記の「多国間条約発効前に締結された二国間租税条約」では，両者の関連については，①多国間条約に関連性に関する定義がある場合，②国際法の一般原則により関連性が定義されている場合，の2つの形態がある。多国間条約に両者の関連性が明定されていない場合は，「条約法に関するウィーン

---

(9)　Ibid. p. 32.
(10)　Ibid. pp. 33-46.

条約」[11]第30条（見出し：同一事象に関する後継条約の適用）第3項において，旧条約と新条約の当事者が同一の場合で，第59条により旧条約が停止又は適用停止でないときは，旧条約は新条約と適合する範囲でのみ適用されることが規定されている。2014年報告書では，両者の関連性を多国間条約において明確に定義する方式が採用されている。

⑫　多国間条約発効後に締結された二国間租税条約

多国間条約により確立した法的秩序を乱さないために，当事者は，将来の条約制定のための基準として，一致或いは従属に係る規定を規定する必要がある。一致或いは従属に係る規定とは，新条約が旧条約に反しないということである。

「条約法に関するウィーン条約」は，第40条に「多国間条約の改正」，第41条に「一部の当事者が多国間条約を改正する場合」について規定している。要するに，新条約が既存の多国間条約の規定を確認，補足，拡張，増幅する限りにおいて認められるのである。

⑬　多国間条約参加国と第三国の関連

一方が多国間条約参加国であり，他方が非参加国である場合，これらの両国を規制するのは二国間租税条約である。しかし，この二国間租税条約において，多国間条約規定をできる限り考慮することを要請することは可能である。

⑭　多国間条約の分析

二国間租税条約を変更する多国間条約の進展について，2014年報告書において示された見解は次のとおりである[12]。

第1に，二国間租税条約と多国間条約が併存可能としている。多国間条約は，国際法として統治され，当事者を法的に拘束することになる。多国間条約は，二国間租税条約の多くに規定されている共通の規定を変更して，BEPS対策として意図された新規定を加えることになる。なお，多国間条約には，内容を説明する報告が添付されることになる。

第2に，多国間条約の発効であるが，国際会議で内容及び条文の検討が行わ

---

[11]　Vienna Convention on the Law of Treaties.

[12]　op.cit., pp. 15-20.

れた後に，当事国が発効のための国内手続を行うことになる。

　この上記２点以外にも示された見解はあるが，今回の2014年報告書において示された点を要約すると次のようになる。

　第１に，多国間条約案の内容は2015年12月までに示されることから，今回の2014年報告書には条文等の明示がない。

　第２に，BEPS 行動計画６（租税条約の濫用防止）における租税回避防止規定は，米国型の特典制限条項（Limitation on benefits rule：以下「LOB」という。）と，この条の特典を受けることを当該権利の設定又は移転の主たる目的の全部又は一部とする場合には，当該所得に対しては，この条に定める租税の軽減又は免除は与えられない，という規定（principal purposes test：以下「PPT」という。）がある。なお，2017年６月に署名された BEPS 多国間条約には，LOB と PPT 等が規定されている。

　第３に，すでに各国において締結されている二国間租税条約と多国間条約は併存することになる。したがって，二国間租税条約における国際的二重課税の排除に係る規定（源泉地国における条約免税等）はその適用が継続することになる。そして，多国間条約には，BEPS 対策の規定が置かれることになる。

　第４に，多国間条約は，二国間租税条約締結国等がこれに参加することで，多くの国が同一の規定に従うことになり，効率的で容易な方法による二国間租税条約の修正ということになる。OECD は，このような方式が，すでに述べた税務行政執行共助条約において2017年９月現在で113か国が署名していることを背景に，同様の方式により多国間の合意を得られるものと考えているのである。

⒂　多国間条約方式の問題点

　BEPS 行動計画は，国際的租税回避対策を打ち建てることを目標として，15の行動計画を公表し，それぞれの行動計画ごとに作業が継続している。

　これまでに新聞報道等において明らかにされた国際的租税回避事案は，問題となる事項を，ある種，BEPS15項目という縦割り状態で分析検討している。例えば，この縦割り状態に対する横串のような役割を果たすものに，一般否認規定（General Anti-Avoidance Rules：以下「GAAR」という。）導入という問題について，行動計画にこの件に関する包括的な記述がないのである。

GAAR導入に関する各国の状況は，欧州13か国，アジア5か国，オセアニア2か国，北米2か国，南米1か国，アフリカ1か国で，G20の国でみると，GAARのない国は，日本，韓国，インドネシア，サウジアラビア，メキシコ，アルゼンチン，ロシア，トルコの8か国である。国際的には，GAAR導入が多数派を占めている。

しかし，国際的に各国が受け入れるGAARを制定する場合，すでに施行されている，米国，英国，ドイツ等のそれぞれ異なる内容のGAARがあり，仮に，英国のGAARをモデルとしてOECD租税委員会がこれをOECD案として採択したとしても，すでに異なる内容のGAARを国内法として規定している国は，法体系上受け入れることが難しいように思われる。さらに，多国間条約第3部の租税条約の濫用に規定されたLOBとPPTとの整合性の問題，GAARの適用範囲が租税条約の適用という枠内に収まらない可能性がある等の問題が生じるが，PPTは，今後，国内法のGAARとなる可能性もある。

❷ 2015年マンデート

(1) マンデートの概要

2015年2月9-10日にトルコのイスタンブールで開催された20か国財務大臣・中央銀行総裁会議において，次のような声明が出された[13]。

> 我々は，国際課税ルールを現代化することにより国境を越える租税回避に対処することへの我々の決意を示し，G20/OECD税源浸食・利益移転（BEPS）プロジェクトに対する全面的な支持を再確認する。我々は本年末までに，BEPS行動計画による成果物を取りまとめる。<u>我々は，租税条約に関連したBEPS対策の実施を効率化する多国間協定の策定のための枠組みを支持する。</u>（下線筆者）

上記の20か国財務大臣・中央銀行総裁会議において多国間条約の枠組みが支持されたことになったが，このマンデートは，20か国財務大臣・中央銀行総裁

---

[13] 財務省が作成した同会議の声明の訳による。

会議の直前に公表され，支持を取り付けるためのいわゆる「たたき台」となったものといえよう。結果として，この支持を受けて2015年5月末以降，多国間条約の作成作業が開始されている。

(2) マンデートの構成

マンデートは全文9頁で，その構成は次のとおりである。

A　序論
B　マンデートの基本的諸要素
　1　目的
　2　特別委員会への参加
　3　組織
　4　期限
　5　特別委員会の管理
　6　運営資金
C　マンデート（上記Bの3を除く1～6までの諸要素のまとめが記載されている。）

イ　目　的

多国間条約作成のための特別委員会（ad hoc Group：以下「特別委員会」という。）は，BEPSプロジェクトにおいて進展した租税条約関連対策を迅速に実施するために，現行の二国間租税条約を修正するための多国間で適用できる規定を発展させる。

ロ　特別委員会への参加

特別委員会は，すべての利害関係者に開放され，その権限は平等であった。OECD非加盟国及び国際機関等は同委員会から特別な招聘があるときはオブザーバーとして参加できた。

ハ　期　限

2015年7月までには特別委員会が作業を開始し，2016年末までに多国間条約作成の作業を終了し，署名のために公開された。マンデートの役割はこの公開をもって終了した。

ニ　特別委員会の管理

特別委員会の決議は本会議において行われた。

ホ　運営資金

特別委員会の諸経費は構成員により負担された。

③ 2015年最終報告書

イ　概　要

2015年10月に公表されたBEPS行動計画15に係る2015年最終報告書（以下「最終報告書」という。）は，2015年5月から開始された多国間条約作成作業中（2016年5月に多国間条約に係る検討案公表）に公表されたものである。

ロ　最終報告書の構成

最終報告書は，要約部分等の独自の部分があるが，その構成は，2014年報告書と2015年マンデートを合成したもので，最終報告書独自の部分は，同報告書9〜10頁の総論部分である。

結果として，BEPS行動計画15については，2014年報告書，多国間条約本文及び同説明書が主たる検討対象となっている。

Ⅲ
多国間条約の解説

24　Ⅲ　多国間条約の解説

❶ 日本の対応

⑴ **財務省からの説明**

　日本側の対応として財務省は，平成29年6月8日付の報道発表において多国間条約の署名について，次のように，説明している。

　１．本条約の目的

　　本条約は，BEPS プロジェクトにおいて策定された税源浸食及び利益移転（BEPS）を防止するための措置のうち租税条約に関連する措置を，本条約の締約国間の既存の租税条約に導入することを目的としています。

　　本条約の締約国は，租税条約に関連する BEPS 防止措置を，多数の既存の租税条約について同時かつ効率的に実施することが可能となります。

　２．署名に至る経緯

　　2015年10月に公表された BEPS プロジェクトの最終報告書では，多国籍企業による国際的な租税回避に対応するための様々な措置を勧告しています。

　　本条約は，BEPS プロジェクト行動15の勧告に基づき，我が国を含むおよそ100か国・地域が参加した交渉によって策定され，2016年11月24日の交渉会合において採択された後，同年12月31日にすべての国及び特定の地域に対して署名のために開放されました。

　　BEPS プロジェクトは，グローバルに協調して実施されてその真価を発揮するものであるところ，BEPS プロジェクトを先導してきた我が国としても，BEPS プロジェクトの成果の実施に向けて適切に対応していくため，今般，67か国・地域が出席して開催された本条約の署名式において，本条約に署名するに至りました。

　３．今後の手続

　　本条約は，本条約に署名した5か国・地域が批准書，受諾書又は承認書を寄託することにより，その5番目の寄託から所定の期間が満了した後に，その5か国・地域について効力を生じます。その後に批准書等を寄託する国・地域については，それぞれの寄託から所定の期間が満了した後に効力

❶ 日本の対応　25

を生じます。

　本条約は，本条約の適用対象となる各租税条約のすべての締約国について本条約が効力を生じてから所定の期間が満了した後に，その租税条約について適用が開始されます。

　我が国においては，本条約について批准書等を寄託するためには国会の承認が必要です。

さらに，財務省は，多国間条約（BEPS防止措置実施条約）のポイントを次のように説明している。

BEPS防止措置実施条約のポイント

１．本条約によって導入されるBEPS防止措置

　本条約によって既存の租税条約に導入されるBEPS防止措置は，①租税条約の濫用等を通じた租税回避行為の防止に関する措置，及び，②二重課税の排除等納税者にとっての不確実性排除に関する措置から構成され，具体的には，BEPSプロジェクトの以下の行動計画に関する最終報告書が勧告する租税条約に関連するBEPS防止措置が含まれます。

　行動２：ハイブリッド・ミスマッチ取極めの効果の無効化

　行動６：租税条約の濫用防止

　行動７：恒久的施設認定の人為的回避の防止

　行動14：相互協議の効果的実施

２．本条約の適用対象となる租税条約

　本条約の各締約国は，その既存の租税条約のいずれを本条約の適用対象とするかを任意に選択することができます。

　本条約は，各租税条約のすべての締約国がその租税条約を本条約の適用対象とすることを選択したものについてのみ適用され，各租税条約のいずれかの締約国が本条約の締約国でない場合，又は，その租税条約を本条約の適用対象として選択していない場合には，本条約はその租税条約については適用されません。

３．BEPS防止措置の選択及び適用

本条約の各締約国は，本条約に規定する租税条約に関連する BEPS 防止措置の規定のいずれを既存の租税条約について適用するかを所定の要件の下で選択することができます。

本条約に規定する租税条約に関連する BEPS 防止措置の規定は，原則として，各租税条約のすべての締約国がその規定を適用することを選択した場合にのみその租税条約について適用され，各租税条約のいずれかの締約国がその規定を適用することを選択しない場合には，その規定はその租税条約については適用されません。

なお，本条約の各締約国が適用することを選択した本条約の規定は，原則として，本条約の適用対象となるすべての租税条約について適用され，特定の租税条約についてのみ適用すること又は適用しないことを選択することはできません。

本条約に規定する租税条約に関連する BEPS 防止措置の規定が既存の租税条約について適用される場合には，本条約の規定が，既存の租税条約に規定されている同様の規定に代わって，又は，既存の租税条約に同様の規定がない場合にはその租税条約の規定に加えて，適用されます。

4．選択の通告

本条約の各締約国は，①既存の租税条約のうち本条約の適用対象とするものの一覧，及び，②本条約に規定する租税条約に関連する BEPS 防止措置の規定のうち適用することを選択するものの一覧を，署名時又は批准・受諾・承認の時に寄託者（OECD 事務総長）に通告しなければならず，署名時に通告しない場合には，これらの暫定の一覧を署名時に提出しなければなりません。

寄託者は，各締約国からの通告等を公表することとされています。

(2) 寄託者（OECD 事務総長）への選択の通告

日本は，①国際協定の適用対象として選択した国等の一覧，②日本が適用することを選択している国際協定の規定，③日本が適用しないことを選択している国際協定の規定，については，下記のとおりである。

このうち，①及び②については，署名時又は批准・受諾・承認の時に寄託者に通告しなければならず，署名時に通告しない場合には，これらの暫定の一覧を署名時に提出する。寄託者は，各締約国からの通告等を公表する。

(3) 日本が本条約の適用対象として選択している租税条約の相手国・地域（35か国・地域）

アイルランド	イスラエル	イタリア
インド	インドネシア	英国
オーストラリア	オランダ	カナダ
韓国	クウェート	サウジアラビア
シンガポール	スウェーデン	スロバキア
チェコ	中国	ドイツ
トルコ	ニュージーランド	ノルウェー
パキスタン	ハンガリー	フィジー
フィンランド	フランス	ブルガリア
ポーランド	ポルトガル	香港
マレーシア	南アフリカ	メキシコ
ルクセンブルク	ルーマニア	

　上記の対象租税条約のうち，サウジアラビアとマレーシアは多国間条約の未参加国である。

　非対象とした租税条約は次のとおりである。

アゼルバイジャン	アラブ首長国連邦	アルメニア
ウクライナ	ウズベキスタン	エジプト
オーストリア	オマーン	カザフスタン
カタール	キルギス	ザンビア
ジョージア	スイス	スペイン
スリランカ	スロベニア	タイ
台湾	タジキスタン	チリ

デンマーク	トルクメニスタン	バングラデシュ
フィリピン	ブラジル	ブルネイ
米国	ベトナム	ベラルーシ
ベルギー	モルドバ	ラトビア
ロシア		

(4) 日本が適用することを選択している本条約の規定

① 課税上存在しない団体を通じて取得される所得に対する条約適用に関する規定（第3条）

② 双方居住者に該当する団体の居住地国の決定に関する規定（第4条）

③ 租税条約の目的に関する前文の文言に関する規定（第6条）

④ 取引の主たる目的に基づく条約の特典の否認に関する規定（第7条）

⑤ 主に不動産から価値が構成される株式等の譲渡収益に対する課税に関する規定（第9条）

⑥ 第三国内にある恒久的施設に帰属する利得に対する特典の制限に関する規定（第10条）

⑦ コミッショネア契約を通じた恒久的施設の地位の人為的な回避に関する規定（第12条）

⑧ 特定活動の除外を利用した恒久的施設の地位の人為的な回避に関する規定（第13条）

⑨ 相互協議手続の改善に関する規定（第16条）

⑩ 移転価格課税への対応的調整に関する規定（第17条）

⑪ 義務的かつ拘束力を有する仲裁に関する規定（第6部）

(5) 日本が適用しないことを選択している本条約の規定

① 二重課税除去のための所得免除方式の適用の制限に関する規定（第5条）

② 特典を受けることができる者を適格者等に制限する規定（第7条）

③ 配当を移転する取引に対する軽減税率の適用の制限に関する規定（第8条）

④　自国の居住者に対する課税権の制限に関する規定（第11条）

⑤　契約の分割による恒久的施設の地位の人為的な回避に関する規定（第14条）

❷　多国間条約解釈の基礎

⑴　ミニマムスタンダード等

　ミニマムスタンダードという用語は直訳すれば最低標準ということになるが，その意味するところは，「遵守すべき最小限度の枠組み」という解釈ができる。多国間条約は，このミニマムスタンダード項目と各国の選択が認められるベスト・プラクティス等が選択可能項目から構成されている。多国間条約と上記の２つの概念の適用は次のとおりである。

　この用語は，例えば，BEPS 行動計画14の2015年最終報告書において使用されており，それ以外の行動計画で多国間条約と関連するものは次のとおりである。

ミニマムスタンダード（遵守すべき最小限度の枠組み）	行動計画６　（租税条約の濫用防止）（第６条，７条） 行動計画14（相互協議の効果的実施）
ベスト・プラクティス等（選択可能項目）	行動計画２　（ハイブリッド・ミスマッチ第３条～第５条） 行動計画６　（租税条約の濫用防止　第８条～第11条） 行動計画14（相互協議の効果的実施）

⑵　各条項規定の４つの形態と多国間条約の基本的構成

　多国間条約の規定には４種類あるという分析がある[14]。これによると，その４種類とは次のとおりである。

①　規定置換型（in place of：既存の租税条約の規定を多国間条約の規定に置き換える。既存の租税条約がない場合は適用なし。）

　①―１　（双方の締約国が同じ規定を通知している場合は，多国間条約の規定に置換えになる。）

---

[14]　OECD, "Applying the MULTILATERAL INSTRUMENT Step-by-Step（June 2017）.

30　Ⅲ　多国間条約の解説

　①―2　（双方の締約国の通知が不突合の場合は，多国間条約は適用になら
　　ない。）
②　修正適用型（applies to or modifies：既存の租税条約の規定があること
　を前提にその規定を修正する。）
　②―1　（双方の締約国が同じ規定を通知している場合は，規定の置換えで
　　はなく，多国間条約が既存の規定の適用を変更する。）
　②―2　（双方の締約国の通知が不突合の場合は，多国間条約は適用になら
　　ない。）
③　規定追加型（in the absence of：既存の租税条約に規定がない場合，規
　定を追加する。）
　③―1　（双方の締約国が規定の不存在を通知した場合，多国間条約の規定
　　が追加となる。）
　③―2　（双方の締約国の通知が不突合の場合は，多国間条約は適用になら
　　ない。）
④　①と③の混合型（in place of or in the absence of）
　④―1　（双方の締約国が同じ規定を通知している場合は，多国間条約の規
　　定に置換えになる。）
　④―2　（双方の締約国の通知が不突合の場合は，不適合の範囲で，多国間
　　条約が適用となり，既存の租税条約の規定に優先する。）
　④―3　（双方の締約国が既存の租税条約の規定を通知していない場合，多
　　国間条約の規定が追加となる。）
（多国間条約の基本的構成）

実体規定（Substantive Provisions）	既存の租税条約の規定に代えて，又は既存の租税条約に加えて適用される条文
互換規定（Compatibility Clause）	多国間条約の規定が既存の租税条約に適用される条件を規定
留保規定（Reservation Clause）	選択により実体規定を適用しないことを認めるための条件を規定
通告規定（Notification Clause）	各条の適用対象となる既存の租税条約又は既存の規定のリストを寄託者について通告するよう求める規定

❷　多国間条約解釈の基礎　　31

（注）上記の資料は，2017年11月 2 日日本租税研究協会・会員懇談会における中澤弘治氏「BEPS 防止措置実施条約について」のレジュメに基づいたものである。

(3)　多国間条約適用の順序

多国間条約は次の順序で適用となる。

第 1 段階	多国間条約発効
第 2 段階	対象租税条約：双方の締約国が対象租税条約のリスト作成
第 3 段階	留保及び適用することを選択している本条約の規定：締約国のいずれかが多国間条約適用に留保を付した場合は適用にならない。双方の締約国が選択規定の適用を選択した場合は，選択した規定が既存の租税条約の規定を修正する。
第 4 段階	既存の租税条約規定の通知
第 5 段階	多国間条約適用開始：源泉徴収（翌暦年 1 月以降）とそれ以外の適用開始（適用開始後 6 か月経過後に開始となる事業年度）

(4)　多国間条約における留保の意義

イ　条約法に関するウィーン条約

条約法に関するウィーン条約（以下「条約法条約」という。）は，昭和44年 5 月23日，ウィーンで作成され，昭和55年 8 月 1 日に日本で発効している。この条約法条約には，次のような前文がある。

「この条約の当事国は，国際関係の歴史における条約の基本的な役割を考慮し，条約が，国際法の法源として，また，国（憲法体制及び社会体制のいかんを問わない。）の間の平和的協力を発展させるための手段として，引き続き重要性を増しつつあることを認め，（以下略）」

ロ　留保の定義（同条約第 2 条(d)）

　「留保」とは，国が，条約の特定の規定の自国への適用上その法的効果を排除し又は変更することを意図して，条約への署名，条約の批准，受諾若しくは承認又は条約への加入の際に単独に行う声明（用いられる文言及び名称のいかんを問わない。）をいう。

32　Ⅲ　多国間条約の解説

ハ　条約法条約における留保関連条項

条約法条約における留保に係る規定は次の第19条から第23条である。

第2節　留保

（留保の表明：第19条）

　いずれの国も，次の場合を除くほか，条約への署名，条約の批准，受諾若しくは承認又は条約への加入に際し，留保を付することができる。

　(a)　条約が当該留保を付することを禁止している場合

　(b)　条約が，当該留保を含まない特定の留保のみを付することができる旨を定めている場合

　(c)　(a)及び(b)の場合以外の場合において，当該留保が条約の趣旨及び目的と両立しないものであるとき。

（留保の受諾及び留保に対する異議：第20条）

1　条約が明示的に認めている留保については，条約に別段の定めがない限り，他の締約国による受諾を要しない。

2　すべての当事国の間で条約を全体として適用することが条約に拘束されることについての各当事国の同意の不可欠の条件であることが，交渉国数が限定されていること並びに条約の趣旨及び目的から明らかである場合には，留保については，すべての当事国による受諾を要する。

3　条約が国際機関の設立文書である場合には，留保については，条約に別段の定めがない限り，当該国際機関の権限のある内部機関による受諾を要する。

4　1から3までの場合以外の場合には，条約に別段の定めがない限り，

　(a)　留保を付した国は，留保を受諾する他の締約国との間においては，条約がこれらの国の双方について効力を生じているときはその受諾の時に，条約かこれらの国の双方又は一方について効力を生じていないときは双方について効力を生ずる時に，条約の当事国関係に入る。

　(b)　留保に対し他の締約国が異議を申し立てることにより，留保を付した国と当該他の締約国との間における条約の効力発生が妨げられることはない。ただし，当該他の締約国が別段の意図を明確に表明する場

合は，この限りでない。

　(c)　条約に拘束されることについての国の同意を表明する行為で留保を伴うものは，他の締約国の少なくとも一が留保を受諾した時に有効となる。

5　2及び4の規定の適用上，条約に別段の定めがない限り，いずれかの国が，留保の通告を受けた後12か月の期間が満了する日又は条約に拘束されることについての同意を表明する日のいずれか遅い日までに，留保に対し異議を申し立てなかった場合には，留保は，当該国により受諾されたものとみなす。

（留保及び留保に対する異議の法的効果：第21条）

1　第19条，前条及び第23条の規定により他の当事国との関係において成立した留保は，

　(a)　留保を付した国に関しては，当該他の当事国との関係において，留保に係る条約の規定を留保の限度において変更する。

　(b)　当該他の当事国に関しては，留保を付した国との関係において，留保に係る条約の規定を留保の限度において変更する。

2　1に規定する留保は，留保を付した国以外の条約の当事国相互の間においては，条約の規定を変更しない。

3　留保に対し異議を申し立てた国が自国と留保を付した国との間において条約が効力を生ずることに反対しなかった場合には，留保に係る規定は，これらの二の国の間において，留保の限度において適用がない。

（留保の撤回及び留保に対する異議の撤回：第22条）

1　留保は，条約に別段の定めがない限り，いつでも撤回することができるものとし，撤回については，留保を受諾した国の同意を要しない。

2　留保に対する異議は，条約に別段の定めがない限り，いつでも撤回することができる。

3　条約に別段の定めがある場合及び別段の合意がある場合を除くほか，

　(a)　留保の撤回は，留保を付した国と他の締約国との関係において，当該他の締約国が当該撤回の通告を受領した時に効果を生ずる。

　(b)　留保に対する異議の撤回は，留保を付した国が当該撤回の通告を受

34　Ⅲ　多国間条約の解説

領した時に効果を生ずる。

（留保に関連する手続：第23条）

1　留保，留保の明示的な受諾及び留保に対する異議は，書面によって表明しなければならず，また，締約国及び条約の当事国となる資格を有する他の国に通報しなければならない。

2　批准，受諾又は承認を条件として条約に署名するに際して付された留保は，留保を付した国により，条約に拘束されることについての同意を表明する際に，正式に確認されなければならない。この場合には，留保は，その確認の日に付されたものとみなす。

3　留保の確認前に行われた留保の明示的な受諾又は留保に対する異議の申立てについては，確認を要しない。

4　留保の撤回及び留保に対する異議の撤回は，書面によって行わなければならない。

(5)　多国間条約のポイントのまとめ

多国間条約は次のような特徴を有している。

①　各国が締結している租税条約について，BEPS防止措置が不備の場合，多国間条約がその不備を修正する。

②　現行の二国間租税条約を個別に改正することではなく，多国間条約は，BEPS防止措置を既存の租税条約を同時に効率的に実施する。

③　BEPS防止措置は，BEPS行動計画2，6，7，14に記載されたものである。

④　適用対象とする既存の租税条約（対象租税条約）は選択可能である。

⑤　BEPS防止措置のうちのどの条項を既存の租税条約に適用するのかについて制限はあるものの基本的に選択可能である。

❸ 第1部 （前文，第1条～第2条） 35

❸ 第1部 （前文，第1条～第2条）

前　文

　多国間条約前文は以下のとおりである。以下，第1条以降，条文は，枠内に表示する形式とする(15)。

　　本条約締約国は，無税或いは低税率国等に人為的に利益を移転させる結果となる過度な国際的なタックス・プランニングによって政府が多額の法人税収入を失うことと認識している。

　　税源浸食及び利益移転（BEPS）は，先進国のみでなく途上国にとっても喫緊の課題である。利益を生み出す実質的な経済活動が行われ，かつ，価値が創造される場所において当該利益に対して租税が課されることを確保することが重要であり，OECD/G20BEPS プロジェクトの下において策定された一連の措置（以下「OECD/G20BEPS 措置」という。）を歓迎し，OECD/G20BEPS 措置が，事業体課税の差異が問題視されるハイブリッド・ミスマッチを利用する仕組みに対処し，条約濫用の防止，恒久的施設の存在の人為的な回避に対処し，及び紛争の解決を改善するための租税条約関連措置を含むことを示すことで，多数国間において，BEPS を防止するための租税条約関連措置を迅速に，協調して，及び一致して実施することを確保することの必要性を認識し，既存の二国間租税条約が，当該条約の対象となる租税に関して，脱税又は租税回避を通じた無税又は租税の軽減（第三国居住者が当該租税条約を不正に利用して便益を得ることを含む。）の機会を与えず，二重課税を除去するものと解されることを確保することの必要性がある。現行租税条約について二国間で再交渉することなく，合意された変更を同時に，かつ，効率的な方法によって実施するための効果的な枠組みの必要性を認識して，次のとおり合意した。

（解説）

　この前文では，人為的に利益を移転させる（artificially shifting profits）或

---

(15)　解説の各条文の訳については，財務省 HP 記載の仮訳を参考とした。

いは過度な国際的なタックス・プランニング（aggressive international tax planning）という租税回避の一般的な要件である，「人為的」或いは「過度な」という表現を採用している。

　各国の一般否認規定（GAAR）の要件としては，EU が上記の「人為的」なことを要件としているが，米国は，タックスシェルターを利用した租税回避防止策の対象に，aggressive tax planning という用語を使用しており，英国は，濫用（abusive），カナダは回避（avoidance）という用語を重視している。そのほか，英国に GAAR 導入の契機となった2011年のアーロンソン委員会報告（GAAR STUDY Report by Graham Aaronson QC）では異常（abnormal）がキーワードとなっている。これらの以外にも，各国において，租税回避の判定基準となる用語等は異なっているのが現状である。

　第2パラでは，BEPS プログラムの基本方針である，「価値が創造される場所において当該利益に対して租税が課されることを確保すること」が明記されている。この課税原則とでもいうべき事項は，「価値が創造される場所」を巡る疑義が明確に示されたわけではない。

　そして多国間条約が対処すべき項目が次のように列挙されている。

① 　ハイブリッド・ミスマッチを利用する仕組み（第2部）

② 　条約濫用の防止（第3部）

③ 　恒久的施設の存在の人為的な回避（第4部）

④ 　紛争の解決（第5部及び第6部）

　多国間条約の意義として，「現行租税条約について二国間で再交渉することなく，合意された変更を同時に，かつ，効率的な方法によって実施するための効果的な枠組み」と説明している。

第1条（条約の適用範囲）

> 　本条約は，次条（用語の解釈）1(a)に規定するすべての対象租税条約を修正する。

（解説）

本条約の適用範囲について，第2条1(a)に規定する対象租税条約（Covered

Tax Agreement）を修正するために適用となることが明記されている。

第2条（用語の解釈）

1　この条約の適用上，次の定義を適用する。
(a)　「対象租税条約」とは，所得に対する租税に関する二重課税を回避
　するための条約（他の租税を対象とするか否かを問わない。）であって，
　次のすべての要件を満たすものをいう。
(i)　次のいずれかに該当する国又は地域であって2以上のものの間にお
　いて効力を有すること。
　(A)　締約国
　(B)　当該条約の当事者である地域であって，締約国が国際関係につい
　　て責任を負うもの
(ii)　各締約国が，この条約の対象とすることを希望する条約として寄託
　者に通告した条約及び当該条約を改正する文書又は当該条約協定に付
　属文書で，題名，当事者の名称，署名の日及びその通告の時において
　効力を生じている場合には効力発生の日によって本条約により適用さ
　れることを希望する条約であること。
(b)　「締約国」とは，次のものをいう。
(i)　本条約が第34条（効力発生）の規定に従って効力を有する国
(ii)　第27条（署名及び批准，受諾又は承認）1(b)又は(c)の規定に従って
　この条約に署名した地域であって，第34条（効力発生）の規定に従っ
　てこの条約が効力を有するもの
(c)　「当事国」とは，対象租税条約の当事者をいう。
(d)　「署名国」とは，この条約に署名した国又は地域であって，この条
　約が効力を有していないものをいう。
2　締約国によるこの条約の適用に際しては，この条約において定義され
　ていない用語は，文脈により別に解釈すべき場合を除くほか，関連する
　対象租税条約において当該用語がその適用の時点で有する意義を有する
　ものとする。

38　Ⅲ　多国間条約の解説

(解説)

　第2条第1項は,「対象租税条約」,「締約国」,「当事国」,「署名国」の定義規定であり, 第2項は, 本条約に明定されていない用語に関する定義である。

　締約国以外に多国間条約に署名した地域は次の4つである。

ガーンジー	ジャージー	マン島	香港

　ガーンジー, ジャージー, マン島は, 国際的には英国の領土であるが, それぞれに自治権を有していることから, 英国の税法が適用にならない地域ということになる。同様に, 香港は, 中国の特別区として中国本土とは異なる独自の税法を規定している。これらの地域は, 1(a)(i)(B)の適用ということになる。

　同様に, 1(b)における規定も同様である。

　第2項は, 既存の租税条約では, 一般的定義条項の第2項にある規定で, 一般に条約に規定のない用語については, 課税する国の解釈によるという原則が規定されている。

　また, 租税条約に定義のない用語が, 締約国の租税法又はそれ以外の法令により定義されている場合, 当該締約国において適用となる税法に定める意義は, 当該締約国の他の税法を含む法令による当該用語の意義に優先するものとしている。この適用の原則は, この多国間条約においても同様ということになる。

④ 第2部(ハイブリッド・ミスマッチ:第3条〜第5条)

第3条(パススルー事業体)

> 1　対象租税条約の適用上, いずれかの当事国の租税法の下において全面的若しくは部分的にパススルー事業体若しくは仕組みによってこれらを通じて取得される所得は, 一方の当事国における課税上当該一方の当事国の居住者の所得として取り扱われる限りにおいて, 当該一方の当事国の居住者の所得とみなす。
>
> 2　一方の当事国の居住者が取得する所得で, 対象租税条約の規定に従って他方の当事国において租税を課することができるものについて, 国外所得免除方式又は外国税額控除を当該一方の当事国に求める当該対象租

税条約の規定は，当該所得が当該他方の当事国の居住者によって取得されるものであることのみを理由として当該対象租税条約の規定に従って当該他方の当事国において租税を課することができるものである限りにおいて，適用しない。

3　1又は2以上の締約国が第11条（自国居住者の条約適用の制限の適用）3(a)の規定に基づく留保を付する対象租税条約については，1に第二文として次のように加える。

　　「この1の規定は，いかなる場合にも，一方の当事国が当該一方の当事国の居住者に対して租税を課する権利に影響を及ぼすものと解してはならない。」

4　1の規定（3の規定によって修正される場合には，その修正の後のもの）は，いずれかの当事国の租税法令の下においてパススルーとなる事業体若しくは仕組みによって又はこのような事業体若しくは仕組みを通じて取得される所得が一方の当事国の居住者の所得として取り扱われるか否かについて対象租税条約の規定（一般的な規則を規定するものであるか特定の事実関係及び団体又は仕組みの種類の取扱いを詳細に規定するものであるかを問わない。）が対処する限りにおいて，当該規定に代えて（in place of），又は当該規定がない対象租税条約について，適用する。

5　締約国は，次の権利に留保を付すことができる。
　(a)　対象租税条約について，この条の規定の全部を適用しない権利
　(b)　4に規定する規定を含む対象租税条約について，1の規定を適用しない権利
　(c)　4に規定する規定であって，当事国以外の国若しくは地域において設立された事業体若しくは仕組みによって又はこのような事業体若しくは仕組みを通じて取得される所得について対象租税条約に基づく特典を与えないことを規定するものを含む対象租税条約について，1の規定を適用しない権利
　(d)　4に規定する規定であって，特定の事実関係及び事業体又は仕組みの種類の取扱いを詳細に規定するものを含む対象租税条約について，

１の規定を適用しない権利

　(e)　４に規定する規定であって，特定の事実関係及び事業体又は仕組みの種類の取扱いを詳細に規定し，かつ，当事国以外の国若しくは地域において設立された事業体若しくは仕組みによって又はこのような事業体若しくは仕組みを通じて取得される所得について対象租税条約に基づく特典を与えないことを規定するものを含む対象租税条約について，１の規定を適用しない権利

　(f)　対象租税条約について，２の規定を適用しない権利

　(g)　４に規定する規定であって，特定の事実関係及び事業体又は仕組みの種類の取扱いを詳細に規定するものを含む対象租税条約についてのみ，１の規定を適用する権利

６　５(a)又は(b)の規定に基づく留保を付さない各締約国は，各対象租税条約が４に規定する規定（５(c)から(e)までの規定に基づく留保の対象とならないものに限る。）を含むか否か並びに当該規定を含む場合には当該規定の条及び項の番号を寄託者に通告する。締約国が５(g)の規定に基づく留保を付する場合には，第一文に規定する通告は，当該留保の対象となる対象租税条約に限る。すべての当事国が対象租税条約の規定について当該通告を行った場合には，１の規定（３の規定によって修正される場合には，その修正の後のもの）は，４に規定する限りにおいて，当該対象租税条約の規定に代わる。その他の場合には，１の規定（３の規定によって修正される場合には，その修正の後のもの）は，当該対象租税条約の規定が１の規定（３の規定によって修正される場合には，その修正の後のもの）と両立しない限りにおいて，当該対象租税条約の規定に優先する。

日本の適用可否の選択	適用を選択
ミニマムスタンダード等	ベスト・プラクティス

（予備的考察）　用語の説明

　米国において，LLC（Limited Liability Company）或いはパートナーシップというような構成員課税の事業体（fiscally transparent entities）は，出資者で

ある構成員を納税主体とするパススルー型の課税を受けることが認められているものである。他方，日本では，2001年（平成13年）6月に国税庁が「米国LLCに関する税務上の取扱い」を公表し，LLCが米国の税務上，法人課税（団体課税）又はパススルー課税（構成員課税）のいずれの選択するにせよ，原則的には我が国の税務上，外国法人として取り扱うこととなった。

このように，同一の事業体に対して，一方の国がパススルー課税（構成員課税），他方の国が法人課税（団体課税）というように，異なる取扱いになる事業体をハイブリッド事業体という。このように，同一の事業体に対して双方の国において異なる取扱いになることをハイブリッド・ミスマッチといい，ハイブリッド事業体を利用したクロスボーダー取引において，その取扱いが源泉地国と居住地国において異なる場合（双方の国の税法がミスマッチを起こした結果），双方の国において課税がない状態等をいう。

ハイブリッド・ミスマッチを3つの形態，すなわち，第1は損金算入と益金不算入，第2は二重損金算入，第3は第1の形態が間接的に生じる場合（親会社が子会社を経由して孫会社に融資をした場合，孫会社からの支払が，親会社・益金不算入，孫会社・損金算入となる場合）に分類している。

（解説）

1　第1項

2015年12月17日に署名された第2次日独租税協定第1条第2項（前段）及び2016年10月12日に署名された日本とベルギーの間で全文改正の改正租税条約第1条第2項（前段）の規定等と同じである。

例えば，日独租税協定第1条第2項（前段）の適用の場合，日本源泉所得をドイツのパススルー事業体が受け取る場合，ドイツで当該事業体に課税がなければ，条約の適用がないのが原則であるが，当該事業体をスルーした所得がドイツ居住者の所得であれば源泉地国における課税の減免を認めるという規定である。

日本は，米国LLCを法人とする以下のような経緯があった。

①　米国LLCを法人とする裁決（平成13年2月26日裁決（裁決事例集No.61，102頁）。

②　平成13年6月に国税庁は，「米国LLCに関する税務上の取扱い」を公表した。

③　米国 LLC に関する判決（さいたま地裁（平成19年 5 月16日判決），東京
　高裁（平成19年10月10日判決））

　この背景には，米国 LLC を利用した米国不動産投資による損失を出資者で
ある日本の居住者の所得と通算したことが原因である。

　現行の日米租税条約は，平成15年（2003年）11月 6 日に改正署名が行われ，
平成16年 3 月30日をもって発効している。したがって，日米租税条約が改正さ
れたのは，上記②の国税庁から「米国 LLC に関する税務上の取扱い」が公表さ
れた後であるため，日本源泉地国の所得について，米国ではパススルーの構成
員課税，日本は団体（法人）課税とすると，条約相手国である米国でこの日本
源泉所得を受ける米国 LLC が納税主体でないことから日本で条約による課税
の減免が適用されない。そこで，日米租税条約第 4 条第 6 項に米国居住者であ
る構成員が受領する日本源泉所得については，条約の適用をするという規定が
設けられたのである。この日米租税条約改正後に改正された日英租税条約，日
仏租税条約には同様の規定が盛り込まれたが，冒頭に触れたように，最近改正
された租税条約では，BEPS の多国間条約型になっている。

2　第 2 項

　国際的二重課税の排除方式は，外国税額控除方式と国外所得免除方式がある。
外国税額控除方式は，源泉地国において課税された税額を居住地国において税
額控除するもので，後者は，国外所得について居住地国が課税を免除する方式
である。日本では，外国税額控除と外国子会社配当益金不算入制度（国外所得
免除方式）が採用されている。

　この規定は，一方の国（R国とする）の居住者の所得で，他方の当事国（S
国とする）でこれに課税する場合，外国税額控除又は国外所得免除方式を規定
している対象租税条約は，他方の当事国の居住者の取得する所得であることを
理由として，この規定が他方の当事国に課税を認める場合には適用されない，
という適用の条件を規定している。

3　第 3 項

　第11条第 3 項(a)は，「 3 　締約国は，次の権利に留保を付することができる。
(a)対象租税条約について，この条の規定の全部を適用しない権利」に基づいて，
留保の付された対象租税条約の場合，本条第 1 項の後に，次の第二文を加える
というものである。

「この1の規定は，いかなる場合にも，一方の当事国が当該一方の当事国の居住者に対して租税を課する権利に影響を及ぼすものと解してはならない。」

上記の第二文は，一方の当事国の居住者に対するその国の課税権が国内法のとおり確保されていることを示す条文であり，租税条約ではセービング・クローズ（saving clause）という規定である。この規定自体は，市民権課税を行っている米国において，外国居住者・米国非居住者となった米国市民に対して，米国における課税上，租税条約に定める特典を原則として得ることができないことを規定したものであるが，上記のように，米国以外でも適用となる一般原則として適用されるようになったのである。

4　第4項

この項は規定置換型である。対象租税条約に構成員課税の事業体に対する規定がない場合，多国間条約の規定が置き換わることになる。

5　第5項

締約国が留保できる権利は，次のとおりである。

a　対象租税条約にこの条の規定の全部を適用しない権利

b　規定置換をした対象租税条約に第1項の規定を適用しない権利

c　規定置換をした場合，第三国に設立された事業体等又は当該事業体等を通じて取得される所得について，特典を与えないことを規定している対象租税条約の場合，第1項の規定を適用しない権利

d　規定置換をした場合，特定の事実関係及び事業体等についての取扱いを詳細に規定している対象租税条約は，第1項の規定を適用しない権利

e　規定置換をした場合，上記dのほかに，かつ，第三国設立の事業体等に特典を与えないことを規定した対象租税条約は，第1項の規定を適用しない権利

f　対象租税条約について，第2項の規定を適用しない権利

g　規定置換をした場合，特定の事実関係及び事業体等についての取扱いを詳細に規定している対象租税条約は，第1項の規定を適用する権利

第4条（双方居住者となる団体）

1　対象租税条約の規定によって2以上の当事国の居住者に該当する者で

個人以外のものについては，これらの当事国の権限ある当局は，その者の事業の実質的な管理の場所，その者が設立された場所その他関連するすべての要因を考慮して，合意によって，当該対象租税条約の適用上その者が居住者とみなされる当事国を決定するよう努める。そのような合意がない場合には，その者は，当該対象租税条約に基づいて与えられる租税の軽減又は免除（これらの当事国の権限ある当局が合意する範囲において，及びこれらの当事国の権限ある当局が合意する方法によって与えられるものを除く。）を受けることができない。

2　1の規定は，個人以外の者が2以上の当事国の居住者に該当する場合にその者を一方の当事国の居住者として取り扱うか否かを決定するための規則を規定する対象租税条約の規定に代えて（in place of），又は当該規定がない対象租税条約について，適用する。ただし，1の規定は，複数市場に上場する法人に該当する法人が居住者とみなされる当事国について明示的に規定する対象租税条約の規定については，適用しない。

3　締約国は，次の権利に留保を付すことができる。

(a)　対象租税条約について，この条の規定の全部を適用しない権利

(b)　個人以外の者が2以上の当事国の居住者に該当する場合につきこれらの当事国の権限ある当局に対しその者が居住者とみなされる一の当事国について合意に達するよう努めることを求めることによってすでに対処している対象租税条約について，この条の規定の全部を適用しない権利

(c)　個人以外の者が2以上の当事国の居住者に該当する場合につきこれらの当事国の権限ある当局に対しその者が居住者とみなされる一の当事国について合意に達するよう努めることを求めることなく対象租税条約に基づく特典を与えないことによってすでに対処している対象租税条約について，この条の規定の全部を適用しない権利

(d)　個人以外の者が2以上の当事国の居住者に該当する場合につきこれらの当事国の権限ある当局に対しその者が居住者とみなされる一の当事国について合意に達するよう努めることを求めることによってすでに対処しており，かつ，そのような合意に達することができない場合

における対象租税条約の下でのその者の取扱いを規定する対象租税条約について，この条の規定の全部を適用しない権利

(e) 対象租税条約の適用上，1の第二文を次のように代える権利

「そのような合意がない場合には，その者は，当該対象租税条約に基づいて与えられる租税の軽減又は免除を受けることができない。」

(f) (e)の規定に基づく留保を付する締約国との間の対象租税条約について，この条の規定の全部を適用しない権利

4　3(a)の規定に基づく留保を付さない各締約国は，各対象租税条約が2に規定する規定（3(b)から(d)までの規定に基づく留保の対象とならないものに限る。）を含むか否か並びに当該規定を含む場合には当該規定の条及び項の番号を寄託者に通告する。すべての当事国が対象租税条約の規定についてその通告を行った場合には，1の規定は，当該対象租税条約の規定に代わる。その他の場合には，1の規定は，当該対象租税条約の規定が1の規定と相反する場合，当該対象租税条約の規定に優先する。

日本の適用可否の選択	適用を選択

（解説）

1　第1項

　既存の二国間租税条約の居住者条項には，双方居住者に関する規定があり，①古い型の条約では，二国間の合意により決定する方法，②個人の振分け規定（tie-breaker rule）がある条約，③個人及び個人以外について振分け規定のある条約（平成27年12月17日署名の日独改正租税協定第4条第2項及び第3項）等がある。租税条約は国籍主義ではなく，適用対象者を居住者と非居住者に区分して条約を適用することから，この振分けが必要となる。日独改正租税協定第4条第3項の振分け規定は次のとおりである。

　「1の規定により双方の締約国の居住者に該当する者で個人以外のものについては，両締約国の権限ある当局は，その者の事業の実質的な管理の場所，その者の本店又は主たる事務所の所在地，その者が設立された場所その他関連するすべての要因を考慮して，合意により，この協定の適用上その者が居住者とみなされる締約国を決定するよう努める。両締約国の権限ある当局によるその

ような合意がない場合には，その者は，この協定により認められる租税の軽減
又は免除を受けることができない。」

　逆にいえば，上記の条文が BEPS の影響を受けたともいえるのである。第1
項の判断の順序は，次のとおりであるが，これらを考慮して当事国は合意によ
って決定に努めることになる。

　①　事業の実質的な管理の場所
　②　設立された場所
　③　その他関連するすべての要因

2　第2項

　本項は，互換規定である。既存の租税条約の規定に代えて又は規定がない租
税条約に適用する。ただし，第1項は，複数市場に上場する法人に該当する法
人が居住者とみなされる当事国について明示的に規定する対象租税条約の規定
がある場合は適用されない。

3　第3項

第3項は締約国が留保できる権利に関する規定である。

　a　対象租税条約については，この条の規定の全部を適用しない権利
　b　個人以外の者が2以上の当事国の双方居住者に該当し，関係する当事国
　　の権限ある当局がこの件について合意に達するよう努めるとしている対象
　　租税条約の場合，この条の規定の全部を適用しない権利
　c　個人以外の者が2以上の当事国の双方居住者に該当し，関係する当事国
　　の権限ある当局がこの件について合意に達するよう努めるとしている場合，
　　対象租税条約に基づく特典を与えないことですでに対処している対象租税
　　条約は，この条の規定の全部を適用しない権利
　d　個人以外の者が2以上の当事国の居住者に該当する場合につきこれらの
　　当事国の権限ある当局に対しその者が居住者とみなされる一の当事国につ
　　いて合意に達するよう努めることを求めることによってすでに対処してお
　　り，かつ，そのような合意に達することができない場合における対象租税
　　条約の下でのその者の取扱いを規定する対象租税条約について，この条の
　　規定の全部を適用しない権利
　e　対象租税条約の適用上，1の第二文を次のように代える権利
　　第1項第二文：「そのような合意がない場合には，その者は，当該対象租

税条約に基づいて与えられる租税の軽減又は免除（これらの当事国の権限ある当局が合意する範囲において，及びこれらの当事国の権限ある当局が合意する方法によって与えられるものを除く。）を受けることができない。」

第1項第二文代替規定：「そのような合意がない場合には，その者は，当該対象租税条約に基づいて与えられる租税の軽減又は免除を受けることができない。」

f 　上記 e の規定に基づく留保を付す締約国との間の対象租税条約について，この条の規定の全部を適用しない権利

4 第4項

本条第3項(a)の規定にある留保を付さない各締約国は，置換えの適否或いは第3項(b)から(d)までの規定のいずれにするかを寄託者に通告する通告規定である。すべての当事国が対象租税条約の規定についてその通告を行った場合，第1項の規定は，当該対象租税条約の規定に代わることになる。その他の場合には，第1項の規定は，当該対象租税条約の規定が第1項の規定と相反する場合，当該対象租税条約の規定が優先する。

第5条（二重課税排除の方法の適用）

1 　締約国は，2及び3の規定（選択肢Ａ），4及び5の規定（選択肢Ｂ）若しくは6及び7の規定（選択肢Ｃ）のいずれかを適用すること又はいずれの選択肢も適用しないことを選択することができる。対象租税条約の各当事国が異なる選択肢を選択する場合又は一方の当事国がいずれかの選択肢を適用することを選択し，かつ，他方の当事国がいずれの選択肢も適用しないことを選択する場合には，各当事国が選択する選択肢は，当該各当事国の居住者について適用する。

（選択肢Ａ）

2 　二重課税を除去するために一方の当事国において当該一方の当事国の居住者が取得する所得又は所有する財産について租税を免除することを規定する対象租税条約の規定は，他方の当事国において当該所得若しく

は財産について租税を免除し，又は当該所得若しくは財産に対して課することができる租税の率を制限する当該対象租税条約の規定を適用する場合には，適用しない。当該他方の当事国において当該所得又は財産に対して課することができる租税の率を制限する当該対象租税条約の規定を適用する場合には，当該一方の当事国は，当該他方の当事国において納付される租税の額を当該居住者の所得又は財産に対して課される租税の額から控除する。ただし，控除の額は，その控除が行われる前に算定された所得又は財産に対する租税の額のうち当該他方の当事国において租税を課することができる所得又は財産に対応する部分を超えないものとする。

3　2の規定は，2に規定する所得又は財産について租税を免除することを一方の当事国に求めることを規定する対象租税条約について，適用する。

（選択肢B）

4　一方の当事国の居住者によって取得される所得が当該一方の当事国において配当として取り扱われることを理由として当該一方の当事国において当該所得について二重課税を除去するために租税を免除することを規定する対象租税条約の規定は，他方の当事国の居住者の課税対象利得を決定するに当たって当該他方の当事国の法令に基づいて当該所得が控除される場合には，適用しない。この場合には，当該一方の当事国は，当該他方の当事国において納付される所得に対する租税の額を当該居住者の所得に対する租税の額から控除する。ただし，控除の額は，その控除が行われる前に算定された所得に対する租税の額のうち当該他方の当事国において租税を課することができる所得に対応する部分を超えないものとする。

5　4の規定は，4に規定する所得について租税を免除することを一方の当事国に求めることを規定する対象租税条約について，適用する。

（選択肢C）

6(a)　一方の当事国の居住者が，対象租税条約の規定に従って他方の当事国において租税を課することができる所得を取得し，又は財産を所有す

る場合（当該所得が当該他方の当事国の居住者によって取得される所得の当事国において租税を課することができる場合を除く。）には，当該一方の当事国は，

(i) 当該他方の当事国において納付される所得に対する租税の額を当該居住者の所得に対する租税の額から控除する。

(ii) 当該他方の当事国において納付される財産に対する租税の額を当該居住者の財産に対する租税の額から控除する。

ただし，控除の額は，その控除が行われる前に算定された所得に対する租税又は財産に対する租税の額のうち当該他方の当事国において租税を課することができる所得又は財産に対応する部分を超えないものとする。

(b) 一方の当事国の居住者が取得する所得又は所有する財産について対象租税条約の規定に従って当該一方の当事国において租税が免除される場合においても，当該一方の当事国は，当該居住者の残余の所得又は財産に対する租税の額を免除された所得又は財産を考慮に入れて算定する。

7 6の規定は，一方の当事国の居住者が取得する所得又は所有する財産であって対象租税条約の規定に従って他方の当事国において租税を課することができるものについて二重課税を除去するために当該一方の当事国において租税を免除することを当該一方の当事国に求める当該対象租税条約の規定に代えて（in place of），適用する。

8 1の規定に基づき選択肢を適用することを選択しない締約国は，1若しくは2以上の特定の対象租税条約又はすべての対象租税条約について，この条の規定の全部を適用しない権利に留保を付こことができる。

9 選択肢Cを適用することを選択しない締約国は，1若しくは2以上の特定の対象租税条約又はすべての対象租税条約について，他の当事国が当該選択肢を適用することを認めない権利に留保を付することができる。

10 1の規定に基づき選択肢を適用することを選択する各締約国は，自国が選択した選択肢を寄託者に通告する。その通告には，次の一覧を含む。

(a) 選択肢Aを適用することを選択する締約国については，3に規定す

50　Ⅲ　多国間条約の解説

　　　る規定を含む対象租税条約並びに当該規定の条及び項の番号の一覧
　⒝　選択肢Bを適用することを選択する締約国については，5に規定す
　　　る規定を含む対象租税条約並びに当該規定の条及び項の番号の一覧
　⒞　選択肢Cを適用することを選択する締約国については，7に規定す
　　　る規定を含む対象租税条約並びに当該規定の条及び項の番号の一覧
　　　選択肢を適用することを選択した締約国が対象租税条約の規定につい
　て当該通告を行った場合に限り，当該規定について，当該選択肢を適用
　する。

日本の適用可否の選択	適用しないことを選択

（解説）

　この条項は二重課税の排除に関する規定の対象租税条約への導入に係る選択
を規定したものである。

　締約国は，以下の選択肢A，B，Cのいずれかを選択するか，又は，いずれ
も適用しないことを選択できる。当事国が異なる選択肢を選択する場合，又は
一方の当事国がいずれかの選択肢を選択し，他方が選択肢の適用を選択しない
場合，各当事国が選択する選択肢は当該各当事国の居住者に適用となる。なお，
この規定は日本が適用しないことを選択していることから，対象租税条約に影
響することはなく，国内法の適用ということになる。

　第5条は，次のように区分されている。

①　選択肢A：第2項及び第3項
②　選択肢B：第4項及び第5項
③　選択肢C：第5項及び第6項
④　選択肢を適用しない：第8項

❺　第3部（租税条約の濫用：第6条〜第11条）

第6条（対象租税条約の目的の補正）

　1　対象租税条約の前文に次の段落を加えるように修正する。

「この条約の対象となる租税に関して，脱税又は租税回避を通じた非課税又は租税の軽減（当事国以外の国又は地域の居住者の間接的な利益のためにこの条約において与えられる租税の免除又は軽減を得ることを目的とする条約濫用の仕組みを通じたものを含む。）の機会を生じさせることなく，二重課税を除去することを意図して，」

2　1に規定する段落は，二重課税を除去する意図に言及する対象租税条約の前文の文言（非課税又は租税の軽減の機会を生じさせない意図に言及するか否かを問わない。）に代わり（in place of），又は当該前文の文言がない対象租税条約に加わる（in the absence of）。

3　締約国は，経済関係の発展を図り，又は租税に関する協力を強化することを希望することに言及する前文の文言を含まない対象租税条約の前文に次の段落を加えることを選択することができる。

　　「当事国間の経済関係の一層の発展を図ること及び租税に関する当事国間の協力を強化することを希望し，」

4　締約国は，非課税又は租税の軽減の機会を生じさせることなく二重課税を除去する当事国の意図に言及する前文の文言（脱税又は租税回避（当事国以外の国又は地域の居住者の間接的な利益のために対象租税条約において与えられる租税の免除又は軽減を得ることを目的とする租税条約の濫用の仕組みを含む。）を通じた非課税又は租税の軽減にのみ言及する文言であるか，より広い場合における非課税又は租税の軽減に言及する文言であるかを問わない。）を含む対象租税条約について，1の規定を適用しない権利に留保を付することができる。

5　各締約国は，各対象租税条約（4の規定に基づく留保の対象となるものを除く。）が2に規定する前文の文言を含むか否か及び当該前文の文言を含む場合には該当する前文の文言を寄託者に通告する。すべての当事国が対象租税条約の前文の文言についてその通告を行った場合には，1に規定する段落は，当該対象租税条約の前文の文言に代わる。その他の場合には，1に規定する段落を既存の前文の文言に加える。

6　3の規定を適用することを選択する各締約国は，その選択を寄託者に通告する。その通告には，経済関係の発展を図り，又は租税に関する協

力を強化することを希望することに言及する前文の文言を含まない対象租税条約の一覧を含む。すべての当事国が３の規定を適用することを選択し，かつ，対象租税条約について当該通告を行った場合に限り，３に規定する段落を当該対象租税条約に加える。

日本の適用可否の選択	適用を選択
ミニマムスタンダード等	ミニマムスタンダード

（解説）

1　第１項

対象租税条約前文の修正である。日本の場合，従来型の租税条約では，「二重課税の排除と脱税の防止」が一般的であったが，平成28年９月30日発効の日独新租税協定の以下に掲げた前文は，本項と同様の内容となっている。

「両国間の経済関係の一層の発展を図ること及び租税に関する両国間の協力を強化することを希望し，所得に対する租税及びある種の他の租税に関し，脱税又は租税回避を通じた非課税又は課税の軽減（第三国の居住者の間接的な利益のためにこの協定において与えられる租税の免除又は軽減を得ることを目的とする条約濫用の仕組みを通じたものを含む。）の機会を生じさせることなく，二重課税を除去するための新たな協定を締結することを意図して，次のとおり協定した。」

また，平成29年10月11日に署名された日本・デンマーク租税条約は，その前文が上記と同様の規定である。

2　第２項

本項は実体規定である第１項について，対象租税条約の前文の規定に置換又は規定を追加することを規定している。

3　第３項

対象租税条約の前文に，経済関係の発展を図り，又は租税に関する協力を強化することを希望することという規定がない場合，これを加えることを選択することができる。

4　第４項

対象租税条約に，第４項に掲げた文言がすでに規定されている場合，第１項

❺　第３部（租税条約の濫用：第６条〜第11条）　　53

の規定を適用しない権利を留保できる。

5　第５項

　各締約国は，各対象租税条約が第２項により置換或いは追加になるものを寄託者に通知する。すべての当事国が前文の通告を行った場合，対象租税条約の前文は第１項の規定に置換えとなる。

6　第６項

　第３項を適用することを選択する各締約国は，その選択を寄託者に通告する。その通告には，第３項に規定する文言を含まない対象租税条約の一覧を含む。すべての当事国が第３項の適用を選択し，かつ，通告を行った場合，対象租税条約の前文は第３項の規定に置換えとなる。

第７条（租税条約の濫用の防止）

1　対象租税条約のいかなる規定にもかかわらず，総合的に勘案して，当該対象租税条約に基づく特典を受けることが当該特典を直接又は間接に得ることとなる仕組み（arrangement）又は取引（transaction）の主たる目的の１つであったと判断することが妥当である場合には，そのような場合においても当該特典を与えることが当該対象租税条約の関連する規定の目的に適合することが立証されるときを除くほか，その所得又は財産については，当該特典は与えられない。

2　１の規定は，仕組み若しくは取引若しくは仕組み若しくは取引に関与する者の主たる目的若しくは主たる目的の１つが対象租税条約に基づいて与えられる特典を得ることであった場合に当該特典の全部若しくは一部を与えないことを規定する当該対象租税条約の規定に代えて（in place of），又は当該規定がない（in the absence of）対象租税条約について，適用する。

3　15(a)の規定に基づく留保を付さない締約国は，対象租税条約について４の規定を適用することを選択することができる。

4　仕組み若しくは取引自体又は仕組み若しくは取引に関与する者の主たる目的又はその１つが対象租税条約に基づいて与えられる特典を得るこ

とであった場合，当該特典の全部又は一部を与えないことを規定する対象租税条約の規定（この条約によって修正される場合には，その修正後のもの）に基づいてある者に対して当該対象租税条約に基づく特典が与えられない場合においても，当該特典を与える当事国の権限ある当局は，その者からの要請に基づいて，かつ，関連する事実及び状況を検討した上で，当該仕組み又は取引がなかったとしたならばその者に対して当該特典が与えられたと判断するときは，その者を特定の所得又は財産について当該特典又は当該特典と異なる特典を受ける権利を有する者として取り扱う。一方の当事国の居住者からこの4の規定に基づく要請を受けた他方の当事国の権限ある当局は，当該要請を拒否する前に，当該一方の当事国の権限ある当局と協議する。

5 4の規定は，仕組み若しくは取引自体又は仕組み若しくは取引に関与する者の主たる目的又は主たる目的の1つが対象租税条約に基づいて与えられる特典を得ることであった場合に当該特典の全部又は一部を与えないことを規定する当該対象租税条約の規定（この条約によって修正される場合には，その修正後のもの）について，適用する。

6 締約国は，17(c)に規定する通告を行うことにより，対象租税条約について8から13までの規定（以下「簡素化された特典制限規定」という。）を適用することを選択することができる。簡素化された特典制限規定は，すべての当事国がこれを適用することを選択した場合に限り，対象租税条約について適用する。

7 対象租税条約の当事国の一部のみが6の規定に従い簡素化された特典制限規定を適用することを選択する場合には，6の規定にかかわらず，簡素化された特典制限規定は，次のいずれかの当事国による当該対象租税条約に基づく特典の付与について，適用する。

(a) すべての当事国（6の規定に従い簡素化された特典制限規定を適用することを選択しないすべての当事国が，この(a)の規定を適用することを選択し，かつ，その旨を寄託者に通告することにより簡素化された特典制限規定をそのように適用することについて合意する場合に限る。）

❺　第3部（租税条約の濫用：第6条〜第11条）　　55

(b)　簡素化された特典制限規定を適用することを選択する当事国（6の
規定に従い簡素化された特典制限規定を適用することを選択しないす
べての当事国が，この(b)の規定を適用することを選択し，かつ，その
旨を寄託者に通告することにより簡素化された特典制限規定をそのよ
うに適用することについて合意する場合に限る。）

（簡素化された特典制限規定）

8　対象租税条約の一方の当事国の居住者は，当該対象租税条約に基づく
特典が与えられる時において9に規定する適格者に該当する場合を除く
ほか，当該特典（当該対象租税条約の次の規定に基づく特典を除く。）
を受ける権利を有しない。ただし，当該特典を受けることに関して，簡
素化された特典制限規定に別段の定めがある場合は，この限りでない。

(a)　一方の当事国の居住者を定義する当該対象租税条約の規定によって
2以上の当事国の居住者に該当する者で個人以外のものが居住者とみ
なされる当事国を決定する規定

(b)　関連企業の利得に対して一方の当事国において課される租税の額に
ついて，当該一方の当事国が，当該対象租税条約の規定に従って他方
の当事国によって行われる当初の調整に対応するための調整を当該一
方の当事国の企業に対して行うことを規定する規定

(c)　一方の当事国の居住者が，当該一方の当事国の権限ある当局に対し
て，当該対象租税条約の規定に適合しない課税の事案を検討すること
を要請することを認める規定

9　対象租税条約の一方の当事国の居住者は，当該対象租税条約に基づい
て特典が与えられる時において，次のいずれかに該当する場合には，適
格者とする。

(a)　個人

(b)　当該一方の当事国若しくは当該一方の当事国の地方政府若しくは地
方公共団体又はこれらの機関

(c)　法人その他の団体（その主たる種類の株式が1又は2以上の公認の
有価証券市場において通常取引されるものに限る。）

(d)　個人以外の者であって，次のいずれかに該当するもの

（i）　当事国が外交上の公文の交換によって合意する種類の非営利団体

　（ii）　当該一方の当事国において設立される団体又は仕組みであって，当該一方の当事国の租税に関する法令の下において独立した者として取り扱われ，かつ，次のいずれかに該当するもの

　　(A)　専ら又は主として，個人に対する退職手当及び補助的又は付随的な手当を管理し，又は給付することを目的として設立され，かつ，運営される団体又は仕組みであって，当該一方の当事国又は当該一方の当事国の地方政府若しくは地方公共団体によって規制されるもの

　　(B)　専ら又は主として，(A)に規定する団体又は仕組みの利益のために投資することを目的として設立され，かつ，運営される団体又は仕組み

　（e）　個人以外の者（当該一方の当事国の居住者である者であって，(a)から(d)までの規定に基づき当該対象租税条約に基づく特典を受ける権利を有するものが，当該特典が与えられる時を含む12か月の期間の総日数の半数以上の日において，当該個人以外の者の株式の50％以上を直接又は間接に所有する場合に限る。）

10(a)　対象租税条約の一方の当事国の居住者は，適格者に該当するか否かにかかわらず，他方の当事国内において取得する所得に関し，当該居住者が当該一方の当事国内において事業の活動に従事し，かつ，当該所得が当該事業から生じ，又は当該事業に付随するものである場合には，当該対象租税条約に基づく特典を受ける権利を有する。簡素化された特典制限規定の適用上，「事業の活動」には，次の活動又は次の活動を組み合わせた活動を含まない。

　（i）　持株会社としての経営

　（ii）　企業集団の全体の監督及び運営

　（iii）　企業集団の資金供給（資金プーリングを含む。）

　（iv）　投資又は投資管理（銀行，保険会社又は登録された証券会社が投資又は投資管理をその事業の通常の方法で行う場合を除く。）

　（b）　対象租税条約の一方の当事国の居住者が，他方の当事国内において

当該居住者が行う事業活動から所得を取得する場合又は関連する者から他方の当事国内において生ずる所得を取得する場合には，当該居住者が当該一方の当事国内において行う当該所得に関連する事業活動が，当該居住者又は当該関連する者が当該他方の当事国内において行う同一の活動又は補完的な事業活動との関係において実質的なものであるときに限り，当該所得につき(a)の規定する要件を満たすものとする。この(b)の規定の適用上，事業活動が実質的なものであるか否かは，すべての事実及び状況に基づいて判断される。

　(c)　この10の規定の適用上，対象租税条約の一方の当事国の居住者に関して関連する者が行う活動は，当該居住者が行うものとみなす。

11　対象租税条約の一方の当事国の居住者であって適格者に該当しないものは，当該対象租税条約に基づく特典が与えられる時を含む12か月の期間の総日数の半数以上の日において，同等受益者である者が当該居住者の受益に関する持分の75％以上を直接又は間接に所有する場合には，所得について当該特典を受ける権利を有する。

12　対象租税条約の一方の当事国の居住者が，9に規定する適格者に該当せず，かつ，10又は11の規定に基づき特典を受ける権利を有する場合に該当しないときにおいても，他方の当事国の権限ある当局は，当該居住者が，当該権限ある当局に対して，当該居住者の設立，取得若しくは維持又はその業務の遂行が当該対象租税条約に基づく特典を受けることをその主たる目的の1つとしたものでないことについて十分に立証するときに限り，当該対象租税条約の目的を考慮した上で，当該対象租税条約に基づくすべての特典又は特定の所得についての特典を与えることができる。一方の当事国の居住者からこの12の規定に基づく要請を受けた他方の当事国の権限ある当局は，当該要請を認め，又は拒否する前に，当該一方の当事国の権限ある当局と協議する。

13　簡素化された特典制限規定の適用上，

　(a)　「公認の有価証券市場」とは，次の有価証券市場をいう。

　(i)　いずれかの当事国の法令に基づいて設立され，かつ，規制される有価証券市場

(ⅱ) 当事国の権限ある当局が合意するその他の有価証券市場

(b) 「主たる種類の株式」とは，法人の議決権及び価値の過半数を占める1若しくは2以上の種類の株式又は団体の議決権及び価値の過半数を占める1若しくは2以上の種類の受益に関する持分をいう。

(c) 「同等受益者」とは，対象租税条約の一方の当事国の法令，当該対象租税条約又は他の国際的な枠組みに基づいて所得について当該一方の当事国によって与えられる特典であって，当該対象租税条約に基づいて当該所得について与えられる特典と同等のもの又はより有利なものを受ける権利を有するであろう者をいう。ある者が配当に関して同等受益者であるか否かを決定するに当たり，その者は，当該配当について特典を申請する法人が保有する当該配当を支払う法人の資本と同一の当該資本を保有するものとみなす。

(d) 法人でない団体について，「株式」とは，株式と同等の持分をいう。

(e) 一方の者と他方の者とは，当該一方の者が当該他方の者の受益に関する持分の50%以上（法人の場合には，当該法人の株式の議決権及び価値の50%以上）を直接若しくは間接に所有する場合又は第三者がそれぞれの者の受益に関する持分の50%以上（法人の場合には，当該法人の株式の議決権及び価値の50%以上）を直接若しくは間接に所有する場合には，「関連する者」であるものとする。いかなる場合にも，一方の者と他方の者とは，すべての関連する事実及び状況に基づいて，当該一方の者が当該他方の者を支配している場合又は両者が1若しくは2以上の同一の者によって支配されている場合には，関連する者であるものとする。

14 簡素化された特典制限規定は，対象租税条約に基づくすべての特典を受ける権利若しくは対象租税条約に基づく特典（居住者とみなされる当事国，関連企業又は無差別待遇に関する当該対象租税条約の規定に基づくもの及び特典を与えられる者が当事国の居住者に限定されないものを除く。）を受ける権利を有する者を1若しくは2以上の類型別に区分された基準を満たす居住者に制限することを規定する当該対象租税条約の規定に代えて（in place of），又は当該規定がない（in the absence of）

❺ 第3部（租税条約の濫用：第6条〜第11条） 59

対象租税条約について，適用する。

15 締約国は，次の権利に留保を付することができる。

(a) 締約国が，詳細な特典制限規定と導管を用いた金融の仕組みに対処する規則又は主要目的基準のいずれかとの組合せを採用する意図を有し，これによって，OECD/G20 BEPS措置に基づく条約の濫用を防止するための最低基準を満たすことを前提として，対象租税協定について，1の規定を適用しない権利。この場合には，すべての当事国は，最低基準を満たす相互に満足すべき解決を得るよう努める。

(b) 仕組み若しくは取引又は仕組み若しくは取引に関与する者の主たる目的又は主たる目的の1つが対象租税条約に基づいて与えられる特典を得ることであった場合に当該対象租税条約に基づいて与えられるすべての特典を与えないことを規定する規定を含む対象租税条約について，1の規定（4の規定を適用することを選択した締約国については，1及び4の規定）を適用しない権利

(c) 14に規定する規定を含む対象租税条約について，簡素化された特典制限規定を適用しない権利

16 7の規定に従い1又は2以上の締約国による対象租税条約に基づく特典の付与に関して簡素化された特典制限規定を適用する場合を除くほか，6の規定に従い簡素化された特典制限規定を適用することを選択する締約国は，1又は2以上の他の当事国が簡素化された特典制限規定を適用することを選択していない対象租税条約について，この条の規定の全部を適用しない権利に留保を付することができる。この場合には，すべての当事国は，OECD/G20 BEPS措置に基づく条約の濫用を防止するための最低基準を満たす相互に満足すべき解決を得るよう努める。

17(a) 15(a)の規定に基づく留保を付さない各締約国は，15(b)の規定に基づく留保の対象とならない各対象租税条約が2に規定する規定を含むか否か並びに当該規定を含む場合には当該規定の条及び項の番号を寄託者に通告する。すべての当事国が対象租税条約の規定についてその通告を行った場合には，1の規定（該当する場合には，1及び4の規定）は，当該対象租税条約の規定に代わる。その他の場合には，1の規定（該当す

る場合には，１及び４の規定）は，当該対象租税条約の規定が１の規定（該当する場合には，１及び４の規定）に競合する場合，当該対象租税条約の規定に優先する。この(a)の規定に基づく通告を行う締約国は，暫定的な措置として１の規定のみを適用することを受け入れるが，可能なときは，二国間の交渉を通じて１の規定に加えて，又は代えて特典制限規定を採用する意図を有する旨の説明を当該通告に含めることができる。

(b)　４の規定を適用することを選択する各締約国は，その選択を寄託者に通告する。４の規定は，すべての当事国がその通告を行った場合に限り，対象租税条約について適用する。

(c)　６の規定に従い簡素化された特典制限規定を適用することを選択する各締約国は，その選択を寄託者に通告する。当該締約国が15(c)の規定に基づく留保を付する場合を除くほか，その通告には，14に規定する規定を含む対象租税条約並びに当該規定の条及び項の番号の一覧を含む。

(d)　６の規定に従い簡素化された特典制限規定を適用することを選択しないが，７(a)又は(b)の規定を適用することを選択する各締約国は，その選択する規定を寄託者に通告する。当該締約国が15(c)の規定に基づく留保を付する場合を除くほか，その通告には，14に規定する規定を含む対象租税条約並びに当該規定の条及び項の番号の一覧を含む。

(e)　すべての当事国が(c)又は(d)の規定に従って対象租税条約の規定を通告した場合には，簡素化された特典制限規定は，当該対象租税条約の規定に代わる。その他の場合には，簡素化された特典制限規定は，当該対象租税条約の規定が簡素化された特典制限規定と両立しない限りにおいて，当該対象租税条約の規定に優先する。

日本の適用可否の選択	・適用を選択（取引の主たる目的に基づく条約の特典の否認に関する規定：PPT） ・適用しないことを選択（特典を受けることができる者を適格者等に制限する規定：LOB）
ミニマムスタンダード等	ミニマムスタンダード
留保	なし

通告	PPT に関連した規定のある租税条約を通告。日豪第10条第11項，第11条第10項，第12条第8項，日仏第10条第9項，第11条第10項，第12条第6項，第22条第5項，日独第21条第8項，日本・香港第26条，日本・メキシコ議定書11(a)，13，日本・ニュージーランド第23条，日本・ポルトガル第21条，日本・サウジアラビア第24条，日本・南アフリカ第22条及び議定書2，日本・スウェーデン第21条C，日英第10条第10項，第11条第7項，第12条第6項，第21条第5項

（ポイント）
　第7条は多国間条約における重要な条文である。日本が PPT を選択したことから，租税条約分野に限らず，導入が検討されている「義務的開示制度」導入に際して検討される GAAR の候補として PPT を考慮する必要があるのはないだろうか。

（予備的考察）

　本条は，条文解説に先立って，本条において規定されている LOB と PPT 等に関する事項を最初に検討して，その後に，本条文の解説を行う。

1　LOB について

(1)　日米租税条約における特典制限条項の沿革

　平成16年3月末に発効した日米租税条約の特徴の1つは，米国において発展した特典制限条項（LOB 条項）を取り入れたことである。この LOB 条項に含まれる各規定は，米国において長期間にわたり発展してきた経緯があり，日米租税条約の当該規定は，これらをそのまま模倣したものといえる。したがって，LOB 条項の各規定がどのように発展したものであるのかを明確にすることは，日米租税条約の当該規定の解釈において必要である。

(2)　LOB 条項の意義

　租税条約の機能の1つは，条約相手国の居住者に租税条約により所得源泉地国における課税を減免するという特典を与えることであり，双方の締約国の居住者以外の者にその条約上の特典を供与することではない。

　租税条約は，条約適用対象者として居住者条項を設けてその定義を置き，条約の適用対象となる者を限定しているが，米国の締結している租税条約の特徴は，租税条約の定義する居住者のうちから租税条約の特典を享受できる者を限

定している特典制限条項を規定していることである。すなわち，LOB 条項の本来の趣旨は，第三国の居住者が，租税条約を濫用（treaty shopping）して不当に租税条約上の特典を享受することを規制することであり，経済的合理性をもって租税条約締約国に法人を設立する者までも排除するものではない。

このような特典に係る判定を行うに際して，租税条約の特典を得ようとする者が租税条約濫用の意図を持つか否かということは，立証が困難であることから，LOB 条項では所定の要件を定めて，租税条約上の特典を得ることができる適格者とそれ以外の者を区分することとしている。

さらに，LOB 条項は，これらの規定においても救済されない事態が生じることも懸念して，最終的な救済手段として，権限ある当局の裁量により特典を与えることも定めている。

米国がこのように LOB 条項導入に熱意を示す理由は，米国が世界有数の資本輸入国であり，諸外国から多くの対米投資があることを背景としているものと思われる。特に米国の非居住者に対する源泉税の税率は30％と高率であり，租税条約に定める限度税率との格差が大きく，これが租税条約の濫用をもたらす主たる原因といえる。

(3) 1977年米国モデル租税条約

米国は，米国自身も OECD 加盟国であることから租税条約に関して OECD モデル租税条約を重視しているが，米国固有の論理から独自のモデル租税条約を作成している。

米国が最初に公表したモデル租税条約である1977年米国モデル租税条約の特典制限条項（同モデル租税条約16条：投資又は持株会社条項）は次のとおりである。

「一方の締約国の居住者である会社の資本の25％以上が当該国の居住者でない個人により直接間接に保有されている場合で，かつ他方の締約国において生じた配当，利子，使用料に関して一方の締約国において当該会社に課される租税が，特別措置により一方の締約国において通常課される税よりも著しく低いときには，配当条項，利子条項，使用料条項の規定にかかわらず，他方の締約国は当該配当，利子，使用料に課税することができる。この条文の適用上，配当，利子，使用料の所得源泉地は本条約23条の二重課税の救済条項により決定されなければならない。」

❺　第3部（租税条約の濫用：第6条〜第11条）　　63

　この規定が設けられた背景には，当時米国とオランダ領アンチルとの間で締結されていた租税条約（1988年1月1日に終了）に原因がある。この租税条約は，1955年に米蘭租税条約の議定書により適用拡大され，1963年に米国はアンチルと租税条約の改定を行っている。このアンチルは，タックスヘイブンであることから，上記の条文の一方の締約国をアンチル，他方の締約国を米国と読み替えれば，租税条約濫用防止対策として上記の条文が作られたことがわかる。

　(4)　1981年米国モデル租税条約

　米国は，1981年6月16日に新しいモデル租税条約を公表した。この1981年米国モデル租税条約は，第16条に以下のような特典制限条項を規定している。

　「1項：一方の締約国の居住者（個人を除く）である者は，以下の場合を除き，他方の締約国において課税上の救済として租税条約の適用を受けることはできない。

　　a)　当該者の受益権の75％超が一方の締約国の1人以上の個人居住者により直接間接に所有されていること

　　b)　当該者の所得は，直接間接に，締約国以外の居住者で米国市民でない者に対する債務（利子又は使用料に係る債務を含む）弁済に主として使用されるものでないこと

　a)の適用上，一方の締約国の公認の証券市場においてその株式の大部分が取引される会社はその国の個人居住者により所有されているものとみなす。

　2項：当該者を取得し又は維持することとその活動の主たる目的が，条約上の特典を得ることでない場合，1項は適用されない。

　3項：本租税条約に基づいて他方の締約国の居住者に対する一方の締約国により規定された租税からの救済は，他方の締約国において施行されている法律に基づいて，他方の締約国において生じる類似する所得よりも著しく低い課税となる所得が他方の締約国の居住者により生じる場合には不適格となる。」

　1977年米国モデル租税条約が対アンチル租税条約における租税条約の濫用防止を目的とするものであったのに対して，1981年米国モデル租税条約は，現在の特典制限条項につながる考え方のいくつかがみられる。その意味でこのモデル租税条約は意義があることになる。

　(5)　内国歳入法典第884条の創設

　1986年税制改革法により，支店利益税の規定（内国歳入法典第884条）が創

設され，租税条約締約国の居住者である外国法人の米国支店が支店利益税を課税されない要件の１つとして，「適格居住者」の要件が規定されている（内国歳入法典第884条(e)(4)）。

支店利益税と租税条約の関連は，次のとおりである。

① 外国法人の米国支店が支店利益税を課税されない場合とは，米国と外国法人の居住地国との間に所得税租税条約が締結されていて，かつ

② 当該外国法人がその所在地国で適格居住者であること

当該外国法人が適格居住者であり，米国と当該外国との間に租税条約がある場合は次のとおりである。

① 支店利益税が租税条約に明定されている場合はその税率又は明定されていないときには100％子会社に対する配当の限度税率適用となる。

② 支店利益税課税について租税条約に別に制限を設けている場合はその制限が適用される。

適格居住者の定義は次のとおりである（内国歳入法典第884条(e)(4)）。

(A) 概　要

この項において別段の定めがある場合を除き，適格居住者という用語は，いずれかの外国に関して，以下の場合を除き，当該国の居住者である外国法人を意味する。

(i) 当該外国法人の株式（価値）の50％以上が当該外国の居住者でなく，かつ米国市民でない個人により所有（第883条(c)(4)と同様の意味）されていること

(ii) 所得の50％以上が，直接間接に，締約国以外の居住者で米国市民でない者に対する債務の弁済に使用されるものであること

(B) 公開会社に対する特別措置

外国の居住者である外国法人は，以下の場合に，当該外国の適格居住者として扱われなければならない。

(i) 当該法人の株式が，当該外国の公認の証券市場において，その大部分が経常的に取引されている場合

(ii) 当該法人が当該外国で設立された他の法人により100％支配され，その株式が流通している場合

(C) 公開内国法人により所有されている法人

外国居住者である外国法人は次の場合に当該外国において適格居住者として扱われなければならない。

(i) 当該法人が直接間接に内国法人により100%所有されている場合，かつ

(ii) 当該内国法人の株式が米国の公認の証券市場においてその株式の大部分が経常的に取引されている場合」

その他として，(D)に財務長官の権限により外国法人を適格居住者と認定できる旨の規定がある。

(6) 第2次米独租税条約の特典制限条項

第2次米独租税条約は，1989年8月29日に署名され，1991年8月21日に発効している。この条約改正により，同条約第28条に規定されたLOB条項は，1986年支店利益税における適格居住者の規定とこの後の1996年米国モデル租税条約の中間的な位置にある。

したがって，この米独租税条約の特典制限条項は，1981年モデル租税条約の影響を受けつつ，その内容を発展させてその後の1996年米国モデル租税条約の原型になったものといえようが，以下では，その点を検討する。

「1項：一方の締約国の居住者で，他方の締約国から所得を取得する者は，他方の締約国において，当該者が次の場合のみ条約上のすべての特典を得ることができる。

(a) 個人

(b) 一方の締約国，地方政府，地方公共団体

(c) 居住地国において能動的事業活動に従事し（投資事業又は投資管理事業を除く，ただし，銀行，保険会社により銀行業，保険業はこの限りでない。），源泉地国からの生じた所得がその事業と関連又は付随して生じること

(d) その主たる株式の大部分が公認証券市場において経常的に取引されている会社

(e) (aa) 本項(a)，(b)，(d)，(f)に基づいてこの条約上の特典を得ることができる者により直接，間接にその受益権の50%超が所有されている者（会社の場合，株式の種類ごとの株式数の50%超）で，かつ，

(bb) そのグロスインカムの50%超が，直接間接に，(a)，(b)，(d)，(f)に基づいて本条約の特典を得ることができない者で米国市民でない者に対する債務

（利子又は使用料に係る債務を含む）弁済に主として使用されるものでないこと

(f) その地位により居住地国において所得税が免税となる非営利組織は，その受益者，構成員，参加者の50％超がこの条約の特典取得に適格な者である場合

2項：1項により特典を受ける権利のない者は，源泉地国の権限ある当局が決定すれば，本条約の特典を受けることが認められる。」

上記の米独租税条約は，能動的事業活動基準が適格者基準と分離しておらず，この後に米国が締結した米蘭租税条約の特典制限条項へと発展することになる。

(7) 日米租税条約における LOB の構造

日米租税条約（平成16年3月発効）第22条は，LOB の規定である。LOB の沿革は前述のとおりであるが，米国租税条約➡日米租税条約➡OECD モデル租税条約➡BEPS 多国間条約，という時間的経過を経ている。以下は，日米租税条約第22条に構成である。多国間条約は簡易 LOB が規定されているが，それと比較するために，日米租税条約の該当条項を簡記する。

本条約第22条の各項の概要は次のとおりである。

第1項は，租税条約上の特典を受ける居住者とみなされる者の通則的な規定と適格居住者の個別規定である。

第2項は，第1項の適格居住者に該当しない者に対して，当該者が取得する所得に要件を課してその状況に応じて特典を享受する資格を与えることを規定したものである。この項は，第1項の適用対象外となる者が取得する所定の所得により適格者を定めた規定であり，第1項の代替的な機能を持つものである。

第3項は，源泉徴収に関する規定である。

第4項は，第1項及び第2項の規定により租税条約上の特典を与えられなかった一方の締約国の居住者に対する権限ある当局による救済規定である。この項は，第1項及び第2項に定める判定基準に該当しない者に対して，最終的な判定を権限ある当局の裁量とした最終的な救済規定である。

第5項は，第22条に規定する公認の株式取引所等を定義した規定である。

(8) OECD モデル租税条約への導入

LOB は，これまでの経緯からみて，米国の置かれた特殊な状況から生成したローカル・ルールであったが，2003年の OECD モデル租税条約コメンタリ

❺　第3部（租税条約の濫用：第6条〜第11条）　　67

一の改正に際して，LOB が租税条約の濫用防止規定として導入されたのである。

2　PPT について

(1)　PPT の生成の沿革

イ　超過利潤税の変遷

英国における租税回避否認規定として PPT は生成した。

- 1915年第2次財政法（Finance（No.2）Act 1915）〜1921年財政法第35条により廃止
- 1939年第2次財政法（Finance（No.2））〜1946年財政法第36条により廃止：60％税率

超過利潤税の課税所得の計算は，事業年度の利益から戦前の利益水準額を控除した金額が超過利潤額であり，それから所定の控除利潤額を控除した差引額に税率を乗じて計算するものである。

ロ　超過利潤税に係る租税回避規定

超過利潤税に係る租税回避防止規定と見出しは，次のとおりである。

①　1939年第2次財政法第17条（関連者間に係る規定）

②　1941年財政法第35条（超過利潤税の債務を回避することを意図した取引）

③　1943年財政法第24条（低価による会社株式の処分）

④　1944年財政法第33条（租税回避）

⑤　1947年財政法第64条（1943年財政法第24条に係る租税債務に適用となる規定）

ハ　1941年財政法第35条

第35条第1項の規定は，取引或いは複数の取引のもたらす効果の主たる目的が超過利潤税の租税債務の回避或いは減少である場合，課税当局は，当該取引の通常もたらす効果に引き直しの修正ができるというものである。

ニ　1944年財政法第33条

この規定は，1941年財政法第35条の一部を改正したものである。1941年財政法第35条第1項に規定されていた「取引或いは複数の取引のもたらす効果の主たる目的」が削除され，「取引或いは複数の取引のもたらす効果の主たる目的或いは主たる目的の1つ」と改正され，同条第3項にある同様の規定も「主たる目的或いは主たる目的の1つ」と改正されている。この改正については，訴

訟事案（Crown Bedding Co. Ltd. v. Inland Revenue Commissioners）の判決において，この改正が具体的な内容であると述べている。

1944年財政法第33条第3項の規定では，株式の譲渡或いは取得取引から期待される主たる特典が租税債務の回避或いは軽減である場合，上記の主たる目的或いは主たる目的の1つとみなされるとされている。

この超過利潤税に係る租税回避規定，特に1941年財政法第35条以降，取引のもたらす効果という文言になり，それは，主観的な目的論ではなく，客観的な租税債務の軽減という特典によって判断するというものである。

例えば，British Pacific Trust, Ltd. v. I. R という判例によれば，課税当局は，戦争により利益の減少した法人が超過利潤のある法人の株式を取得した取引を否認している。

(2) 英国課税庁の PPT に関する判定要素

日英租税条約には日米租税条約にはない規定として，本条約の特典を受けることを主たる目的として操作をした者に対して特典を受けることができない旨を規定していることはすでに述べたとおりである。

この PPT は主観的な概念のように思われるが，このテストは，すでに述べたように，英国の租税回避防止規定に1940年ごろから使用されているもので，1998年に英国の当時の課税庁（Inland Revenue and Customs and Excise）が一般否認規定を検討した時の文書[1]では，その判定要素が記述されている。その文書では，その唯一の目的或いは主たる目的若しくは主たる目的の1つが，法人による租税回避である取引と判定して一般否認規定を適用する場合，取引の目的に関する判定要素として，次の項目が掲げられている。

① 取引により作り出された権利と義務を含むその法的形態
② その経済的及び商業上の実質
③ 取引が行われた時期及びその期間
④ 当該者の財務上等の変化，或いは，取引の結果生ずることが合理的に予測できる変化
⑤ GAAR が適用されなかった場合の取引に対する課税上の結果

したがって，租税条約における解釈においても上記の判定要素は参考になる

---

[1] Inland Revenue and Customs and Excise, "A General Anti-Avoidance Rule for Direct Taxes: Consultative Document", 5 Oct. 1998.).

ものと思われる。

　(3)　EU における動向

　EU において，2003年 6 月 3 日付の指令（Council Directive 2003/49/EC）「加盟国間における利子，使用料支払に関する共通課税システム」の第 5 条「虚偽及び濫用」において，「取引の主たる目的或いは主たる目的の 1 つ」が脱税，租税回避，濫用の取引である場合，指令の特典の適用をしない旨の規定がある。

　上記以後の動向としては，欧州司法裁判所（ECJ）において2006年 9 月12日に判決が出された Cadbury Schweppes（Case C-196/04）事案を例とすると，完全に人為的な仕組み取引（wholly artificial arrangements）の場合のみ英国国内法であるタックスヘイブン税制が適用可能であるという判断が示され，この否認規定の適用条件の 1 つとして，専ら税務上の特典を得ることを唯一の目的とする場合，という判断が示されている。

　以上のことから，英国等で生成した PPT の概念が EU 等において使用されることで，BEPS につながったと推測できるのである。

3　LOB と PPT

　租税条約濫用の背景としては，タックスヘイブンの存在（タックスヘイブン法人等の成りすまし），特殊な国内法の存在（オランダ：利子・使用料の源泉徴収なし，金融子会社等），多数の租税条約の存在と租税条約の未整備の国の混在等を挙げることができるが，この問題に最も敏感に反応してきたのが米国であり，1977年以降のモデル租税条約において LOB が進化をみたことはすでに述べたとおりである。

　この LOB の特徴は，客観性の維持であり，1977年，1981年米国モデル租税条約及びその試案第16条では，法人設立の動機が条約上の特典を受けることである場合として，主観的要因を規定していたが，この規定は現在削除されている。

　これに対して，BEPS 活動計画 6 （租税条約の濫用防止）は，次の措置を講じることを勧告している。

　その 1 として，租税条約に，租税回避，脱税を通じた二重非課税又は税負担の軽減を意図していないことを明記すること。

　その 2 は，PPT と LOB について，① PPT と LOB，② PPT のみ，③導管取

引対策をした LOB が掲げられているが，BEPS 課題 2（ハイブリッド事業体の課税）の勧告における LOB と PPT の関連についての OECD の見解では，LOB が多くの場合適用となるが，パススルー事業体のような場合，LOB では防止することができない事態もあることから，より一般的な濫用防止規定として PPT を設けるとしている。

米国は2016年に改定した米国モデル租税条約においても PPT を採用していない。多国間条約では，LOB と PPT を併用することを提言しているのは上記のとおりである。

LOB は，特典を受けることができる者を限定するための規定であることから，この者に係る取引でない場合は，適用が難しくなる。それに対して PPT は，者にこだわることもなく，租税回避を目的との関連で判定するものである。

4　arrangement 等の用語について

多国間条約第 7 条に使用されている用語は，英国税制の影響があるものと思われる。以下は，arrangement（仕組み取引）等の用語についての検討である。

(1)　アーロンソン報告書

この用語の検討は，2011年11月のアーロンソン報告書（GAAR STUDY）から始まる。この報告書は，グラハム・アーロンソン勅許弁護士（Graham Aaronson QC）が中心となってまとめたもので，2013年財政法により創設された GAAR に大きな影響を及ぼしたものである。

この英国 GAAR は，表記上，general anti-avoidance rule ではなく，general anti-abuse rule である。この報告書は，検討委員会の設置が2011年 1 月で，報告書の完成が同年11月であることから，約10か月で完成したことになる。

報告書の概要は，本文が全 6 章，別添が 2 編で，GAAR 草案とそのガイダンスである。

報告書の各章の見出しは，第 1 章が「結論の概要」，第 2 章が「グループ設立と作業方法」，第 3 章が「英国に GAAR は必要か」，第 4 章が「関係団体の見解」，第 5 章が「GAAR 諸原則の枠組み」，第 6 章が「GAAR における諸原則の具体化」，である。

当該報告書の作成手順は，アーロンソン弁護士が論点を検討委員会委員に配付し，検討委員会の会議及びメールによる検討が行われ，関係各団体の意見交換が行われた（同報告書パラ2.7〜2.9）。当該報告書第 5 章及び付属の GAAR

❺　第 3 部（租税条約の濫用：第 6 条〜第11条）　　71

草案等は，検討委員会及び関係各団体の意見が反映されている（同パラ2.10〜
2.11）。そして，最終的には，アーロンソン弁護士の責任でこの報告書が作成さ
れたのである（同パラ2.13）。

(2)　アーロンソン報告書のポイント

　アーロンソン報告書で最も注目すべき箇所は，適正な租税計画と濫用型スキ
ームをどう差別化するのかという点である。

　第 1 の点は，英国において伝統的に発展してきた「租税上の便益を得ること
が唯一或いは主たる目的の 1 つ」という目的を基礎とした概念（以下「目的概
念」という。）であるが，機械設備等の税務上の減価償却費（capital
allowance）を得るための仕組み取引を差別化できないことから，目的概念を
英国の GAAR に採用していない（同報告書パラ5.14）。

　第 2 に，仕組み取引が立法当局の意図しなかった税務上の成果をもたらすか
どうかを検証するというアプローチもあるが，これにも問題がある（同報告書
パラ5.17）。

　以上の 2 つのアプローチを排して，同報告書は，実用的かつ客観的を掲げた
アプローチを採用する必要があるという方針の下で（同報告書パラ5.15），採
用されるべき基本原則は，租税回避の対抗策が，合理的でかつ正当な
（reasonable and just）成果を生み出すものを採用することである。なお，この
判断は租税審判所に委ねられ，HMRC の裁量ではない，としている（同報告書
パラ5.35）。

(3)　GAAR 制定法における主要な用語

　2013年財政法第 5 款第206条から第215条までが GAAR に関する規定であり，
その他に，同法シェジュール43に細則の規定がある。なお，この規定案は，
2012年12月11日に公表され，法律制定後2013年 7 月17日に施行となっている。
この規定は，英国への GAAR 導入を勧告したアーロンソン報告書に大きく依
存しているのである。

　イ　租税上の仕組み取引（tax arrangements）の意義（第207条第 1 項）

　租税上の仕組み取引とは，総合的に勘案して，その主たる目的或いは主たる
目的の 1 つが税務上の便益を得ることであることが合理的に結論できる場合の
仕組み取引である。

　この「合理的に結論できる」ということは，客観的テストであり，すべての

関連する状況を総合的に勘案すると共に，税務上の便益を得ることが仕組み取引の主たる目的或いは主たる目的の１つであると合理的に結論できるか否かを問うことで適用される。納税義務者或いはプロモーターの意図を調べるということではない（パラC3.3）。

GAARに係る法令では，「主たる目的或いは主たる目的の１つ」という用語を定義しておらず，一般的な用語として解釈するとガイダンスは規定しているが（パラC3.4），1944年財政法第33条（租税回避）において使用されており，英国における租税回避否認規定の要件として古くから使用されているフレーズということができる。

ロ　濫用的（abusive）の意義（第207条第２項）

仕組み取引が濫用的である場合とは，以下に掲げる状況を総合的に勘案して，適用される規定の関連において，合理的（reasonable）な活動の軌跡として合理的（reasonably）とみなされない場合である。

①　仕組み取引の実質的な成果が適用法令の原則及び立法趣旨と合致しているか否か。

②　これらの成果を成し遂げる手段が目論まれ或いは異常な段階を含んでいるかどうか。

③　仕組み取引が法令の欠陥を穿り出すことを意図したものであるかどうか。

ハ　税務上の便益（第208条）

税務上の便益とは，税の減免，税の還付，賦課される税額等の回避或いは減額，将来の賦課される税の回避，税の納付の延期或いは還付の前倒し，源泉徴収等の回避，である。

ニ　仕組み取引（arrangements）

GAARの規定は，取引（transaction）よりも意識的に仕組み取引という用語を使用している。この仕組み取引という表現は，濫用スキームに見出せる要素を含む適切な表現であるというのが使用している理由である（パラC.4.2）。

ホ　GAAR関連用語の整理

国名等（導入年）	関連用語	要件等
EU	artificial arrangement	人為的なこと（artificiality）の５つの判断基準

| アーロンソン委員会報告（2011年） | abnormal arrangement responsible tax planning | arrangement は，計画（plan）と黙約（understanding）を含む。 |
| 英国（2013年） | tax arrangements abusive（濫用） | 濫用：3つの判断基準 |

ヘ　EUと英国のGAARの否認要件

国名等	否認要件
EU	人為的なこと（artificiality）の次に掲げる5つの判断基準のいずれかに該当する場合 (a) 仕組み取引を構成している個々の段階における法的な特徴が，全体として仕組み取引の法的実質と不一致の場合 (b) 仕組み取引が合理的な事業行為において通常使用されない方法により行われている場合 (c) 仕組み取引が相殺，無効の効果を持つ要素を含んでいる場合 (d) 締結された取引が循環型である場合 (e) 仕組み取引が大きな租税上の便益を成果とし，その租税上の便益が納税義務者或いは現金の流れに支障をきたすものではない場合
英国	濫用（abusive）とされる判断基準は，次のとおりである。 ① 仕組み取引の実質的な成果が税法規定の立法趣旨にある原則と合致しているか否か ② その成果を生み出す過程が目論まれ或いは異常な手段を含むのか ③ 仕組み取引が税法規定の欠陥を探し出すことを意図したものか否か

（解説）

1　第7条は租税条約濫用に対する3つの選択肢を規定している。これらのいずれかをミニマムスタンダードとして既存の租税条約では扱うことができないパススルー型の仕組み取引に対応するために補正ができる。

①　PPTのみ

②　PPTと簡易LOB或いは詳細なLOBのいずれか

③　詳細なLOB

解説書（パラ88）では，BEPS行動計画6には上記の3つの租税条約濫用に対応する選択ルールが含まれており，最初のルールは，取引或いは仕組み取引の主たる目的を根拠とした一般否認規定（GAAR）と説明している。

2　第1項

対象租税条約のすべての規定にかかわらず，PPTに該当する場合，特典を供与することが対象租税条約の目的に合致する場合を除いて，その所得又は財産に条約上の特典を与えることはできない。

3　第2項

対象租税条約の特典制限を規定している場合，又は特典制限の規定がない場合，PPTの規定が対象租税条約の規定に置換又は追加して適用となる。

4　第3項

本条第15項(a)に規定する留保を付さない締約国は，対象租税条約に次の第4項の規定の適用を選択することができる。

5　第4項

本項は，PPT適用のセイフティーネットに関する規定である。PPT適用の結果，特典が与えられない場合に，権限ある当局が総合的に判断した結果，当事国の居住者からの要請を受けた場合，これを拒否する前に相手国の権限ある当局と協議することになる。

6　第5項

第4項の規定は，特典を制限する対象租税条約の最後に，特典を与える課税当局の判断としての主観的な規定である。

7　第6項

本条第17項(c)に規定する通告を行うことで，本条第8項から第13項までに規定している簡素LOBの適用を選択することができる。簡素LOBをすべての当事国が選択した場合，対象租税条約においてこれを適用することになる。

8　第7項

対象租税条約の当事国の一方のみが第6項に規定する簡素LOBの適用を選択した場合，第6項の規定にかかわらず，この規定は，次のいずれかの当事国における対象租税条約に基づく特典の付与について適用する。

(a)　第6項の規定による簡素LOBを選択しないすべての当事国が，この(a)の規定を適用することを選択し，寄託者に通告して簡素化LOBを適用することに合意する場合

(b)　簡素LOBを選択する当事国で，第6項の規定による簡素LOBを選択しないすべての当事国が，この(b)の規定を適用することを選択し，寄託者に

通告して簡素 LOB を適用することに合意する場合

9　第8項（簡素 LOB（第8項～第13項））

対象租税条約に定める特典を享受できるのは，簡易 LOB に別段の定めがある場合を除いて，第9項に規定のある適格者に限定される。

(a)　個人以外の者の双方居住者の振分け規定

(b)　移転価格税制に係る対応的調整の第2次調整の規定

(c)　相互協議の規定

10　第9項

特典を受けることができる適格者は次のとおりである。

(a)　個人

(b)　当事国，当事国の地方政府等

(c)　その主たる種類の株式が1又は2以上の公認の有価証券市場において通常取引される法人その他の団体

(d)　個人以外の者で次のいずれかに該当する者

(i)　当事国が外交上の公文により合意可能な非営利団体

(ii)　一方の当事国において設立された団体又は仕組みで，当該一方の当事国の租税法上独立した者として扱われ，かつ，次のいずれかに該当する者

(A)　個人に対する退職手当等を管理し，又は給付することを目的として設立され，かつ，運営される団体等で当事国の地方政府等により規制されているもの

(B)　(A)に規定する団体等の利益獲得のために投資することを目的として設立された団体等

(e)　一方の当事国の居住者で(a)から(d)までの者が特典を与えられた時を含む12か月のうちの半数以上の日数において，当該個人以外の者の株式の50％以上を直接又は間接に所有する場合

第9項と日米租税条約における適格者等の比較は次のとおりである。

多国間条約第7条第9項	日米租税条約
(a)　個人	①　個人
(b)　当事国，当事国の地方政府等	②　政府組織等

(c)　公開法人（その子会社の規定なし）	③　公開法人又はその公開法人の子会社等で所定のもの
(d)(ⅰ)　非営利団体	④　免税組織
(d)(ⅱ)　年金基金	⑤　年金基金
(e)　所有権テスト	⑥　個人以外の者を対象とする所有権テスト及び基礎浸食テスト

11　第10項

(1)　第10条(a)

第10項は，第9項の適格者に該当しない一方の当事国の居住者が，他方の当事国で取得する所得に関して，当該居住者が当該一方の当事国内において事業に従事し，かつ，その所得が当該事業から生じるか，当該事業に付随するものである場合は対象租税条約に基づく特典を受ける権利を有することになる。

これは，日米租税条約第22条第2項の規定と同様の趣旨である。すなわち，同租税条約第1項により，適格な居住者として判定されなかった一方の締約国の居住者は，この第2項により判定されることになる。この第2項の趣旨は，一方の締約国に事業上の目的等を有し何らかの経済的合理性に基づいて居住者となった者について，所定の要件を満たす場合は，条約上の特典を制限的に認めるとするものである。

(2)　日米租税条約第22条第2項との比較

第10項における規定は，いわゆる「事業活動テスト」といわれるもので，他の規定により特典を享受できない一方の締約国の居住者は，次に掲げる要件を満たす場合において，他方の締約国において生じた所得について本条約上の特典を制限的に享受する権利を有することができるとしているもので，その要件は，次の2つである。

①　当該居住者が一方の当事国において事業の能動的な活動（active conduct of a trade or business）を行っていること。したがって，本部活動が，投資の管理である場合，この本部機能のみを行う法人は，(a)に規定する能動的事業活動とみなされない。

②　当該所得が当該事業に関連するか又は付随的なものであること

ただし，この「事業の活動」には次の活動又は次の活動を組み合わせたもの

は含まれない。

　現行の日本の租税条約では，上述した日米租税条約と日英租税条約等がLOB条項を規定しているが，両者の間には相違がある。

　日米租税条約のLOB条項では，適格者以外の者でも第22条第2項は，所定の所得について適格者の要件を定めたもので，満たす者については，当該租税条約に定める特典のすべてを認めるものであるが，日英租税条約では，対象となる特典が制限されている。

　⑶　事業の活動から除かれるもの

　日米租税条約にもあるように，ここにおける事業活動とは能動的な活動を意味することから，それ以外のものは適用対象外となる。多国間条約の規定も同様である。

　①　持株会社としての経営

　②　企業集団の全体の監督及び運営

　③　企業集団の資金供給（資金プーリングを含む。）

　④　投資又は投資管理（銀行，保険会社又は登録された証券会社が投資又は投資管理をその事業の通常の方法で行う場合を除く。）

　⑷　第10項⒝に関連する日米租税条約の規定の解説

　この⒝の規定は，補助的な活動等の意義に係る規定では，他方の締約国において所得を取得する活動が，その事業の一部又は補助的なものである場合，その所得は，その事業に関連して生じたものとする。他方の締約国における事業活動を促進するものである場合，その所得は，その事業の付随的なものとする。

　日米租税条約の米国側の技術的説明によると，事業の付随的なものについて次のような例示で説明されている[2]。

（例1）

　US社は，米国居住法人であり，米国で製造業を営んでいる。同社は，100%子会社の日本法人を所有している。日本子会社は，日本で製品の販売を行って

---

[2]　DEPARTMENT OF THE TREASURY TECHNICAL EXPLANATION OF THE CONVENTION BETWEEN THE GOVERNMENT OF THE UNITED STATES OF AMERICA AND THE GOVERNMENT OF JAPAN FOR THE AVIODANCE OF THE DOUBLE TAXATION AND THE PREVENTION OF FISCAL EVASION WITH RESPECT TO TAXES ON INCOME AND ON CAPITAL GAINS, SIGNED AT WASHINGTON ON NOVEMBER 6, 2003.

いる。2社は，同一の製品により事業活動を行っていることから，日本子会社の販売活動は，米国親会社の製造事業の一部を形成するとみなされる。

（例2）

例1と事実は同じであるが，米国親会社は製造をしていない。米国親会社は米国に大規模な研究施設を有し，日本子会社を含む関係会社のための特許等の権利を有している。日本子会社等は，米国親会社のデザインした製品の製造・販売をしている。日本子会社と米国親会社の活動は同じ製造ラインで行われていることから，これらは同一の事業の一部を構成するとみなされる。

付随的とみなされる要件は，その活動が同種の製品又はサービスと関連する必要はなく，同一産業の一部で，一方の成功が他方の成功になるような関連がなければならない。

（例3）

米国居住法人であるA社は，国際運輸業を営んでいる。その100％子会社である日本法人がJ社である。J社は，A社の飛行機が発着する空港の近所でホテルを経営している。A社は，日本への旅行でJ社のホテルに宿泊するパック旅行を販売している。両社は，能動的事業活動を行っていることから，ホテル業と航空業は別の事業である。しかし，両社は同一の産業（旅行業）であり，相互依存関係にあることから，J社は，親会社に付随的である。

（例4）

例3と事実は同じであるが，日本子会社は，ホテルではなくオフィスビルを日本に所有している。米国親会社の事業はこのオフィスビルを使用していない。日本子会社の事業は，親会社の事業に付随的でもなく，その一部も構成していない。両社は別々の事業で，経済的な依存関係にない。

（例5）

F社は米国居住法人である。F社は米国において生花を栽培し，これを米国及び外国に販売している。F社は，100％日本子会社のJ社を有している。J社は持株会社で事業を行っていない。J社は，生花業，芝生業，鮮魚業の子会社3社を有している。J生花は，米国生花の商標で親会社の生花を日本で販売している。J芝生も米国生花の商標で親会社の芝生を日本で販売している。同一商標での販売に加えて，芝生と生花は同一店舗で販売され，ある製品の売上が他の製品の売上増加につながっている。J鮮魚は米国から鮮魚を輸入して日

本で販売している。第2項の適用上，J生花は親会社の事業の一部を構成し，J芝生は，親会社に付随的である。J鮮魚はいずれにも該当しない。

日米租税条約第22条第2項(b)では，居住地国における事業が，源泉地国における活動に関連して実質的でなければならない。この決定は，個々の締約国における事業を比較して総合的に勘案される。資産価値，所得，人件費が評価される。例えば，日本国内において自ら又は関連会社が行う事業活動から所得を取得する場合の追加的条件であり，米国において行う事業の規模が，日本国内に比べて僅少である場合や，米国の活動が事業全体にほとんど貢献しない場合にはこの条件を満たさないことになる。

この実質基準は，狭義のトリティーショッピングによる濫用を防止することにある。これは，法人がその居住地国である締約国において最低限の事業活動に従事することにより特典を得ようとすることである。

関連会社からの所得に対する実質性テストの適用は，潜在的な濫用事例に焦点を当てたものであり，一方の締約国の所得の受領者である居住者が源泉地国の法人等と比較して規模が小さい場合であっても，濫用ではない活動を妨げるものではない。例えば，小規模な米国の研究企業が非関連の日本の電機メーカーへ供与する技術を開発する。この米国企業の規模は，日本企業の規模と検証する必要はない。同様に，日本の大企業に融資する米国の小規模銀行は，条約上の特典を得るために，(b)に規定する実質テストをパスする必要がない。

⑸　第10項(b)

対象租税条約の一方の当事国の居住者が他方の当事国で行う事業活動から所得を取得する場合，一方の当事国で行う当該者又はその関連者による事業活動が他方の当事国で行う活動との関係で総合的に勘案して実質的なもの（前記⑷における実質テストと同意）であるときは，第10項(a)の要件を持たすものとする。

12　第11項

⑴　条文解釈

本条の適格者に該当しない対象租税条約の一方の当事国の居住者は，当該対象租税条約に基づく特典が与えられる時を含む12か月の期間の総日数の半数以上の日において，同等受益者である者が当該居住者の受益に関する持分の75%以上を直接又は間接に所有する場合には，所得について当該特典を受ける権利

を有することになる。以下(2)の説明を参照すると当事国の居住者は，英国親会社，同等の受益者はフランス法人ということになる。

(2) 同等受益者

平成18年2月に改正署名した旧日英租税条約議定書5には，源泉地国免税となる配当に関連する同等受益者の特例が規定されている。

この源泉地国免税となる配当所得は，特典制限条項に規定する特典条項対象所得であることから，この条約上の特典を得るためには特典制限条項のいずれかの規定に該当することを要することになる。

これに関する具体的な事例は，次のような場合である（『平成18年度版　改正税法のすべて』大蔵財務協会　525-526頁）。

例えば，英国親会社と日本子会社の関連において，日本子会社からの支払配当について上記の条約免税を英国親会社が請求する場合，この英国親会社の株式の3分の2がフランス居住者であるフランス法人G社とF社に均等に所有されていたとする（その他の株式は英国法人が所有）。

日仏租税条約の配当条項（同条約第10条）の規定では，一般配当の限度税率15％，親子間配当の限度税率5％，親会社が適格居住者である場合は源泉地国免税という規定である（平成19年1月の改正署名前の日仏租税条約の規定による。）。この場合の条約免税となる要件は，日本法人からの支払配当の場合，フランス親会社が6か月間を通して日本子会社の議決権株式の15％以上を直接保有することであり，かつ，フランス親会社が同条項に定める適格居住者に該当する場合である。したがって，上記のフランス法人G社及びF社は，日仏租税条約に定める条約免税の要件を満たせば日本における支払配当の源泉徴収を免税することができることから，本条約を利用した条約の不正使用を目的として英国親会社を設立したとは考えられないことになる。このような場合，G社及びF社に関する同等受益者の判定において，フランス法人の保有する日本子会社の持株割合を英国親会社の持株割合と同数とみなすことで，フランス法人は同等受益者となり，英国親会社は配当免税の特典を受けることができるように措置されている。なお，平成19年1月に日仏租税条約の改正の署名が行われ，特定の親子間配当について条約免税となっている。

13　第12項

一方の当事国の居住者が，本条第9項に定める適格者に該当せず，第10項及

❺ 第 3 部（租税条約の濫用：第 6 条〜第11条）　81

び第11項に規定する特典を受ける権利を有する者にも該当しない場合，他方の
当事国の権限ある当局は，当該居住者が，当該権限ある当局に対して，当該居
住者の設立，取得若しくは維持又はその業務の遂行が当該対象租税条約に基づ
く特典を受けることをその主たる目的の 1 つとしたものでないことについて十
分に立証する場合，当該対象租税条約の目的を考慮した上で，当該対象租税条
約に基づくすべての特典又は特定の所得についての特典を与えることができる。

　この規定は，権限ある当局の判断という特典享受に係るセイフティーネット
の役割を果たす規定である。

14　第13項

　第13項は，簡易 LOB に係る規定の定義規定である。

(a)　「公認の有価証券市場」とは，①いずれかの当事国の法令に基づいて設
　　　立され，かつ，規制される有価証券市場，②当事国の権限ある当局が合意
　　　するその他の有価証券市場，をいう。

(b)　「主たる種類の株式」とは，法人の議決権及び価値の過半数を占める 1
　　　若しくは 2 以上の種類の株式又は団体の議決権及び価値の過半数を占める
　　　1 若しくは 2 以上の種類の受益に関する持分をいう。

(c)　「同等受益者」は，第11項(2)を参照。

(d)　法人でない団体について，「株式」とは，株式と同等の持分をいう。

(e)　「関連する者」は，一方の者と他方の者とは，当該一方の者が当該他方
　　　の者の受益に関する持分の50％以上（法人の場合には，当該法人の株式の
　　　議決権及び価値の50％以上）を直接若しくは間接に所有する場合又は第三
　　　者がそれぞれの者の受益に関する持分の50％以上（法人の場合には，当該
　　　法人の株式の議決権及び価値の50％以上）を直接若しくは間接に所有する
　　　場合には，「関連する者」であるものとする。

15　第14項

　簡易 LOB は，対象租税条約が特典を受ける権利を有する者を 1 若しくは 2
以上の類型別に区分された基準を満たす居住者に制限している当該対象租税条
約の規定に代えて，又は当該規定がない対象租税条約について，適用する。

16　第15項

　締約国は，以下の権利に留保を付することができる。

(a)　締約国が，詳細な LOB と導管を用いた金融の仕組みに対処する規則又

はPPTのいずれかとの組合せを採用する意図を有し，これによって，OECD・G20 BEPS措置に基づく条約の濫用を防止するためのミニマムスタンダードを満たすことを前提として，対象租税協定について，1の規定（PPT）を適用しない権利に留保を付することができる。この場合には，すべての当事国は，ミニマムスタンダードを満たし，双方の当事国が満足する解決を得るように努める。

(b) 対象租税条約がすでにPPT等を規定している場合，第1項の規定を適用しない権利

(c) 第14項に規定する規定を含む対象租税条約について，簡素LOBを適用しない権利

17 第16項

第7項の規定により簡素LOBを適用する場合（当事国の一方が簡素LOBを選択する場合）を除いて，第6項の規定により簡素LOBを選択する当事国は，他の当事国が簡素LOBを選択していない対象租税条約の場合，この条の規定の全部を適用しない権利に留保を付することができる。この場合には，すべての当事国は，ミニマムスタンダードを満たし，双方の当事国が満足する解決を得るように努める。

18 第17項

(1) 第17項(a)

第15項(a)に規定する留保を付さない各締約国は，PPTをすでに規定している対象租税条約が，多国間条約の規定を代替又は追加の規定を含むか否か，また，これらの規定を含む場合にはその条項を寄託者に通知する。すべての当事国が対象租税条約についてその通告を行った場合，第1項或いは第1項及び第4項の規定は，対象租税条約の規定に代替する。その他の場合，対象租税条約の規定が第1項の競合する場合，第1項の規定が優先適用となる。この(a)の規定に基づく通告を行う締約国は，暫定措置としてPPTのみの規定を受け入れるが，可能であれば，二国間交渉により，PPTに加えて，又はPPTに代替してLOBを採用する意図があることを通告に含めることができる。

(2) 第17項(b)

当事国の権限ある当局による特典の供与（第4項）を選択する各締約国は，その選択を寄託者に通告する。第4項はすべての当事国が通告をした場合に限

り対象租税条約について適用する。

(3) 第17項(c)

第6項に規定するLOBを適用することを選択する各締約国は，その選択を寄託者に通告する。第15項(c)に規定する留保をした場合を除いて，第14項に規定する規定を含む対象租税条約の条項等の一覧を通告する。

(4) 第17項(d)

第6項に規定する簡素LOBを選択しないが，第7項（対象租税条約の当事国の一方のみが第6項に規定する簡素LOBの適用を選択した場合）を選択する各締約国は，その選択する規定を寄託者に通告する。第15項(c)に規定する留保をした場合を除いて，その通告には，第14項に規定する規定を含む対象租税条約の条項等の一覧を含む。

(5) 第17項(e)

すべての当事国が上記の(c)又は(d)の規定に従って対象租税条約の規定を通告した場合，簡素LOBは，当該対象租税条約の規定に代わる。その他の場合には，簡素LOBは，当該対象租税条約の規定が簡素LOBと競合する場合，当該対象租税条約の規定に優先する。

第8条（配当に係る課税減免の株式保有期間）

1　一方の当事国の居住者である法人が支払う配当の受益者又は受領者が他方の当事国の居住者である法人であって当該配当を支払う法人の資本，株式，議決権又はこれらに類する持分を一定の割合を超えて所有し，保有し，又は支配するものである場合に当該配当について租税を免除し，又は当該配当に対して課することができる租税の率を制限する対象租税条約の規定は，当該規定に規定する所有に関する要件を当該配当の支払の日に先立つ365日の期間を通じて満たす場合に限り，適用する。当該期間の計算に当たり，当該株式を保有する法人又は当該配当を支払う法人の組織再編成（合併又は分割を含む。）の直接の結果として行われる所有の変更は，考慮しない。

84　Ⅲ　多国間条約の解説

2　1に規定する最短保有期間は，1に規定する対象租税条約に規定する最短保有期間に代えて（in place of），又は当該最短保有期間を規定していない対象租税条約について（in the absence of），適用する。

3　締約国は，次の権利に留保を付すことができる。

　(a)　対象租税条約について，この条の規定の全部を適用しない権利

　(b)　対象租税条約について，1に規定する規定が次の期間のいずれかを含む場合には，この条の規定の全部を適用しない権利

　(i)　最短保有期間

　(ii)　365日よりも短い最短保有期間

　(iii)　365日よりも長い最短保有期間

4　3(a)の規定に基づく留保を付さない各締約国は，各対象租税条約が1に規定する規定（3(b)の規定に基づく留保の対象とならないものに限る。）を含むか否か並びに当該規定を含む場合には当該規定の条及び項の番号を寄託者に通告する。1の規定は，すべての当事国が対象租税条約の規定についてその通告を行った場合に限り，当該対象租税条約の規定について適用する。

日本の適用可否の選択	適用しないことを選択

（解説）

　この条は，配当の源泉地国における課税の減免をする場合，配当の受益者が配当に係る株式を一定期間所有することを規定したものである。

第9条（不動産化体株式の譲渡所得）

1　一方の当事国の居住者が株式その他団体に参加する権利の譲渡によって取得する収益に対してこれらの価値の一定の割合を超えるものが他方の当事国内に存在する不動産によって構成される場合又は当該団体の資産の一定の割合を超えるものが他方の当事国内に存する不動産によって構成される場合に当該他方の当事国において租税を課することができることを規定する対象租税条約の規定は，

(a) 当該譲渡に先立つ365日の期間のいずれかの時点においてこれらの割合の基準値を満たす場合に適用する。

(b) 当該対象租税条約の規定の適用を受けている株式又は権利に加えて，当該対象租税条約の規定の適用を受けていない株式又は同等の持分（パートナーシップ又は信託財産の持分を含む。）について，適用する。

2　1(a)に規定する期間は，1に規定する対象租税条約の規定に規定する割合の基準値を満たすか否かを決定するための期間に代えて（in place of），又は当該期間を規定していない（in the absence of）対象租税条約について，適用する。

3　締約国は，対象租税条約について，4の規定を適用することを選択することができる。

4　対象租税条約の適用上，一方の当事国の居住者が株式又は同等の持分（パートナーシップ又は信託財産の持分を含む。）の譲渡によって取得する収益に対しては，当該株式又は同等の持分の価値の50％を超えるものが，当該譲渡に先立つ365日の期間のいずれかの時点において，他方の当事国内に存在する不動産によって直接又は間接に構成される場合には，当該他方の当事国において租税を課することができる。

5　4の規定は，一方の当事国の居住者が株式その他団体に参加する権利の譲渡によって取得する収益に対してこれらの価値の一定の割合を超えるものが他方の当事国内に存在する不動産によって構成される場合若しくは当該団体の資産の一定の割合を超えるものが他方の当事国内に存在する不動産によって構成される場合に当該他方の当事国において租税を課することができることを規定する対象租税条約の規定に代えて（in place of），又は当該規定がない（in the absence of）対象租税条約について，適用する。

6　締約国は，次の権利に留保を付することができる。

(a) 対象租税条約について，1の規定を適用しない権利

(b) 対象租税条約について，1(a)の規定を適用しない権利

(c) 対象租税条約について，1(b)の規定を適用しない権利

(d) 1に規定する割合の基準値を満たすか否かを決定するための期間を

含む1に規定する種類の規定を含む対象租税条約について, 1(a)の規定を適用しない権利

(e) 株式以外の持分の譲渡に適用する1に規定する種類の規定を含む対象租税条約について, 1(b)の規定を適用しない権利

(f) 5に規定する規定を含む対象租税条約について, 4の規定を適用しない権利

7 6(a)の規定に基づく留保を付さない各締約国は, 各対象租税条約が1に規定する規定を含むか否か並びに当該規定を含む場合には当該規定の条及び項の番号を寄託者に通告する。1の規定は, すべての当事国が対象租税条約の規定についてその通告を行った場合に限り, 当該対象租税条約の規定について適用する。

8 4の規定を適用することを選択する各締約国は, その選択を寄託者に通告する。4の規定は, すべての当事国がその通告を行った場合に限り, 対象租税条約について適用する。この場合には, 1の規定は, 当該対象租税条約については, 適用しない。締約国が6(f)の規定に基づく留保を付さず, かつ, 6(a)の規定に基づく留保を付する場合には, 当該通告には, 5に規定する規定を含む対象租税条約並びに当該規定の条及び項の番号の一覧を含む。すべての当事国が, 7又はこの8の規定に基づいて対象租税条約の規定について通告を行った場合には, 4の規定は, 当該対象租税条約の規定に代わる。その他の場合には, 4の規定は, 当該対象租税条約の規定が4の規定と競合する場合, 当該対象租税条約の規定に優先する。

日本の適用可否の選択	適用を選択
ミニマムスタンダード等	ベスト・プラクティス

（予備的考察）

1 米国の FIRPTA 税制の創設

米国では, 1980年（昭和55年）の外国人不動産投資税法（Foreign Investment in Real Property Tax Act of 1980：略称「FIRPTA」）までは, 非居住者の譲渡収益のうち, 事業関連のもの等を除いて課税にならなかったことから, 税制

の抜け道として外国人投資家の租税回避の手段として利用されたのである。

米国では，1980年にFIRPTA税制（内国歳入法典第897条）を創設して，米国不動産保有法人（米国の不動産等がその法人の不動産の50％以上を占める法人）の株式譲渡益を課税とした。さらに，1984年（昭和59年）の赤字削減法により，当該株式の譲受者は10％の源泉徴収を行うこととした（詳しくは，矢内一好『租税条約と国際課税』ぎょうせい　平成4年　155頁以降）。

このFIRPA税制が多国間条約第9条のルーツである。

日本には，米国のFIRPTA税制に相当するものは平成17年改正までなかったため，旧日米租税条約の適用では，非居住者の株式の譲渡は資本資産の譲渡として源泉地国免税であったが，次のような事態が生じたのである。

① 日本居住者が米国不動産保有法人の株式を譲渡すると，米国国内法が租税条約に優先して適用されて課税となった。

② 米国居住者が日本の不動産を多く保有する内国法人の株式を譲渡したとしても，旧日米租税条約の適用を受けて条約免税となる。

2　現行日米租税条約第13条（譲渡収益条項）第2項

日米間では旧条約の適用において，日本居住者に不利な課税になっていたことから，現行の日米租税条約（平成16年3月発効）では，資産の50％超が源泉地国に所在する不動産により直接間接に構成されている法人の株式の譲渡所得は，源泉地国において課税できることに改正されたのである。

租税条約では，不動産の譲渡所得は，その不動産の所在地国に課税権があることになっているが，不動産を直接譲渡するのではなく，不動産を直接間接に保有する法人の株式を譲渡することは結果として同様の効果となることから，これを是正したのである。結果として，日米間の不公平な課税が現行の日米租税条約では解消されたことになる。

3　課税対象となる株式の譲渡

不動産化体株式の譲渡で課税対象となる範囲は，次のようになっている。この場合の所有割合に関する判定は，個人の非居住者の場合，譲渡年分の前年の12月31日，外国法人の場合，譲渡の属する事業年度開始の日の前日に行われる。

① 上場株式等の場合，不動産関連法人の特殊株主等が自己株式を除く発行済株式等の総数の5％超を所有し，その譲渡した非居住者等が特殊関係株主等（法令187⑩に規定）である場合

② 上場株式等以外の株式の場合，不動産関連法人の株主が発行済株式等の総数の２％超を所有し，その譲渡をした非居住者等が特殊関係株主等である場合

前出の米国のFIRPTA税制では，課税対象となる株式の譲渡は，上場株式であり，かつ，株式総数の５％以下の場合，課税対象から外されたのである。

（解説）

1 第1項

一方の当事国の居住者が他方の当事国に存在する不動産により構成される株式（不動産化体株式）等を譲渡することにより取得する収益について規定する対象租税条約の規定は，

(a) 当該譲渡に先立つ365日の期間のいずれかの時点においてこれらの割合の基準値を満たす場合に適用する。

(b) 当該対象租税条約の規定の適用を受けている株式又は権利に加えて，当該対象租税条約の規定の適用を受けていない株式又は同等の持分（組合又は信託財産の持分を含む。）について，適用する。

この第1項は課税原則に係る規定であり，具体的な基準値は第4項に規定がある。この規定は，通常の租税条約では，株式等の譲渡収益について，源泉地国ではなく，居住地国課税と規定していると，源泉地国に不動産を多く所有する法人を設立して，その株式を譲渡することで，間接的に源泉地国の不動産の所有権を移転したことになるため，このような租税回避を防止するための規定である。

2 第2項

第1項(a)に規定する期間は，第1項に規定する対象租税条約に規定する課税要件を定める割合の基準値を決定するための期間に代えて（in place of），又は当該期間を規定していない（in the absence of）対象租税条約について，適用する条件を規定している。

3 第3項

締約国は，対象租税条約について，次項の第4項の規定を適用することを選択することができる。

4 第4項

株式又は同等の持分（パートナーシップ或いは信託の持分を含む。）の価値

の50％を超えるものが，当該譲渡に先立つ365日の期間のいずれかの時点において他方の当事国内に存在する不動産によって直接又は間接に構成される場合には，当該他方の当事国において租税を課することができる。

　この規定によれば，一方の当事国の居住者が所有する法人株式，パートナーシップ或いは信託の持分の価値の50％超が他方の当事国の不動産から構成されている場合，その譲渡収益は，他方の当事国で課税を受けるというものであるが，譲渡に先立つ365日の期間のいずれかの時点でこの所有要件を満たすことが条件である。

　この規定は，米国内国歳入法典第897条に規定する「合衆国不動産持分」の所有対象期間が異なるが，課税要件としては類似するものである。

5　第5項
　第4項は，不動産化体株式を規定する対象租税条約又はその規定がない対象租税条約について適用する。

6　第6項
　締約国は次の権利を留保できる。
(a)　対象租税条約について，第1項の規定を適用しない権利
(b)　対象租税条約について，第1項(a)の規定を適用しない権利
(c)　対象租税条約について，第1項(b)の規定を適用しない権利
(d)　第1項に規定する割合の基準値を満たすか否かを決定するための期間を含む第1項に規定する種類の規定を含む対象租税条約について，1(a)の規定を適用しない権利
(e)　株式以外の持分の譲渡に適用する第1項に規定する種類の規定を含む対象租税条約について，1(b)の規定を適用しない権利
(f)　第5項の規定を含む対象租税条約について，第4項の規定を適用しない権利

7　第7項
　第6項(a)の規定にある留保を付さない各締約国は，各対象租税条約が第1項に規定する規定を含むか否かと，当該規定を含む場合には当該規定の条及び項の番号を寄託者に通告する。第1項の規定は，すべての当事国が対象租税条約の規定についてその通告を行った場合に限り，当該対象租税条約の規定について適用することになる。

8 第8項

第4項の規定の適用を選択する各締約国は，その選択を寄託者に通告する。第4項の規定は，すべての当事国がその通告を行った場合に限り，対象租税条約について適用する。この場合には，第1項の規定は，当該対象租税条約については，適用しない。締約国が第6項(f)の規定に基づく留保を付さず，かつ，第6項(a)の規定に基づく留保を付す場合，当該通告には，第5項に規定する対象租税条約と当該規定の条及び項の番号の一覧を含む。すべての当事国が，第7項又はこの第8項の規定に基づいて対象租税条約の規定について通告を行った場合，第4項の規定は，当該対象租税条約の規定に代わる。その他の場合には，第4項の規定は，当該対象租税条約の規定が第4項の規定と競合する場合，当該対象租税条約の規定に優先する。

第10条（第三国所在の恒久的施設を利用する租税回避防止ルール）

1(a)　対象租税条約の一方の当事国の企業が他方の当事国内において所得を取得し，かつ，当該一方の当事国において当該所得が両当事国以外の国又は地域の内に存在する当該企業の恒久的施設に帰せられるものとして取り扱われ，かつ，

(b)　当該一方の当事国において当該恒久的施設に帰せられる利得について租税が免除される場合において，両当事国以外の国又は地域において当該所得に対して課される租税の額が，当該恒久的施設が当該一方の当事国内に存在したならば当該一方の当事国において当該所得に対して課されたであろう租税の額の60%に満たないときは，当該所得について，当該対象租税条約に基づく特典は，与えられない。この場合には，この1の規定が適用される所得に対しては，当該対象租税条約の他の規定にかかわらず，当該他方の当事国の法令に従って租税を課することができる。

2　1の規定は，1に規定する他方の当事国内において取得される所得が恒久的施設を通じて行われる事業の活動に関連し，又は付随して取得される場合には，適用しない。ただし，当該事業には，企業が自己の勘定

のために投資を行い，管理し，又は単に保有するもの（銀行が行う銀行業，保険会社が行う保険業又は登録された証券会社が行う証券業を除く。）を含まない。

3　一方の当事国の居住者が取得する所得について1の規定に基づいて対象租税条約に基づく特典が与えられない場合においても，他方の当事国の権限ある当局は，当該居住者からの要請に応じて，当該居住者が1及び2に規定する要件を満たさなかった理由を考慮した上で，当該特典を与えることが正当であると判断するときは，当該所得について当該特典を与えることができる。一方の当事国の居住者から第一文に規定する要請を受けた他方の当事国の権限ある当局は，当該要請を認め，又は拒否する前に，当該一方の当事国の権限ある当局と協議する。

4　1から3までの規定は，一方の当事国の企業が他方の当事国内において両当事国以外の国若しくは地域の内に存在する当該企業の恒久的施設に帰せられる所得を取得する場合に当該一方の当事国の企業に対して与えられる特典を与えないこと若しくは制限することを規定する対象租税条約の規定に代えて（in place of），又は当該規定がない（in the absence of）対象租税条約について，適用する。

5　締約国は，次の権利に留保を付することができる。
　(a)　対象租税条約について，この条の規定の全部を適用しない権利
　(b)　4に規定する規定を含む対象租税条約について，この条の規定の全部を適用しない権利
　(c)　4に規定する規定を含む対象租税条約についてのみ，この条の規定を適用する権利

6　5(a)又は(b)の規定に基づく留保を付さない各締約国は，各対象租税条約が4に規定する規定を含むか否か並びに当該規定を含む場合には当該規定の条及び項の番号を寄託者に通告する。すべての当事国が対象租税条約の規定についてその通告を行った場合には，1から3までの規定は，当該対象租税条約の規定に代わる。その他の場合には，1から3までの規定は，当該対象租税条約の規定が1から3までの規定と競合する場合，当該対象租税条約の規定に優先する。

日本の適用可否の選択	適用を選択
ミニマムスタンダード等	ベスト・プラクティス
留保	なし
通告	なし

（予備的考察）

1　2016年米国モデル租税条約第1条

　2016年米国モデル租税条約第1条（一般的範囲）第8項は，第三国所在の PE に帰せられる所得への租税条約の適用に関する規定である。この第8項の規定は，受益者の企業の居住地国以外の軽税率の国に支店，事務所等の PE を置き所得を帰属させる場合（triangular provision），この PE を有する企業の税負担は軽減することになるため，その PE に帰属する所得に対する租税条約の便益の供与を認めないとするものである。

　以下は，第1条第8項の規定である。

　一方の締約国の企業が他方の締約国から所得を得た場合で，一方の締約国が当該所得を他方の締約国外に所在する恒久的施設に帰属すると扱う場合，この条約の便益は次に掲げる場合，当該所得に適用されない。

　　a)　恒久的施設に帰属するとして扱われる利益に対して，一方の締約国と恒久的施設の所在地国の合計した実効税率が15％或いは居住地国の法定法人税率の60％のいずれか低い率未満の場合

　　b)　PE が所在する第三国が，源泉地国となる締約国と租税条約の便益を請求できる租税条約を締結していない場合であるが，居住地国がPE に帰属する所得を課税ベースに含める場合は，この限りではない。

　しかしながら，締約国の居住者が本項により条約上の便益を否認される場合，他方の締約国の権限ある当局は，それにもかかわらず，特定の所得に関して条約の便益を認めることができる。その条件は，当該権限ある当局がその便益供与について，当該居住者が本項の要件に該当しないことを理由として正当化することを決定する場合である。

2　米国・ルクセンブルク租税条約の改訂

2016年6月に議定書に署名された米国・ルクセンブルク租税条約は，原条約が1962年署名，第2次条約が1996年署名で2000年12月に発効しており，この第2次条約が現条約である。この内容は，上記の2016年モデルと同じ規定である。

3　2016年モデル租税条約第1条の解釈

租税条約は，通常，二国間における二重課税の排除等に寄与するように設計されていることから，第三国が関係すると，例えば，利子或いは使用料の課税において，居住地国，源泉地国，PE所在地国において三重課税問題等を生じる可能性もある。

2016年モデル租税条約第1条の規定は，免税PEといわれるもので，次のような関係を想定したものである。

①　源泉地国A（例えば，租税条約により利子或いは使用料が免税となっている。）

②　居住地国B（①の所得について第三国PEに帰属するものと課税しない。）

③　PE所在地国C（無税又は低税率による課税）

租税条約の適用を受けない免税PEに関する基準として，PEに帰属する所得に対して，居住地国とPE所在地国を合わせた実効税率が，15％或いは居住地国の法定法人税率の60％，のいずれか低い方に満たない場合には，条約上の便益が付与されないことになる。今後，米国の実効税率が税制改正で引き下げられると15％実効税率よりも，法定法人税率の60％の方が低くなる可能性もある。

また，この実効税率15％或いは居住地国の法定法人税率の60％を超えた場合，上記のCとAの間に条約がない場合，居住地国であるBがPE帰属所得をその課税ベースに含めるのであれば，条約の便益は付与されることになる。また，2016年米国モデル租税条約の規定により条約上の便益が否認される場合，居住地国の権限のある当局は，所定の所得について，要件を充足しない理由等を検討して適正と判断すれば，便益を付与することが可能となる。

日本の租税条約としては，平成29年10月11日に，日本とデンマークは新租税条約第21条第10項に，第三国に存在する恒久的施設に帰属する所定の所得に条約上の特典を認めないという米国モデル租税条約と同様の規定がある。

（解説）

1　第1項(a)(b)

（検討）の3で示した例を参考にすると，次の3者の関係となる。

① 源泉地国A（例えば，租税条約により利子或いは使用料が免税となっている。）

② 居住地国B（①の所得について第三国PEに帰属するものと課税しない。）

③ PE所在地国C（無税又は低税率による課税）

この例に沿って説明すると，(a)は，対象租税条約のB所在の企業Xは，Aで所得を取得するが，Bでは，CのPEに帰属するものとして扱われる。(b)Bでは，Aの所得の課税が免除され，Cで課される租税の額について，PEが仮にBに所在していれば課されるであろう税額の60％未満の場合，当該所得について対象租税条約の特典は与えられない。上記の例では，Aでは租税条約の特典による免税，Bでは課税なし，Cでは低税率課税という租税回避を防止する規定である。

この場合，対象租税条約の他の規定にかかわらず，Aの国内法により課税となるが，本条の規定と米国モデル租税条約の規定を比較すると，同様の規定内容である。米国のモデル租税条約は，1981年モデル以降，国内法では，1986年の税制改革法による大改正を経て，1996年及び2006年に新たなモデル租税条約を公表し，その後，2015年5月20日に新モデル租税条約草案を提示し，その草案に対する各界からのコメントを踏まえて，2016年2月17日に2016年モデルが公表されたのである。

2　第2項

上記の例で説明すると，Aで取得される所得が，C所在のPEを通じて行われる事業活動と関連し，又は付随して取得される場合，第1項の適用はないことになる。すなわち，前段の説明は租税回避ではないということである。ただし，ここにおける事業活動は，能動的活動で限定していることから，企業が自己の勘定のために投資を行い，管理し，又は単に保有するもの（銀行が行う銀行業，保険会社が行う保険業又は登録された証券会社が行う証券業を除く。）は含まれない。

3　第3項

　第1項の規定により特典が与えられなかった一方の当事国の居住者が，所得源泉地国の権限ある当局に要請した場合，当該権限ある当局が第1項及び第2項の要件を満たさなかった理由を考慮して，特典を与えることが正当と判断するときは，特典を与えることができる。なお，源泉地国の権限ある当局は，この要請の諾否の前に居住地国の権限ある当局と協議をすることになる。

4　第4項

　第1項から第3項の規定は，第3国所在PEに所得が帰せられる場合，特典を与えないことを規定した対象租税条約に代替し或いは規定のない対象租税条約に適用となる。

5　第5項

締約国は次の権利を留保できる。
(a)　対象租税条約について，この条の規定の全部を適用しない権利
(b)　第4項に規定する規定を含む対象租税条約について，この条の規定の全部を適用しない権利
(c)　第4項に規定する規定を含む対象租税条約についてのみ，この条の規定を適用する権利

6　第6項

　第5条(a)又は(b)の規定に基づく留保を付さない各締約国は，各対象租税条約が第4項に規定する規定を含むか否か，また当該規定を含む場合にはその条項の番号を寄託者に通告する。すべての当事国が対象租税条約の規定についてその通告を行った場合には，第1項から第3項までの規定は，当該対象租税条約の規定に代わる。その他の場合には，第1項から第3項までの規定は，当該対象租税条約の規定が第1項から第3項までの規定と競合する場合，当該対象租税条約の規定に優先する。

第11条（自国居住者の条約適用の制限の適用）

　1　対象租税条約は，当該対象租税条約の次の規定に基づいて与えられる
　　特典を除くほか，一方の当事国の居住者に対する当該一方の当事国の課

税に影響を及ぼすものではない。

(a) 一方の当事国の企業の恒久的施設の利得又は関連企業の利得に対して当該一方の当事国において課される租税の額について，当該一方の当事国が，当該対象租税条約の規定に従って他方の当事国によって行われる当初の調整に対応するための調整を当該一方の当事国の企業に対して行うことを求める規定

(b) 一方の当事国の居住者である個人が他方の当事国又は当該他方の当事国の地方政府若しくは地方公共団体その他これらに類する機関に提供する役務に関して所得を取得する場合における当該個人に対する当該一方の当事国の課税に影響を及ぼす規定

(c) 一方の当事国の居住者である個人が対象租税条約の要件を満たす学生，事業修習者若しくは研修員又は教員，教授，講師，指導員，研究者若しくは研究員である場合における当該個人に対する当該一方の当事国の課税に影響を及ぼす規定

(d) 対象租税条約の規定に従って他方の当事国が租税を課することができる所得（対象租税条約の規定に従い他方の当事国内に存在する恒久的施設に帰せられる利得を含む。）に関して，一方の当事国の居住者について租税を控除し，又は免除することを当該一方の当事国に求める規定

(e) 一方の当事国による一定の差別的な課税上の措置から当該一方の当事国の居住者を保護する規定

(f) 一方の当事国の居住者が当該一方の当事国の権限ある当局又はいずれかの当事国の権限ある当局に対して対象租税条約の規定に適合しない課税の事案を検討することを要請することを認める規定

(g) 一方の当事国の居住者である個人が他方の当事国の外交使節団，政府使節団又は領事機関の構成員である場合における当該個人に対する当該一方の当事国の課税に影響を及ぼす規定

(h) 他方の当事国の社会保障に関する法令に基づく退職年金その他支払に対して当該他方の当事国においてのみ租税を課することができることを規定する規定

❺　第３部（租税条約の濫用：第６条〜第11条）　97

(i)　他方の当事国内において生ずる退職年金及びこれに類する支払，保険年金，離婚扶養料その他生計のための支払に対して当該他方の当事国においてのみ租税を課することができることを規定する規定

(j)　一方の当事国の居住者に対して租税を課する当該一方の当事国の権利を明示的に制限し，又は所得が生ずる当事国においてのみ当該所得に対して租税を課することができることを明示的に規定する規定

2　１の規定は，一方の当事国の居住者に対する当該一方の当事国の課税に影響を及ぼさないことを規定する対象租税条約の規定に代えて（in place of），又は当該規定がない（in the absence of）対象租税条約について，適用する。

3　締約国は，次の権利に留保を付することができる。

(a)　対象租税条約について，この条の規定の全部を適用しない権利

(b)　２に規定する規定を含む対象租税条約について，この条の規定の全部を適用しない権利

4　３(a)又は(b)の規定に基づく留保を付さない各締約国は，各対象租税条約が２に規定する規定を含むか否か並びに当該規定を含む場合には当該規定の条及び項の番号を寄託者に通告する。すべての当事国が対象租税条約の規定についてその通告を行った場合には，１の規定は，当該対象租税条約の規定に代わる。その他の場合には，１の規定は，当該対象租税条約の規定が１の規定と競合する場合，当該対象租税条約の規定に優先する。

日本の適用可否の選択	適用しないことを選択

　この規定は，日米租税条約にあるセービングクローズと同様の趣旨の規定で，対象租税条約の規定が自国の居住者の課税に影響しないことを規定したものである。

⑥ 第4部（PE 判定の回避：第12条〜第15条）

(1) 第12条（コミッショネア契約等を利用した PE の判定の人為的な回避）

1 「PE」を定義する対象租税条約の規定にかかわらず，2の規定が適用される場合を除くほか，対象租税条約の一方の当事国内において企業に代わって行動する者が，そのように行動するに当たって，反復して契約を締結し，又は当該企業によって重要な修正が行われることなく日常的に締結される契約の締結のために反復して主要な役割を果たす場合において，これらの契約が次のいずれかに該当するときは，当該企業は，その者が当該企業のために行うすべての活動について，当該一方の当事国内に PE を有するものとする。ただし，当該活動が当該企業により当該一方の当事国内に存在する当該企業の事業を行う一定の場所で行われたとしても，当該対象租税条約に規定する PE の定義（この条約によって修正される場合には，その修正の後のもの）に基づいて，当該事業を行う一定の場所が PE を構成するものとされない場合は，この限りでない。

(a) 当該企業の名において締結される契約

(b) 当該企業が所有し，又は使用の権利を有する財産について，所有権を移転し，又は使用の権利を与えるための契約

(c) 当該企業による役務の提供のための契約

2 1の規定は，対象租税条約の一方の当事国内において他方の当事国の企業に代わって行動する者が，当該一方の当事国内において独立の代理人として事業を行う場合において，当該企業のために通常の方法で当該事業を行うときは，適用しない。ただし，その者は，専ら又は主として1又は2以上の自己と密接に関連する企業に代わって行動する場合には，当該企業につき，この2に規定する独立の代理人とはされない。

3(a) 1の規定は，独立の地位を有する代理人以外の者が企業のために行う活動について当該企業が一方の当事国内に PE を有するものとされる要件又はその者が一方の当事国内の PE とされる要件を規定する対において契約を締結する権限を有し，かつ，この権限を反復して行使

❻　第4部（PE 判定の回避：第12条〜第15条）　99

する場合について規定する部分に限る。）に代えて（in place of），適
用する。
　（b）　2の規定は，独立の地位を有する代理人が企業のために行う活動に
　　　ついて当該企業が一方の当事国内に PE を有するものとされないこと
　　　を規定する対象租税条約の規定に代えて（in place of），適用する。
4　締約国は，対象租税条約について，この条の規定の全部を適用しない
　権利に留保を付することができる。
5　4の規定に基づく留保を付さない各締約国は，各対象租税条約が 3（a）
　に規定する規定を含むか否か並びに当該規定の条及び項の番号を寄託者
　に通告する。1の規定は，すべての当事国が対象租税条約の規定につい
　てその通告を行った場合に限り，当該対象租税条約の規定について適用
　する。
6　4の規定に基づく留保を付さない各締約国は，各対象租税条約が 3（b）
　に規定する規定を含むか否か並びに当該規定の条及び項の番号を寄託者
　に通告する。2の規定は，すべての当事国が対象租税条約の規定につい
　てその通告を行った場合に限り，当該対象租税条約の規定について適用
　する。

日本の適用可否の選択	適用を選択

（予備的考察）

1　BEPS 行動計画 7 の沿革

　この多国間条約第4部は，BEPS 行動計画 7 に表記された「PE 認定の人為
的回避の防止」と関連することから，最初に行動計画 7 の沿革をまとめると以
下のとおりである。

2012年6月	第 7 回 G20メキシコ・ロスカボス・サミット首脳会合宣言におい て，租税分野では，情報交換の強化，多国間執行共助条約署名へ の奨励と共に，多国籍企業による租税回避を防止する必要性が再 確認され，OECD 租税委員会は，BEPS プロジェクトを開始した。
2012年後半	英国等において，多国籍企業の租税回避問題が生じていることが 報道された。

2013年2月	OECDは，BEPSに対する現状分析報告書として，「税源浸食と利益移転への対応」（Addressing Base Erosion and Profit Shifting）を公表した。
2013年7月	OECDは，「BEPS行動計画」（Action Plan on Base Erosion and Profit Shifting）を公表した。
2013年9月	第8回G20ロシア・サンクトペテルブルクにおける首脳会合宣言において，BEPS行動計画が全面的に支持された。
2013年10月	「PE（PE）認定の人為的回避の防止」に関する検討開始
2014年9月	BEPS行動計画に関する第一弾報告書7つが公表された。
2014年10月31日	OECD, Public Discussion Draft BEPS ACTION 7: PREVENTING THE ARTIFICIAL AVOIDANCE OF PE STATUS.（以下「公開草案」という。）
2014年11月	第9回G20オーストラリア・ブリスベンにおける首脳会合宣言は，「BEPS行動計画」の進捗を歓迎すると共に，非居住者金融口座情報の自動的情報交換を早期に開始することで一致している。
2015年2月	20か国財務大臣・中央銀行総裁会議声明は，多国間税務執行共助条約の加盟国増加を促し，非居住者金融口座情報の自動的情報交換の法的手続の整備を行うことを提唱した。
2015年5月15日	OECD, Revised discussion draft BEPS ACTION 7: PREVENTING THE ARTIFICIAL AVOIDANCE OF PE STATUS.（改訂草案）
2015年10月5日	BEPS Final Reports公表
2015年11月15～16日	G20首脳会合（トルコ・アンタルヤ・サミット）

以下は，BEPS活動計画7に関連する事項の沿革である。

2011年10月	OECD, Interpretation and application of article 5 （Permanent Establishment） of the OECD Model Convention
2012年10月	OECD, OECD Model Tax Convention: Revised proposals concerning the interpretation and application of article 5 （Permanent Establishment）
2013年7月	「BEPS行動計画」を公表

2014年9月	「BEPS行動計画」に関する第一弾報告書の公表
2014年10月	公開草案公表
2015年1月	公開草案に対する各界からの意見を集めた後に公開討論会開催
2015年5月	改訂草案公表
2015年6月	第1作業部会が6月22〜26日に検討して，OECDモデル租税条約改正の最終案を作成する。

　本来のタイム・スケジュールでは，活動計画7の「PE認定の人為的回避の防止」はモデル租税条約の改訂として，その期限は2015年9月となっている。2014年10月に公開草案が公表され，各国の各団体がこれに対して，意見或いはコメントを寄せている。例えば，日本では，経団連が2015年1月6日付で，日本貿易会が2015年1月9日付で意見をOECDに提出している。これらの意見等を集約して，2015年5月15日に改訂草案が公表されている。

　この公表を受けて，報道機関は，進出国に物流拠点として巨大倉庫を抱えるネット通販企業の課税強化が行われることになり，実際の課税では各国の租税条約改正が必要になることから，日本も2016年以降に対応すると報じた（2015年5月23日付共同通信ニュース等）。

2　5つの検討課題

　公開草案及び改訂草案の双方において，検討課題とされたのは，次の5つの項目である。

1	コミッショネア契約及び類似する方法を通じてのPE認定の人為的回避（従属代理人の範囲の拡大）
2	準備的補助的活動に係る規定を通じてのPE認定の人為的回避
3	建設PEの課税における契約細分化への対策
4	保険業に係る保険代理人
5	移転価格課税との観点からのPE帰属利得

　BEPSにおけるPE関連の問題の焦点は，上記の5つの項目であるが，当初は，これらの項目に関するOECDモデル租税条約が改訂された場合，各国が締結している二国間租税条約及び国内法における規定をどのように改訂するのかという問題が生じると予測されたのであるが，多国間条約はこれらの多くを

同租税条約第4部に規定した。

3 コミッショネア契約（commissionnaire arrangement）と類似の戦略

(1) 代理人 PE の概要

代理人 PE の OECD モデル租税条約と国内法の規定の概要は次のとおりである。

現行 OECD モデル租税条約	従属代理人（PE）①条約相手国企業の名において契約を締結する権限，②その権限の反復行使
	独立代理人（PE にはならない）
国内法	常習代理人（PE）①契約締結権限，②常習的行使
	在庫保有代理人（PE）
	注文取得代理人（PE） 独立代理人（PE にはならない）

上記に該当する代理人 PE を有する外国企業は国内源泉所得について日本において納税義務を負うことになる。具体例としては，例えば，日本において条約相手国企業の製品を販売している者がいたとする。しかし，日本にいる者が，条約相手国企業の名において契約を締結する権限とその権限の反復行使がなければ，当該条約相手国企業は日本に PE を有していないことになる。要するに，この租税条約等に規定する従属代理人 PE の規定を利用して，契約締結権限を国外の者が行うことで，日本で多額の国内源泉所得が生じた場合でも課税関係が生じないとされていたのである。この問題は古くから議論されていた事項であり，特に，2002年のイタリア最高裁におけるフィリップモリス事案判決による代理人 PE の概念拡大等がこれまで議論され，OECD モデル租税条約第5条第5項のコメンタリーが改正される等の動きは過去にあったが，今回の改正は，条文とコメンタリー双方の改正ということで，その影響は過去にないものである。

(2) 公開草案における検討

コミッショネアを利用した取引（以下「C取引」という。）は，「ある者が製品の所有者である外国企業に代わって自己の名において特定の国で製品を販売する契約による取引」と定義されている（公開草案・パラ6）。このC取引が源泉地国における課税ベースを浸食することを目的としており，仲介者

（intermediary）がその国で行う活動において外国企業による通常の契約となることを意図したものである場合，当該企業はその国に十分な課税上の連結環（taxable nexus）を有しているものとみなされる。なお，仲介者がこれらの活動を独立事業の過程として行う場合は除かれる（公開草案・パラ10）。

具体例として，コミッショネア契約或いはC取引を想定すると次のようになる。

① ある企業グループが，X国にA社，Y国にB社を置いて，それぞれの国で販売活動を行っていたとする。

② このグループは，税負担の軽いZ国に統括会社を設立して，A社及びB社の機能（在庫，信用，為替リスク等）の一部を統括会社に移し，A社とB社の果たす機能は従前より低下させてコミッショネアとして活動することで，両社の利益も減少して，グループ全体の税負担は減少することになる。

上記の結果，A社とB社の所得には，移転価格税制の適用問題が生じ，これについては，2010年7月22日にOECD理事会で採択された「事業再編問題に係る移転価格課税：Transfer Pricing Aspects of Business Restructuring」が「移転価格ガイドライン第9章」に追加されている。上記の例でいえば，①のA社とB社は，すべてのリスクを負うディストリビューターであるが，②ではリスクが統括会社に移転して限定したリスクのみを負うコミッショネアに変わっているということに関する移転価格課税の問題である。

(3) 改訂草案における検討

改正草案におけるポイントは，OECDモデル租税条約第5条第5項（従属代理人），第6項（独立代理人）について，前者の課税要件を緩和し，後者の適用要件を厳格化するというものである。公開草案ではA，B，C，Dと4つのオプションを公表して各界から寄せられたコメントを検討して，改訂に反映させたのである。

そして，公開草案において示された4つのオプションのうち最も支持が集まったBをベースに，第5条第5項及び第6項の本文及びコメンタリー案が示されている。

ポイントは，従属代理人の規定（第5条第5項）改正案が示されたことである。従前の契約締結権限の反復して行使という要件に代わり，契約締結権限と

契約の重要な要素について協議することが要件となる。なお、契約の内容として、所有権の移転、使用権の許諾、役務提供になっている。また、第6項の独立代理人は、関連企業（第6項bに規定（新設））のために専ら活動を行う者は独立代理人とみなされないことが明記された。

この問題について、上述した「移転価格ガイドライン」においてコミッショネアの問題が取り上げられたことから、今回のBEPS7における検討は、屋上屋を重ねるものという向きもあるが、移転価格の問題は、ある意味で、所得の配分という金額の問題であり、PEの問題は、非居住者を源泉地国において課税するか否かを判定することである。したがって、最初に源泉地国における課税の有無が検討され、次に、PEの存在が認められれば、その所得の計算という順序と考えるのが順当なプロセスと思われる。

4　日本・チリ租税条約第5条第6項（平成28年12月28日発効）

本条第6項の従属代理人の規定も、BEPSの影響により、その要件が従前の契約締結権限の反復的行使から次のように拡大されている。

又は当該企業によって重要な修正が行われることなく日常的に締結される契約の締結のために反復して主要な役割を果たす場合において、これらの契約が次の(a)から(c)までのいずれかに該当するときは、当該企業は、その者が当該企業のために行うすべての活動について、当該一方の締約国内に恒久的施設を有するものとされる。

　(a)　当該企業の名において締結される契約

　(b)　当該企業が所有し、又は使用の権利を有する財産について、所有権移転し、又は使用の権利を付与するための契約

　(c)　当該企業による役務の提供のための契約

源泉地国において恒久的施設となる従属代理人については、契約締結権限とその反復的行使が恒久的施設となる要件であったことから、契約締結権限を本国にある企業が行えば、この要件が外れるという理解があり、その後、このような租税回避を防止する観点から、契約締結権限を拡大する見解が、OECDモデル租税条約のコメンタリーに新たに規定される等の変遷を経てきた事項である。

新条約は、これまで日本の租税条約にはない新しい従属代理人に関する規定を創設したといえる。その規定の箇所は、前出の規定のうち、特に次の箇所である。

> 当該企業によって重要な修正が行われることなく日常的に締結される契約の締結のために反復して主要な役割を果たす場合

これは、代理人に関する国内法に規定する「注文取得代理人」に近い規定といえる。

5　本条のポイント

> 企業（委託者）が他方の締約国の受託者と販売委託契約（コミッショネア契約）を締結して、受託者が受託者の名において委託者の製品の販売契約をすると、従属代理人の課税要件である、企業の名において、代理人を通常業務とする者に該当しないことから、契約内容に応じて代理人PEを認定する要件が本条により加えられることになった。

　（注）上記の記述は、平成29年10月16日開催の政府税制調査会資料［総12-5］を参考にした。

（解説）

1　第1項

第1項は代理人PEの従来からの概念の拡大に係る規定である。第2項適用の場合を除いて、代理人の行動が、①反復して契約を締結、又は②当該企業によって重要な修正が行われることなく日常的に締結される契約の締結のために反復して主要な役割を果たす場合、

これらも契約が、次のいずれかに該当する場合、当該企業は、その者が当該企業のために行うすべての活動について、当該一方の当事国内にPEを有するものとする。ただし、当該活動が当該企業により当該一方の当事国内に存在する当該企業の事業を行う一定の場所で行われたとしても、当該対象租税条約に規定するPEの定義（この条約によって修正される場合には、その修正の後のもの）に基づいて、当該事業を行う一定の場所がPEを構成するものとされな

106　Ⅲ　多国間条約の解説

い場合は，この限りでない。

　(a)　当該企業の名において締結される契約

　(b)　当該企業が所有し，又は使用の権利を有する財産について，所有権を移
　　　転し，又は使用の権利を与えるための契約

　(c)　当該企業による役務の提供のための契約

　この規定は，代理人が，「反復して主要な役割を果たす場合」ということで，
契約の重要な要素について協議する等が含まれることである。また，契約内容
についても，上記(a)から(c)まで具体的に規定されている。

2　第2項

　他方の当事国の企業に代わって，一方の当事国内において事業を行う独立代
理人が通常の方法（ordinary course of business）で当該事業を行うときは，
適用しない。ただし，その者は，専ら又は主として1又は2以上の自己と密接
に関連する企業に代わって行動する場合には，当該企業につき，この2に規定
する独立代理人とはされない。

　この規定後段のただし書は，通常の方法との対比で，通常の方法が多くの企
業の代理を行っていることを意味しており，特定の企業の代理の場合は，独立
代理人に該当しないことを規定している。

3　第3項

(1)　第3項(a)

　第1項の規定は，対象租税条約に規定のある従属代理人の要件（その者が当
該一方の当事国内において当該企業の名において契約を締結する権限を有し，
かつ，この権限を反復して行使する場合についての規定）に代えて，適用とな
る。

(2)　第3項(b)

　第2項の規定は，独立代理人が代理人PEに該当しないという対象租税条約
の規定に代えて，適用する。

4　第4項

　締約国は，対象租税条約について，この条の規定の全部を適用しない権利に
留保を付することができる。

5　第5項

　第4項の規定にある留保を付さない各締約国は，各対象租税条約が第3条(a)

に規定する規定を含むか否かと当該規定の条項の番号を寄託者に通告する。第1項の規定は，すべての当事国が対象租税条約の規定についてその通告を行った場合に限り，当該対象租税条約の規定について適用する。

6　第6項

第4項の規定にある留保を付さない各締約国は，各対象租税条約が第3項(b)に規定する規定を含むか否か並びに当該規定の条及び項の番号を寄託者に通告する。第2項の規定は，すべての当事国が対象租税条約の規定についてその通告を行った場合に限り，当該対象租税条約の規定について適用する。

第13条（準備的補助的活動等を利用したPEの判定の人為的な回避）

1　締約国は，2の規定（選択肢A）若しくは3の規定（選択肢B）を適用すること又はいずれの選択肢も適用しないことを選択することができる。

（選択肢A）

2　「PE」を定義する対象租税条約の規定にかかわらず，次の活動を行う場合には，「PE」に当たらないものとする。ただし，その活動（次の(c)の規定に該当する場合には，次の(c)に規定する事業を行う一定の場所における活動の全体）が準備的又は補助的な性格のものである場合に限る。

　(a)　この条約によって修正される前の対象租税条約に規定する特定の活動であって，準備的又は補助的な性格のものであることを条件とするか否かを問わず，PEを構成しないとされるもの

　(b)　企業のために(a)に規定する活動以外の活動を行うことのみを目的として，事業を行う一定の場所を保有すること。

　(c)　(a)及び(b)に規定する活動を組み合わせた活動を行うことのみを目的として，事業を行う一定の場所を保有すること。

（選択肢B）

3　「PE」を定義する対象租税条約の規定にかかわらず，次の活動を行う場合には，「PE」に当たらないものとする。

　(a)　この条約によって修正される前の対象租税条約に規定する特定の活

動であって，準備的又は補助的な性格のものであることを条件とするか否かを問わず，PEを構成しないとされるもの。ただし，特定の活動が準備的又は補助的な性格の活動である場合に限りPEを構成しないものとされることが，対象租税条約の関連する規定において明示的に規定される場合を除く。

(b)　企業のために(a)に規定する活動以外の活動を行うことのみを目的として，事業を行う一定の場所を保有すること。ただし，当該活動が準備的又は補助的な性格のものである場合に限る。

(c)　(a)及び(b)に規定する活動を組み合わせた活動を行うことのみを目的として，事業を行う一定の場所を保有すること。ただし，当該一定の場所におけるこのような組合せによる活動の全体が準備的又は補助的な性格のものである場合に限る。

4　PEを構成しないものとされる特定の活動を規定する対象租税条約の規定（2又は3の規定によって修正される場合には，その修正の後のもの）は，事業を行う一定の場所を使用し，若しくは保有する企業又は当該企業と密接に関連する企業が当該一定の場所又は当該一定の場所が存在する当事国内の他の場所において事業活動を行う場合において，次のいずれかに該当するときは，当該一定の場所については，適用しない。ただし，当該企業及び当該企業と密接に関連する企業が当該一定の場所において行う事業活動又は当該企業若しくは当該企業と密接に関連する企業が当該一定の場所及び当該他の場所において行う事業活動が，一体的な業務の一部として補完的な機能を果たす場合に限る。

(a)　PEを定義する対象租税条約の規定に基づき，当該一定の場所又は当該他の場所が当該企業又は当該企業と密接に関連する企業のPEを構成すること。

(b)　当該企業及び当該企業と密接に関連する企業が当該一定の場所において行う活動の組合せ又は当該企業若しくは当該企業と密接に関連する企業が当該一定の場所及び当該他の場所において行う活動の組合せによる活動の全体が準備的又は補助的な性格のものでないこと。

5(a)　2又は3の規定は，事業を行う一定の場所を通じて行われる場合

においても PE を構成しないものとされる特定の活動を規定する対象
租税条約の規定又はこれと同様に適用される対象租税条約の規定の関
連する部分に代えて（in place of），適用する。
 (b) 4 の規定は，事業を行う一定の場所を通じて行われる場合において
も PE を構成しないものとされる特定の活動を規定する対象租税条約
の規定（2 又は 3 の規定によって修正される場合には，その修正の後
のもの）又はこれと同様に適用される対象租税条約の規定について，
適用する。
6　締約国は，次の権利に留保を付することができる。
 (a)　対象租税条約について，この条の規定の全部を適用しない権利
 (b)　特定の活動が準備的又は補助的な性格のものである場合に限り PE
を構成しないものとされることを明示的に規定する対象租税条約につ
いて，2 の規定を適用しない権利
 (c)　対象租税条約について，4 の規定を適用しない権利
7　1 の規定に基づき選択肢を適用することを選択する各締約国は，自己
が選択した選択肢を寄託者に通告する。その通告には，5 (a)に規定する
規定を含む対象租税条約並びに当該規定の条及び項の番号の一覧を含む。
すべての当事国が同一の選択肢を適用することを選択し，かつ，対象租
税条約の規定について当該通告を行った場合に限り，当該対象租税条約
の規定について，当該選択肢を適用する。
8　6 (a)又は(c)の規定に基づく留保を付さず，かつ，1 に規定する選択肢
を適用することを選択しない各締約国は，各対象租税条約が 5 (b)に規定
する規定を含むか否か並びに当該規定の条及び項の番号を寄託者に通告
する。4 の規定は，7 又はこの 8 の規定に基づいてすべての当事国が対
象租税条約の規定について通告を行った場合に限り，当該対象租税条約
の規定について適用する。

日本の適用可否の選択	適用を選択
ミニマムスタンダード等	ミニマムスタンダード或いはベスト・プラクティス等
留保	なし

| 通告 | 選択肢Aを選択，準備的補助的活動を規定した租税条約一覧 |

（予備的考察）

1　日米租税条約における準備的補助的活動

日米租税条約第5条第4項は，準備的補助的活動に係るもので，PEに含まれないものである。

OECDモデル租税条約は，それ以前に制定された国際連盟によるメキシコモデル租税条約及びロンドンモデル租税条約におけるPEの定義にみられる企業の収益に対する直接貢献を行う生産的性格という要件を採用していない。PEは，所得の帰属する恒久的な施設の存在が重要であり，施設それ自体が生産的性格を持つ必要はないと考えている。そこで，適用除外の基準として，「準備的又は補助的性格の活動」という概念を用いている。企業の行う活動が，準備的又は補助的性格の活動であるかを判断する基準としては，事業を行う一定の場所における活動が，企業全体の活動の基本的かつ重要な活動に該当するか否かである。個々の事例では，施設を置くことでの企業の利益を判定することになるが，その判定の立証責任は企業が負うことになる（OEEC, "The elimination of double taxation" p. 50 (1958)）。

OECDモデル租税条約がこのようにPEの適用除外を規定した理由としては，源泉地国におけるPEの範囲をできるだけ狭くすることで，源泉地国の課税権を制限して両国間の経済の促進を図るということが第1に挙げられる。第2に，PEが事業を行う一定の場所と定義されているため，事業を行う場所の存在のみでは事業所得の課税要件とならないことを明定したことである。また，準備的又は補助的性格の活動でも企業全体の収益活動には貢献しているという見解もあるが，実際に実現する利益に対する貢献度は推定するしかなく，利益を配分することができないことから，課税単位とは成りえないと考えられている（OEEC, "The elimination of double taxation" p. 49 (1958)）。

日米租税条約第5条では，第1項において，PEが事業を行う一定の場所という物理的施設として定義され，第4項において，機能的側面から，補助的又は準備的機能を有するものをPEから除外している。

第4項(a)は，企業が自己の物品又は商品の保管，展示又は引渡しのために施

設の使用をする場合のみでは PE に該当しない。

第4項(b)は，企業が商品の在庫に関係し，その在庫である物品又は商品を保管，展示又は引渡しのためにのみ保有する場合，PE に該当しない。

第4項(c)は，企業に属する物品又は商品の在庫について，当該企業の利益のために当該企業に代わって他の企業が加工するためにのみ保有する場合，PE に該当しない。

① 第4項(d)は，企業のために，物品若しくは商品を購入し又は情報を収集することのみを目的として，事業を行う一定の場所を保有する場合，PE に該当しないとしている。したがって，新聞社の支局における情報収集等がこれに該当することになり，その理由としては，単純購入非課税の原則を拡大したものと考えられている。ただし，新聞社の支局等の場合，情報収集のみを行うのであれば，PE に該当しないが，翻訳，編集，記事の作成等を行う場合，このような活動は，PE とみなされる可能性がある（Philip Baker, Double Taxation Agreements and International Tax Law, Sweet & Maxwell 1991, p. 94）。

第4項(e)は，企業のために，その他の準備的又は補助的な性格の活動を行うことのみを目的として，事業を行う一定の場所を保有する場合，PE に該当しない。この規定は，PE の適用除外を列挙することから漏れる事例をすくい上げて包括的に規定したものである。したがって，単に広告の目的のため，情報収集のため，科学的調査のため，特許権又はノウハウ契約の提供のための事業を行う一定の場所は，PE に該当しない。

第4項の適用において留意すべき事項は，例えば，駐在員事務所が，本店以外の企業のために情報収集等を行う場合，他の企業に対して役務提供を行ったことから，当該役務提供に係る利益が生じたものと税務上みなされて，当該支店は，PE として認定されることから納税義務が生じることになる。この場合，本店以外の企業に対する情報収集等に要した費用を基礎として一定利益が生じたものみなされ，課税となる。

2　アマゾン事案

租税条約における準備的補助的規定が問題となったのは，日本におけるアマゾン社事案である（Cf. Tax Notes International, July 13,2009 pp. 110-111）

この事案の経過は，上記の参照資料によると次のとおりである。

① アマゾン社の2008年の年次報告書（2009年4月17日公表）に記載された
　事項によれば，東京国税局による決定処分は，2007年に行われ，追徴税額
　は1億1,900万ドル（約130億円：加算税・延滞税を含む。）であった。なお，
　この処分の対象事業年度は，2003年から2005年までである。
② 納税義務者は，米国アマゾン社の子会社であるアマゾン・インターナシ
　ョナル・セールス（本店は，米国のシアトル市：以下「AIS」という。）
③ 事業の内容は，顧客とAISが直接に契約を行い，対価を受領する。アマ
　ゾンの日本子会社である日本アマゾンと日本アマゾン倉庫の2社が在庫の
　管理，配送等を担当している。
　日本の顧客からの売上は，AISから米国親会社に報告される。
④ 東京国税局は，AISの日本における活動がAISのPEとなると認定し，
　日本において納税義務があるとした。国税側の判断は，日本アマゾン倉庫
　の社員が市川の配送センターにおいてE-メールによりAISから指示を受
　けたり，配送センターが同社員の異動を指示した時に，米国法人の承認を
　受けたことを発見したからである。
⑤ アマゾン社の財務諸表等から，同社は日米の相互協議等により多額な追
　徴課税を免れたことが判明している。
上記の事例が本条に与える影響は次のようなことである。

源泉地国において倉庫で製品の保管・引渡しの活動のみしか行われない場
合，準備的補助的な活動に該当しないときはPEに認定されないことから，
このような租税回避を防止する観点から準備的補助的活動に該当しない上
記のような例もPEと認定することになった。

3 日本・チリ租税条約第5条第4項
本条第4項は，BEPS活動計画の提言を受けての「準備的補助的活動」に該
当しない場合として，次の条項が規定されている。

　(a) この条の規定に基づき，当該一定の場所又は当該他の場所が当該企
　　　業又は当該企業と密接に関連する企業の恒久的施設を構成すること。

❻ 第4部（PE判定の回避：第12条〜第15条）　113

> (b)　当該企業及び当該企業と密接に関連する企業が当該一定の場所にお
>   いて行う活動の組合せ又は当該企業若しくは当該企業と密接に関連す
>   る企業が当該一定の場所及び当該他の場所において行う活動の組合せ
>   による活動の全体が準備的又は補助的な性格のものではないこと。

　この規定は，源泉地国に巨大な倉庫或いは在庫を保有してネット取引等により通信販売を行う企業が，従前は，準備的補助的な活動に該当して課税を免れてきたことに対する防止策である。

（解説）

1　第1項

　締約国は，第2項の規定（選択肢A）若しくは第3項の規定（選択肢B）を適用すること又はいずれの選択肢も適用しないことを選択することができる。

2　第2項（選択肢A）

　PEを定義する対象租税条約の規定にかかわらず，次の活動を行う場合には，PEに当たらないものとする。ただし，その活動（次の本項(c)の規定に該当する場合には，次の(c)に規定する事業を行う一定の場所における活動の全体）が準備的又は補助的な性格のものである場合に限る。

(a)　この条約によって修正される前の対象租税条約に規定する特定の活動で
　　あって，準備的又は補助的な性格のものであることを条件とするか否かを
　　問わず，PEを構成しないとされるもの。

(b)　企業のために上記(a)に規定する活動以外の活動を行うことのみを目的と
　　して，事業を行う一定の場所を保有すること。

(c)　上記(a)及び(b)に規定する活動を組み合わせた活動を行うことのみを目的
　　として，事業を行う一定の場所を保有すること。

現行日米租税条約第5条第4項(e)は次の規定である（下線筆者）。

> (e)　企業のためにその他の準備的又は補助的な性格の活動を行うことの
>   みを目的として，事業を行う一定の場所を保有すること。

BEPS行動計画最終報告（pp.28-29）では，上記の条文の下線部分を削除す

114　Ⅲ　多国間条約の解説

る案が示されている。上記(a)はその意味である。

3　第3項（選択肢B）

　PE を定義する対象租税条約の規定にかかわらず，次の活動を行う場合には，PE に当たらないものとする。

(a)　この条約によって修正される前の対象租税条約に規定する特定の活動で，準備的又は補助的な性格のものであることを条件とするか否かを問わず，PE を構成しないとされるもの。ただし，特定の活動が準備的又は補助的な性格の活動である場合に限り PE を構成しないものとされることが，対象租税条約の関連する規定において明示的に規定される場合を除く。

(b)　企業のために上記(a)に規定する活動以外の活動を行うことのみを目的として，事業を行う一定の場所を保有すること。ただし，当該活動が準備的又は補助的な性格のものである場合に限る。

(c)　上記(a)及び(b)に規定する活動を組み合わせた活動を行うことのみを目的として，事業を行う一定の場所を保有すること。ただし，当該一定の場所におけるこのような組合せによる活動の全体が準備的又は補助的な性格のものである場合に限る。

　この選択肢Bの規定は，選択肢Aとは異なり，上記に引用した日米租税条約の規定と同様の内容のものである。

4　第4項

　PE を構成しないものとされる特定の活動を規定する対象租税条約の規定（第2項又は第3項の規定によって修正される場合には，その修正後のもの）は，事業を行う一定の場所を使用し，若しくは保有する企業又は当該企業と密接に関連する企業が当該一定の場所又は当該一定の場所が存在する当事国内の他の場所で事業活動を行う場合において，次のいずれかに該当するときは，当該一定の場所については，適用しない。ただし，当該企業及び当該企業と密接に関連する企業が当該一定の場所において行う事業活動又は当該企業若しくは当該企業と密接に関連する企業が当該一定の場所及び当該他の場所において行う事業活動が，一体的な業務の一部として補完的な機能を果たす場合に限る。

(a)　PE を定義する対象租税条約の規定に基づき，当該一定の場所又は当該他の場所が当該企業又は当該企業と密接に関連する企業の PE を構成すること。

(b) 当該企業及び当該企業と密接に関連する企業が当該一定の場所において行う活動の組合せ又は当該企業若しくは当該企業と密接に関連する企業が当該一定の場所及び当該他の場所において行う活動の組合せによる活動の全体が準備的又は補助的な性格のものでないこと。

上記の説明にある「密接に関連する企業等」については，第15条に規定があるが，本項では，準備的補助的という規定の適用を制限している。

① 事業を行う一定の場所を使用，又は

② 保有する企業又は当該企業と密接に関連する企業が当該一定の場所又は当該一定の場所が存在する当事国内の他の場所において事業活動を行う場合

③ 当該企業及び当該企業と密接に関連する企業が当該一定の場所において行う事業活動又は当該企業若しくは当該企業と密接に関連する企業が当該一定の場所及び当該他の場所において行う事業活動が，一体的な業務の一部として補完的な機能を果たす場合に限る。

上記の場合，次のいずれかに該当する場合は当該一定の場所について準備的補助的の規定の適用はない。

(a) PE を定義する対象租税条約の規定に基づき，当該一定の場所又は当該他の場所が当該企業又は当該企業と密接に関連する企業の PE を構成すること。

(b) 当該企業及び当該企業と密接に関連する企業が当該一定の場所において行う活動の組合せ又は当該企業若しくは当該企業と密接に関連する企業が当該一定の場所及び当該他の場所において行う活動の組合せによる活動の全体が準備的又は補助的な性格のものでないこと。

例えば，一方の当事国の法人が，他方の当事国に子会社を有してそこを在庫保管場所等としている場合，これまでの準備的補助的活動に係る租税条約では PE なしという判定の可能性があったが，この在庫保管が当該法人の事業活動と不可分のものであるときは，この場所を PE とするか（上記(a)），或いは，上記の法人と子会社の活動が一連の事業活動等であるような場合は，準備的又は補助的な性格のものでないことになる。

5 第5項

本項は，本条約の規定が既存の租税条約に適用される条件を示した互換規定

116　Ⅲ　多国間条約の解説

である。

　(1)　第 5 項(a)

　第 2 項又は第 3 項の規定は，事業を行う一定の場所を通じて行われる場合においても PE を構成しないものとされる特定の活動を規定する対象租税条約の規定又はこれと同様に適用される対象租税条約の規定の関連する部分に代えて，適用する。

　(2)　第 5 項(b)

　第 4 項の規定は，事業を行う一定の場所を通じて行われる場合においても PE を構成しないものとされる特定の活動を規定する対象租税条約の規定（第 2 項又は第 3 項の規定によって修正される場合には，その修正の後のもの）又はこれと同様に適用される対象租税条約の規定について，適用する。

6　第 6 項

　締約国は，次の権利に留保を付することができる。

　(a)　対象租税条約について，この条の規定の全部を適用しない権利

　(b)　特定の活動が準備的又は補助的な性格のものである場合に限り PE を構成しないものとされることを明示的に規定する対象租税条約について，2 の規定を適用しない権利

　(c)　対象租税条約について，4 の規定を適用しない権利

7　第 7 項

　第 1 項の規定にある選択肢の適用を選択する各締約国は，自己が選択した選択肢を寄託者に通告する。その通告には，第 5 項(a)に規定する規定を含む対象租税条約と当該規定の条項の番号の一覧を含む。すべての当事国が同一の選択肢を適用することを選択し，かつ，対象租税条約の規定について当該通告を行った場合，当該対象租税条約の規定について，当該選択肢を適用する。

8　第 8 項

　第 6 項(a)又は(c)の規定による留保を付さず，かつ，第 1 項に規定する選択肢の適用を選択しない各締約国は，各対象租税条約が第 5 条(b)に規定する規定を含むか否かと，当該規定の条項の番号を寄託者に通告する。第 4 項の規定は，第 7 項又はこの第 8 項の規定に基づいてすべての当事国が対象租税条約の規定について通告を行った場合，当該対象租税条約の規定について適用する。

第14条（建設工事等の契約の分割）

1　対象租税条約の規定に規定する期間であって，その満了後は特定の工事又は活動がPEを構成することとされるものを超えたか否かを決定するに当たり，次のすべてに該当する場合には，次の(b)に規定する重複しない期間を，一方の当事国の企業が次の(a)に規定する建築工事現場，建設工事若しくは据付けの工事又は当該対象租税条約の関連する規定によって特定される他の場所において活動を行った期間の合計に加える。

 (a)　当該一方の当事国の企業が，他方の当事国内において，建築工事現場，建設工事若しくは据付けの工事若しくは当該対象租税条約の関連する規定によって特定される他の特定の工事を構成する場所において活動を行い，又は当該対象租税条約の規定が監督活動若しくはコンサルタントの活動について規定する場合にはこれらの場所に関連してこれらの活動を行う場合において，当該活動が，1又は2以上の期間（合計して30日を超え，当該対象租税条約の関連する規定に規定する期間を超えないものに限る。）行われるとき。

 (b)　当該一方の当事国の企業と密接に関連する1又は2以上の企業が，他方の当事国内において，(a)に規定する建築工事現場，建設工事若しくは据付けの工事若しくは当該対象租税条約の関連する規定によって特定される他の場所において，又は当該対象租税条約の関連する規定が監督活動若しくはコンサルタントの活動について規定する場合にはこれらの場所に関連して，関連する活動を(a)に規定する期間と重複しない期間（それぞれ30日を超えるものに限る。）行う場合

2　1の規定は，対象租税条約の規定が，1に規定する特定の工事又は活動によって構成されるPEが存在することとなる期間の適用を回避するために行われる契約の分割に対処する限りにおいて，当該対象租税条約の規定に代えて（in place of），又は当該規定がない（in the absence of）対象租税条約について，適用する。

3　締約国は，次の権利に留保を付することができる。

 (a)　対象租税条約について，この条の規定の全部を適用しない権利

（b) 天然資源の探査又は開発に関連する対象租税条約の規定について，この条の規定の全部を適用しない権利

4　3(a)の規定に基づく留保を付さない各締約国は，各対象租税条約が2に規定する規定（3(b)の規定に基づく留保の対象とならないものに限る。）を含むか否か並びに当該規定を含む場合には当該規定の条及び項の番号を寄託者に通告する。すべての当事国が対象租税条約の規定についてその通告を行った場合には，1の規定は，2に規定する限りにおいて，当該対象租税条約の規定に代わる。その他の場合には，1の規定は，当該対象租税条約の規定が1の規定と競合する場合，当該対象租税条約の規定に優先する。

日本の適用可否の選択	適用しないことを選択

　OECD モデル租税条約では，建築等の工事現場が12か月を超える期間存続する場合のみ PE となるが，日本が締結している租税条約でも6か月から旧日米租税条約のように24か月のものまである。また，12か月という期間については，建設 PE としての課税を回避するために，一連の工事等に関して契約を細分化したとしても，商業的及び地理的に関連性のあるものは，1つの工事とみなされる。また，この期間の計算は，準備的作業を含む作業開始の日から，その作業の終了の日までであり，天候その他の理由による工事の中断の日数は，この計算期間に含まれることになる。

　本条はこのような規定を対象租税条約に導入することを規定している。

第15条（企業と密接に関連する者の定義）

1　第12条（コミッショネア契約等を利用した PE の判定の人為的な回避）2，第13条（準備的補助的活動等を利用した PE 判定の人為的な回避）4又は前条（建設工事等の契約の分割）1の規定によって修正された対象租税条約の規定の適用上，ある者とある企業とは，すべての関連する事実及び状況に基づいて，一方が他方を支配している場合又は両者が同一の者若しくは企業によって支配されている場合には，密接に関連

するものとする。いかなる場合にも，ある者とある企業とは，一方が他方の受益に関する持分の50％を超えるもの（法人の場合には，当該法人の株式の議決権及び価値の50％又は当該法人の資本に係る受益に関する持分の50％を超えるもの）を直接若しくは間接に所有する場合又は第三者がその者及びその企業の受益に関する持分の50％を超えるもの（法人の場合には，当該法人の株式の議決権及び価値の50％又は当該法人の資本に係る受益に関する持分の50％を超えるもの）を直接若しくは間接に所有する場合には，密接に関連するものとする。

2　第12条（コミッショネア契約等を利用した PE の判定の人為的な回避）4，第13条（準備的補助的活動等を利用した PE 判定の人為的な回避）6(a)又は(c)及び前条（建設工事等の契約の分割）3の規定に基づく留保を付する締約国は，当該留保が適用される対象租税条約について，この条の(a)規定の全部を適用しない権利に留保を付することができる。

日本の適用可否の選択	選択対象外

（解説）

本条は，第12条～第14条に規定する関連者の定義である。

⑦　第 5 部（紛争解決の改善：第16条～第17条）

第16条（相互協議手続）

1　一方又は双方の当事国の措置により対象租税条約の規定に適合しない課税を受けたと認める者又は受けることとなると認める者は，その事案について，当該一方又は双方の当事国の法令に定める救済手段とは別に，いずれかの当事国の権限ある当局に対して申立てをすることができる。当該申立ては，当該対象租税条約の規定に適合しない課税に係る措置の最初の通知の日から 3 年以内に，しなければならない。

2　権限ある当局は，1 に規定する申立てを正当と認めるが，自ら満足すべき解決を与えることができない場合には，対象租税条約の規定に適合

120　Ⅲ　多国間条約の解説

しない課税を回避するため，他方の当事国の権限ある当局との合意によってその事案を解決するよう努める。成立したすべての合意は，両当事国の法令上のいかなる期間制限にもかかわらず，実施されなければならない。

3　両当事国の権限ある当局は，対象租税条約の解釈又は適用に関して生ずる困難又は疑義を合意によって解決するよう努める。両当事国の権限ある当局は，また，対象租税条約に定めのない場合における二重課税を除去するため，相互に協議することができる。

4(a)(i)　1の前段の規定は，一方若しくは双方の当事国の措置により対象租税条約の規定に適合しない課税を受けたと認める者若しくは受けることとなると認める者が，その事案について，当該一方若しくは双方の当事国の法令に定める救済手段とは別に，自己が居住者である当事国の権限ある当局に対して若しくは当該事案が国籍に基づく無差別待遇に関連する対象租税条約の規定の適用に関するものである場合には自己が国民である当事国の権限ある当局に対して申立てをすることができることを規定する対象租税条約の規定の全部若しくは一部に代えて（in place of），又は当該規定がない（in the absence of）対象租税条約について，適用する。

(ii)　1の後段の規定は，1の前段に規定する事案に関する申立てを対象租税条約の規定に適合しない課税に係る措置の最初の通知の日から3年未満の一定の期間内にしなければならないことを規定する対象租税条約の規定に代えて（in place of），又は当該事案について申立てをしなければならない期間を規定する規定がない（in the absence of）対象租税条約について，適用する。

(b)(i)　2の前段の規定は，1に規定する者から事案の申立てを受けた権限ある当局が，当該申立てを正当と認めるが，自ら満足すべき解決を与えることができない場合には，対象租税条約の規定に適合しない課税を回避するため，他方の当事国の権限ある当局との合意によってその事案を解決するよう努めることを規定する規定がない（in the absence of）対象租税条約について，適用する。

(ⅱ) 2の後段の規定は，成立したすべての合意が両当事国の法令上のいかなる期間制限にもかかわらず実施されなければならないことを規定する規定がない対象租税条約について，適用する。

(c)(ⅰ) 3の前段の規定は，両当事国の権限ある当局が対象租税条約の解釈又は適用に関して生ずる困難又は疑義を合意によって解決するよう努めることを規定する規定がない対象租税条約について，適用する。

(ⅱ) 3の後段の規定は，両当事国の権限ある当局が対象租税条約に定めのない場合における二重課税を除去するため相互に協議することができることを規定する規定がない対象租税条約について，適用する。

5　締約国は，次の権利に留保を付することができる。

(a)　各対象租税条約（ある者がいずれの当事国の権限ある当局に対しても事案の申立てをすることを認めるものを除く。）に基づいて，一方又は双方の当事国の措置により対象租税条約の規定に適合しない課税を受けたと認める者又は受けることとなると認める者は，その事案について，当該一方又は双方の当事国の法令に定める救済手段とは別に，自己が居住者である当事国の権限ある当局に対して又は当該事案が国籍に基づく無差別待遇に関連する対象租税条約の規定の適用に関するものである場合には自己が国民である当事国の権限ある当局に対して申立てをすることができること及び当該事案の申立てがされた一方の当事国の権限ある当局は当該申立てを正当と認めない事案について他方の当事国の権限ある当局との間で通知又は協議の手続を実施することを確保することによって，OECD/G20 BEPS 措置に基づく紛争解決を改善するための最低基準を満たす意図を有することを前提として，当該対象租税条約について，1の前段の規定を適用しない権利

(b)　1の前段に規定する事案について一定の期間内に申立てをしなければならないことを規定しないすべての対象租税条約を適用するに当たって，1に規定する者が対象租税条約の規定に適合しない課税に係る措置の最初の通知の日から3年以上の一定の期間内に当該事案について申立てをすることができることを確保することによって，OECD/

G20 BEPS 措置に基づく紛争解決を改善するための最低基準を満たす意図を有することを前提として，当該対象租税条約について，1の後段の規定を適用しない権利

(c) すべての対象租税条約を適用するに当たって，次のいずれかに該当することを前提として，対象租税条約について，2の後段の規定を適用しない権利

(i) 両当事国の法令上のいかなる期間制限にもかかわらず，両当事国の権限ある当局の合意のための手続を通じて成立したすべての合意を実施すること。

(ii) 二国間の条約交渉において，次のすべての事項を規定する条約の規定を受け入れることによって，OECD/G20 BEPS 措置に基づく紛争解決を改善するための最低基準を満たす意図を有すること。

(A) 当事国は，いずれかの当事国の企業の PE に帰せられる利得に対しては，当該利得が当該 PE に帰せられたとみられる課税年度の終了の時から両当事国の間で合意された期間が満了した後は，更正をしてはならないこと及びこの(A)の規定は，不正，重過失又は故意によって租税を免れた利得については，適用しないこと。

(B) 当事国は，企業の利得となったとみられる利得であって，関連企業に関する対象租税条約の規定に規定する条件のために当該企業の利得とならなかったものに対しては，当該利得が当該企業の利得となったとみられる課税年度の終了の時から両当事国の間で合意された期間が満了した後は，これを当該企業の利得に算入して租税を課してはならないこと及びこの(B)の規定は，不正，重過失又は故意によって租税を免れた利得については，適用しないこと。

6(a) 5(a)の規定に基づく留保を付さない各締約国は，各対象租税条約が4(a)(i)に規定する規定を含むか否か並びに当該規定を含む場合には当該規定の条及び項の番号を寄託者に通告する。すべての当事国が対象租税条約の規定についてその通告を行った場合には，1の前段の規定は，当該対象租税条約の規定に代わる。その他の場合には，1の前段の規定は，当該対象租税条約の規定が1の前段の規定と競合する場合，

当該対象租税条約の規定に優先する。

(b)　5(b)の規定に基づく留保を付さない各締約国は，次の一覧を寄託者に通告する。

(i)　1の前段に規定する事案に関する申立ては対象租税条約の規定に適合しない課税に係る措置の最初の通知の日から3年未満の一定の期間内にしなければならないことを規定する規定を含む対象租税条約並びに当該規定の条及び項の番号の一覧。すべての当事国が対象租税条約の規定についてその通告を行った場合には，1の後段の規定は，当該対象租税条約の規定に代わる（in place of）。その他の場合には，(ii)の規定が適用される場合を除くほか，1の後段の規定は，当該対象租税条約の規定が1の後段の規定と競合する場合，当該対象租税条約の規定に優先する。

(ii)　1の前段に規定する事案に関する申立ては対象租税条約の規定に適合しない課税に係る措置の最初の通知の日から3年以上の一定の期間内にしなければならないことを規定する規定を含む対象租税条約並びに当該規定の条及び項の番号の一覧。いずれかの当事国が対象租税条約についてその通告を行った場合には，1の後段の規定は，当該対象租税条約については，適用しない。

(c)　各締約国は，次の一覧を寄託者に通告する。

(i)　4(b)(i)に規定する規定を含まない対象租税条約の一覧。すべての当事国が対象租税条約についてその通告を行った場合に限り，2の前段の規定は，当該対象租税条約について適用する。

(ii)　5(c)の規定に基づく留保を付さない締約国については，4(b)(ii)に規定する規定を含まない対象租税条約の一覧。すべての当事国が対象租税条約についてその通告を行った場合に限り，2の後段の規定は，当該対象租税条約について適用する。

(d)　各締約国は，次の一覧を寄託者に通告する。

(i)　4(c)(i)に規定する規定を含まない対象租税条約の一覧。すべての当事国が対象租税条約についてその通告を行った場合に限り，3の前段の規定は，当該対象租税条約について適用する。

（ii）　4(c)(ii)に規定する規定を含まない対象租税条約の一覧。すべての当事国が対象租税条約についてその通告を行った場合に限り，3の後段の規定は，当該対象租税条約について適用する。

日本の適用可否の選択	適用を選択
ミニマムスタンダード等	ミニマムスタンダード

（予備的考察）

1　相互協議の相互評価（PEER REVIEW）と監視（MONITORING）

　BEPS行動計画14（紛争解決のメカニズムの実効性の向上）において，相互協議による紛争解決のための障害を除去するためのミニマムスタンダードの実施を確保するために相互評価と監視を行うことになっている。なお，このミニマムスタンダードでは，相互協議の統計の報告等の提出等が求められることになる。

　相互評価ステージ1では，ミニマムスタンダードの実施の評価が次の表にあるスケジュールで各国に対して実施される。

1）2016年12月開始	ベルギー，カナダ，オランダ，スイス，英国，米国
2）2017年4月開始	オーストリア，フランス，ドイツ，イタリア，リヒテンシュタイン，ルクセンブルク，スウェーデン
3）2017年8月開始	チェコ，デンマーク，フィンランド，韓国，ノルウェー，ポーランド，シンガポール，スペイン
4）2017年12月開始	オーストラリア，アイルランド，イスラエル，日本，マルタ，メキシコ，ニュージーランド，ポルトガル
5）2018年4月開始	エストニア，ギリシャ，ハンガリー，アイスランド，ルーマニア，スロバキア，スロベニア，トルコ
6）2018年8月開始	アルゼンチン，チリ，コロンビア，クロアチア，インド，ラトビア，リトアニア，南アフリカ
7）2018年12月開始	ブラジル，ブルガリア，中国，香港，インドネシア，パプアニューギニア，ロシア，サウジアラビア
8）2019年4月開始	ブルネイ，キュラソー，ガーンジー，マン島，ジャージー，モナコ，サンマリノ

9）2019年8月開始	アンドラ，バミューダ，英領バージン諸島，ケイマン，マカオ，タークスケイコス諸島

　ステージ2は，ステージ1の相互評価報告から1年後に改善状況等の相互監視が行われることになる。

　日本としては，移転価格課税等に係る相互協議が難航している上記表にあるインド，中国，インドネシアとの相互協議が改善される可能性がある。これらの国は，BEPS条約第16条第5項（A）に留保を付しているが，そのためには，ミニマムスタンダードを満たす意図を有することが前提となっている。

2　対インドネシア租税条約の相互協議条項（第25条）

　日本とインドネシア租税条約は，昭和57年に署名，発効した条約で，インドネシアの国内法改正を契機として締結したものである。日本と同国の経済交流が盛んな現状にあっても，約35年間改正されていない。第25条の規定は次のとおりである。

　「第1項：いずれか一方の又は双方の締約国の措置によりこの協定の規定に適合しない課税を受け又は受けることになると認める者は，当該事案について，当該締約国の法令に定める救済手段とは別に，自己が居住者である締約国の権限ある当局に対して又は当該事案が前条1の規定の適用に関するものである場合には自己が国民である締約国の権限ある当局に対して，申立てをすることができる。当該申立ては，この協定の規定に適合しない課税に係る当該措置の最初の通知の日から3年以内にしなければならない。

　第2項：権限ある当局は，1の申立てを正当と認めるが，満足すべき解決を与えることができない場合には，この協定の規定に適合しない課税を回避するため，他方の締約国の権限ある当局との合意によって当該事案を解決するよう努める。成立したすべての合意は，両締約国の法令上のいかなる期間制限にもかかわらず，実施されなければならない。

　第3項：両締約国の権限ある当局は，この協定の解釈又は適用に関して生ずる困難又は疑義を合意によって解決するよう努める。両締約国の権限ある当局は，また，この協定に定めのない場合における二重課税を除去するため，相互に協議することができる。

　第4項：両締約国の権限ある当局は，2及び3の合意に達するため，直接相

126　Ⅲ　多国間条約の解説

互に通信することができる。」

3　両者の比較

　日独租税協定と日本・インドネシア租税条約は，締結した年度では約30年以上の時間的経過があるが，日独租税協定にある仲裁関連の規定を除き，ほぼ同様の規定である。また，成立したすべての合意は，両締約国の法令上のいかなる期間制限にもかかわらず，実施されることになるという規定も同様である。

4　租税条約に基づく合意があった場合の更正の特例

(1)　国税通則法の規定等

　平成23年12月の改正には，国税通則法の改正が含まれており，更正の請求期間等の延長等，理由附記等の改正が行われた。

　この改正により，通常の更正の請求については，実務上慣行として行われてきた「嘆願」を解消するために，改正前は1年期間が5年に延長された。併せて，課税当局による増額更正の期間も3年から5年に延長されたのである。

　特例として，贈与税及び移転価格税制に係る法人税についての更正の請求ができる期間は6年（改正前：1年）に（相36①，措66の4⑰）法人税の純損失等の金額に係る更正の請求ができる期間は9年（改正前：1年）に，それぞれ延長された。なお，後発的事由，「やむを得ない理由」等による更正の請求は，当該事由が生じた日から2か月以内に更正の請求ができることになっている。

　相互協議との関連では，国税通則法第23条第2項第3号に定める「やむを得ない理由」については，国税通則法施行令第6条（更正の請求）第1項第4号に次のような規定がある。

　「第6条　法23条第2項第3号（更正の請求）に規定する政令で定めるやむを得ない理由は，次に掲げる理由とする。」

　「四　わが国が締結した所得に対する租税に関する二重課税の回避又は脱税の防止のための条約に規定する権限ある当局間の協議により，その申告，更正又は決定に係る課税標準等又は税額等に関し，その内容と異なる内容の合意が行われたこと。」

(2)　租税条約等の実施に伴う所得税法，法人税法及び地方税法の特例等に関する法律第7条

　租税条約等の実施に伴う所得税法，法人税法及び地方税法の特例等に関する法律第7条に以下のような租税条約に基づく合意があった場合の更正の特例の

規定がある。この規定は，上記の国税通則法施行令第6条第1項第4号にある規定を確認したものと解することができる。

「第7条：相手国等の法令に基づき，相手国居住者等又は居住者若しくは内国法人に係る租税（当該相手国等との間の租税条約の適用があるものに限る。）の課税標準等又は税額等につき更正に相当する処分があった場合において，当該課税標準等又は税額等に関し，財務大臣と当該相手国等の権限ある当局との間の当該租税条約に基づく合意が行われたことにより，居住者の各年分の各種所得の金額，内国法人の各事業年度の所得の金額，各連結事業年度の連結所得の金額若しくは各課税事業年度又は相手国居住者等の各年分の各種所得の金額，各事業年度の所得の金額若しくは各課税事業年度の基準法人税額のうちに減額されるものがあるときは，当該居住者若しくは当該内国法人又は当該相手国居住者等の更正の請求に基づき税務署長は，当該合意をした内容を基に計算される当該居住者の各年分の各種所得の金額，当該内国法人の各事業年度の所得の金額，各連結事業年度の連結所得の金額若しくは各課税事業年度の基準法人税額又は当該相手国居住者等の各年分の各種所得の金額，各事業年度の所得の金額若しくは各課税事業年度の基準法人税額を基礎として，更正をすることができる。」

このように，日本では，多国間条約第4項(b)に関連する国内法の規定が整備されている。

（解説）

本条は，①対象租税条約の規定に適合しない課税を受けた場合，いずれかの当事国の権限ある当局に申立てができること，②双方の権限ある当局が合意によって事案の解決に努めることを対象租税条約に規定することを盛り込んでいる。日本の場合は，既存の租税条約に同様の規定があることから，適用が対象租税条約である点を除けば，特に代替等の必要はないように思われる。

1　第1項

この条約の規定に適合しない課税を受けたと認める者等は，いずれかの当事国の権限ある当局に，適合しない課税に係る措置の最初の通知の日から3年以内に申立てができる。この規定は，予備的考察に掲げた日独租税協定①と同様の内容であるが，適用が対象租税条約である点は異なっている。

2 第2項

この規定も予備的考察に掲げた日独租税協定②と同じ規定である。権限ある当局が，納税義務者からの申立てについてその申立てを認めた処分を行えない場合，相互協議を行い互いに合意に達するように努力することになるが，あくまで双方が努力するのであって合意に達しない場合もある。また，合意に達した場合，具体的には減額更正等の期間制限の適用等であるが，国内法の規定にかかわらず，合意は実施されることになる。

3 第3項

この規定は予備的考察に掲げた日独租税協定③と同じ規定である。本項前段は，条約の適用に関して生ずる困難又は疑義を合意によって解決するように努めるというもので，具体的には，PE の判定，移転価格税制に関連する事前確認制度（APA）等がこれに該当する。本項後段は，対象租税条約に二重課税の定めがない場合，相互に協議することになる。

4 第4項

(1) 第4項(a)

第1項の前段は，対象租税条約の規定の全部又は一部に代えて，又は対象租税条約にこの規定がない場合に適用となる。第1項の後段の規定は，対象租税条約の申立て期限を3年にするように，対象租税条約の規定の代替又は追加を行うことを規定している。

(2) 第4項(b)

対象租税条約について，第2項の前段の規定がない場合に適用する。また，第2項後段の規定は，成立したすべての合意が両当事国の法令上のいかなる期間制限にもかかわらず実施されなければならないことを規定する規定がない対象租税条約について，適用する。

(3) 第4項(c)

第3項の前段は，両当事国の権限ある当局が対象租税条約の解釈又は適用に関して生ずる困難又は疑義を合意によって解決するよう努めることを規定する規定がない対象租税条約について，適用する。第3項の後段の規定は，両当事国の権限ある当局が対象租税条約に定めのない場合における二重課税を除去するため相互に協議することができることを規定する規定がない対象租税条約について，適用する。

❼　第5部（紛争解決の改善：第16条〜第17条）　129

5　第5項

(1)　第5項(a)

締約国は，第1項前段の規定を適用しない権利に留保を付することができる。

①　各対象租税条約により条約の規定に適合しない課税を受けたと認める者又は受けることとなると認める者は，自己が居住者である当事国の権限ある当局に対して又は当該事案が国籍に基づく無差別待遇に関連する対象租税条約の規定の適用に関するものである場合には自己が国民である当事国の権限ある当局に対して申立てをすることができること。及び

②　当該事案の申立てがされた一方の当事国の権限ある当局は当該申立てを正当と認めない事案について他方の当事国の権限ある当局との間で通知又は協議の手続を実施することを確保することによって，OECD/G20 BEPS 措置に基づく紛争解決を改善するための最低基準を満たす意図を有することを前提とする。

(2)　第5項(b)

締約国は，第1項後段の規定を適用しない権利に留保を付することができる。

第1項前段に規定する事案について申立て期間を規定しないすべての対象租税条約を適用するに当たって，措置を受けた最初の通知の日から3年以上の一定の期間内に当該事案について申立てをすることができることを確保することによって，OECD/G20 BEPS 措置に基づく紛争解決を改善するための最低基準を満たす意図を有することを前提とする。

(3)　第5項(c)

すべての対象租税条約を適用するに当たって，次のいずれかに該当することを前提として，対象租税条約について，第2項後段の規定を適用しない権利に留保を付する。

(i)　両当事国の法令上のいかなる期間制限にもかかわらず，両当事国の権限ある当局の合意のための手続を通じて成立したすべての合意を実施すること。

(ii)　二国間の条約交渉において，次のすべての事項を規定する条約の規定を受け入れることによって，OECD/G20 BEPS 措置に基づく紛争解決を改善するための最低基準を満たす意図を有すること。

(A)　当事国は，いずれかの当事国の企業の PE に帰せられる利得に対しては，

当該利得が当該 PE に帰せられたとみられる課税年度の終了の時から両当事国の間で合意された期間が満了した後は，更正をしてはならないこと及びこの(A)の規定は，不正，重過失又は故意によって租税を免れた利得については，適用しないこと。

(B) 当事国は，企業の利得となったとみられる利得であって，関連企業に関する対象租税条約の規定に規定する条件のために当該企業の利得とならなかったものに対しては，当該利得が当該企業の利得となったとみられる課税年度の終了の時から両当事国の間で合意された期間が満了した後は，これを当該企業の利得に算入して租税を課してはならないこと及びこの(B)の規定は，不正，重過失又は故意によって租税を免れた利得については，適用しないこと。

6　第6項

(1)　第6項(a)

第5項(a)の規定に基づく留保を付さない各締約国は，各対象租税条約が第4項(a)(i)に規定する規定を含むか否かと，当該規定を含む場合には当該規定の条項の番号を寄託者に通告する。すべての当事国が対象租税条約の規定についてその通告を行った場合には，第1項前段の規定は，当該対象租税条約の規定に代わる。その他の場合には，第1項前段の規定は，当該対象租税条約の規定が第1項前段の規定と競合する場合，当該対象租税条約の規定に優先する。

(2)　第6項(b)

第5項(b)の規定に基づく留保を付さない各締約国は，次の一覧を寄託者に通告する。

(i)　第1項の前段に規定する事案に関する申立ては対象租税条約の規定に適合しない課税に係る措置の最初の通知の日から3年未満の一定の期間内にしなければならないことを規定する規定を含む対象租税条約並びに当該規定の条項の番号の一覧。すべての当事国が対象租税条約の規定についてその通告を行った場合には，第1項後段の規定は，当該対象租税条約の規定に代わる。その他の場合には，(ii)の規定が適用される場合を除くほか，第1項後段の規定は，当該対象租税条約の規定が第1項後段の規定と競合する場合，当該対象租税条約の規定に優先する。

(ii)　第1項前段に規定する事案に関する申立ては対象租税条約の規定に適合

しない課税に係る措置の最初の通知の日から３年以上の一定の期間内にしなければならないことを規定する規定を含む対象租税条約並びに当該規定の条及び項の番号の一覧。いずれかの当事国が対象租税条約についてその通告を行った場合には，第１項後段の規定は，当該対象租税条約については，適用しない。

(c) 各締約国は，次の一覧を寄託者に通告する。

(i) 第４項(b)(i)に規定する規定を含まない対象租税条約の一覧。すべての当事国が対象租税条約についてその通告を行った場合に限り，第２項前段の規定は，当該対象租税条約について適用する。

(ii) 第５項(c)の規定に基づく留保を付さない締約国については，第４項(b)(ii)に規定する規定を含まない対象租税条約の一覧。すべての当事国が対象租税条約についてその通告を行った場合に限り，第２項後段の規定は，当該対象租税条約について適用する。

(d) 各締約国は，次の一覧を寄託者に通告する。

(i) 第４項(c)(i)に規定する規定を含まない対象租税条約の一覧。すべての当事国が対象租税条約についてその通告を行った場合に限り，第３項前段の規定は，当該対象租税条約について適用する。

(ii) 第４項(c)(ii)に規定する規定を含まない対象租税条約の一覧。すべての当事国が対象租税条約についてその通告を行った場合に限り，第３項後段の規定は，当該対象租税条約について適用する。

第17条（対応的調整）

1　一方の当事国が，他方の当事国において租税を課された当該他方の当事国の企業の利得を当該一方の当事国の企業の利得に算入して租税を課する場合において，その算入された利得が，双方の企業の間に設けられた条件が独立の企業の間に設けられたであろう条件であったとしたならば当該一方の当事国の企業の利得となったとみられる利得であるときは，当該他方の当事国は，その利得に対して当該他方の当事国において課された租税の額について適当な調整を行う。この調整に当たっては，対象

租税条約の他の規定に妥当な考慮を払うものとし，両当事国の権限ある当局は，必要があるときは，相互に協議する。

2　1の規定は，一方の当事国が他方の当事国の企業の利得を当該一方の当事国の企業の利得に算入して租税を課する場合において，その算入された利得が，双方の企業の間に設けられた条件が独立の企業の間に設けられたであろう条件であったとしたならば当該一方の当事国の企業の利得となったとみられる利得であるときは，当該他方の当事国の企業の利得に対して当該他方の当事国において課された租税の額について適当な調整を行うことを当該他方の当事国に求める規定に代えて（in place of），又は当該規定がない（in the absence of）対象租税条約について，適用する。

3　締約国は，次の権利に留保を付することができる。

(a)　2に規定する規定を含む対象租税条約について，この条の規定の全部を適用しない権利

(b)　対象租税条約に2に規定する規定がない場合に次のいずれかに該当することを前提として，対象租税条約について，この条の規定の全部を適用しない権利

(i)　当該締約国が，1に規定する適当な調整を行うこと。

(ii)　当該締約国の権限ある当局が，両当事国の権限ある当局の合意のための手続に関する当該対象租税条約の規定に基づき事案を解決するよう努めること。

(c)　前条（相互協議手続）5(c)(ii)の規定に基づく留保を付する締約国については，二国間の条約交渉において1に規定する種類の条約の規定を受け入れることを前提として，対象租税条約について，この条の規定の全部を適用しない権利。ただし，両当事国が，1に規定する種類の条約の規定及び同条5(c)(ii)に規定する規定について合意に達することができた場合に限る。

4　3の規定に基づく留保を付さない各締約国は，各対象租税条約が2に規定する規定を含むか否か並びに当該規定を含む場合には当該規定の条及び項の番号を寄託者に通告する。すべての当事国が対象租税条約の規

❼　第 5 部（紛争解決の改善：第16条～第17条）　　133

定についてその通告を行った場合には，1 の規定は，当該対象租税条約の規定に代わる。その他の場合には，1 の規定は，当該対象租税条約の規定が 1 の規定と競合する場合，当該対象租税条約の規定に優先する。

日本の適用可否の選択	適用を選択
ミニマムスタンダード等	ミニマムスタンダード
留保	なし
通告	なし

（予備的考察）

1　日中租税条約（第 9 条：特殊関連企業条項）

日中租税条約は昭和59年 6 月に発効した古い型の租税条約で締結以来一度も改正されていない。以下は，第 9 条の規定（移転価格税制）であるが，対応的調整規定がない。

「(a)　一方の締約国の企業が他方の締約国の企業の経営，支配若しくは資本に直接若しくは間接に参加している場合又は

(b)　同一の者が一方の締約国の企業及び他方の締約国の企業の経営，支配若しくは資本に直接若しくは間接に参加している場合であって，そのいずれの場合においても，商業上又は資金上の関係において，双方の企業の間に，独立の企業の間に設けられる条件と異なる条件が設けられ又は課されているときは，その条件がないとしたならば一方の企業の利得となったとみられる利得であってその条件のために当該一方の企業の利得とならなかったものに対しては，これを当該一方の企業の利得に算入して租税を課することができる。」

2　対応的調整規定がない場合の処理

移転価格税制は，内国法人と国外関連者間の所得の配分を巡る税制であることから，一方を増額更正すれば，他方の所得を減額更正する必要がある。その決定は，通常，両国の権限ある当局による相互協議により合意されるが，新しい租税条約には特殊関連企業条項の第 2 項には，この対応的調整規定が規定されている。

一例としては，旧日米租税条約（平成47年 7 月発効）第 9 条には対応的調整

規定が置かれていなかった。その後，日米租税条約はその後全文改正され（平成16年3月発効），第9条第2項に以下のような対応的調整規定が創設された。

では，対応的調整規定がなかった旧日米租税条約の適用の期間では，米国で内国法人の国外関連者が増額更正を受けた場合，日本において内国法人に対して減額更正（更正の請求）ができなかったのかということになるが，前条の予備的考察4で述べた「租税条約等の実施に伴う所得税法，法人税法及び地方税法の特例等に関する法律第7条」が昭和61年3月に創設され，国内法において補正をしている。

3 日米租税条約第9条（特殊関連企業）

日米租税条約は，現行の第9条の規定は次のとおりである。旧条約との比較では，①第2項に対応的調整規定が新設されたこと，②第3項に調査の期限が7年と制限されたことである。

「1 次の(a)又は(b)に該当する場合であって，そのいずれの場合においても，商業上又は資金上の関係において，双方の企業の間に，独立の企業の間に設けられる条件と異なる条件が設けられ又は課されているときは，その条件がないとしたならば一方の企業の利得となったとみられる利得であってその条件のために当該一方の企業の利得とならなかったものに対しては，これを当該一方の企業の利得に算入して租税を課することができる。

(a) 一方の締約国の企業が他方の締約国の企業の経営，支配又は資本に直接又は間接に参加している場合

(b) 同一の者が一方の締約国の企業及び他方の締約国の企業の経営，支配又は資本に直接又は間接に参加している場合

2 一方の締約国において租税を課された当該一方の締約国の企業の利得を他方の締約国が当該他方の締約国の企業の利得に算入して租税を課する場合において，当該一方の締約国が，その算入された利得が，双方の企業の間に設けられた条件が独立の企業の間に設けられたであろう条件であったとしたならば当該他方の締約国の企業の利得となったとみられる利得であることにつき当該他方の締約国との間で合意するときは，当該一方の締約国は，当該利得に対して当該一方の締約国において課された租税の額について適当な調整を行う。この調整に当たっては，この条約の他の規定に妥当な考慮を払う。

3 1の規定にかかわらず，一方の締約国は，1にいう条件がないとしたなら

ば当該一方の締約国の企業の利得として更正の対象となったとみられる利得に係る課税年度の終了時から7年以内に当該企業に対する調査が開始されない場合には，1にいう状況においても，当該利得の更正をしてはならない。この3の規定は，不正に租税を免れた場合又は定められた期間内に調査を開始することができないことが当該企業の作為若しくは不作為に帰せられる場合には，適用しない。」

（解説）

本条の趣旨は，対応的調整規定を対象租税条約に導入することである。日本は，対応的調整規定のない租税条約例があるが，国内法の整備等で対応できるようになっている。

1　第1項

第1項は，上記に引用した日米租税条約第9条第2項と同様に対応的調整の規定である。

2　第2項

この項では，第1項の規定は，対象租税条約の規定に代えて或いはその規定がない場合には追加して適用となることが規定されている。

3　第3項

締約国は，次の権利に留保を付することができる。

(a)　第2項の規定を含む対象租税条約について，この条の規定の全部を適用しない権利

(b)　対象租税条約に第2項に規定する規定がない場合，次のいずれかに該当することを前提として，対象租税条約について，この条の規定の全部を適用しない権利

(i)　当該締約国が，第1項に規定する適当な調整を行うこと。

(ii)　当該締約国の権限ある当局が，両当事国の権限ある当局の合意のための手続に関する当該対象租税条約の規定に基づき事案を解決するよう努めること。

(c)　前条（相互協議手続）第5項(c)(ii)の規定に基づく留保を付する締約国については，二国間の条約交渉において第1項に規定する種類の条約の規定を受け入れることを前提として，対象租税条約について，この条の規定の全部を適用しない権利。ただし，両当事国が，第1項に規定する種類の条

約の規定及び同条第5項(c)(ii)に規定する規定について合意に達することができた場合を条件とする。

4　第4項

第3項の規定に基づく留保を付さない各締約国は，各対象租税条約が第2項に規定する規定を含むか否かと，当該規定を含む場合には当該規定の条項の番号を寄託者に通告する。すべての当事国が対象租税条約の規定についてその通告を行った場合には，第1項の規定は，当該対象租税条約の規定に代わる。その他の場合には，第1項の規定は，当該対象租税条約の規定が第1項の規定と競合する場合，当該対象租税条約の規定に優先する。

⑧　第6部（仲裁：第18条〜第26条）

日本の適用可否の選択	適用を選択
ミニマムスタンダード等	ベスト・プラクティス
通告	第6部適用を日本は選択

第18条（第6部適用の選択）

> 締約国は，対象租税条約について，この部の規定を適用することを選択することができる。締約国は，この部の規定を適用することを選択する場合には，その旨を寄託者に通告する。この部の規定は，双方の当事国がその通告を行った場合に限り，当該双方の当事国に関して対象租税条約について適用する。

（解説）

締約国は対象租税条約について，第6部（仲裁関連条項）の規定を適用することを選択することができる。また，この部の規定を選択する場合は寄託者に通告する。この場合，双方の締約国が通告した場合に限り，双方の当事国に関して対象租税条約について適用する。

この規定は，アジア諸国等に投資をした内国法人の現地法人等が，移転価格

課税を現地で受けた場合の相互協議，或いは，内国法人がこれらの現地法人から受け取る使用料について，内国法人が増額更正を受けた場合の現地法人の所在地国との相互協議にとって重要な規定である。

　日本は，この部の適用を選択しているが，条約相手国がこれを選択しないと対象租税条約として適用にならないのである。特に，中国，インド等はこの規定を選択していない。

第19条（強制仲裁）

1(a)　一方又は双方の当事国の措置により対象租税条約の規定（この条約によって修正される場合には，その修正の後のもの）に適合しない課税を受けたと認める者又は受けることとなると認める者はその事案について一方の当事国の権限ある当局に対して申立てをすることができることを規定する当該対象租税条約の規定（第16条（相互協議手続）1の規定によって修正される場合には，その修正の後のもの）に従い，一方又は双方の当事国の措置により当該対象租税条約の規定（この条約によって修正される場合には，その修正の後のもの）に適合しない課税を受けたと認める者が，その事案について，一方の当事国の権限ある当局に対して申立てをし，かつ，

(b)　一方の当事国の権限ある当局が他方の当事国の権限ある当局との合意によって事案を解決するよう努めることを規定する対象租税条約の規定（第16条（相互協議手続）2の規定によって修正される場合には，その修正の後のもの）に従い，両当事国の権限ある当局が，8又は9に規定する起算日から起算して2年以内（当該期間が満了する前に，両当事国の権限ある当局が，その事案について異なる期間について合意し，かつ，当該事案の申立てをした者に対してその合意を通知した場合には，その合意された期間内）に，当該事案を解決するための合意に達することができない場合において，当該者が書面によって要請するときは，当該事案の未解決の事項は，10の規定に基づき両当事国の権限のある当局が合意する規則又は手続に従い，この部に規定する

方法によって仲裁に付託される。

2　1又は2以上の同一の事項に関する事案について裁判所又は行政審判所において手続が係属中であることを理由として，一方の当事国の権限ある当局が，1に規定する両当事国の権限ある当局の合意のための手続を停止した場合には，1(b)に規定する期間は，裁判所若しくは行政審判所が最終的な決定を行うまで又は当該事案に係る裁判所若しくは行政審判所の手続が停止され，若しくは当該事案に係る訴訟若しくは審査請求が取り下げられるまで，進行を停止する。また，事案の申立てをした者及び一方の当事国の権限ある当局が，両当事国の権限ある当局の合意のための手続を停止することについて合意した場合には，1(b)に規定する期間は，当該手続の停止が解除されるまで，進行を停止する。

3　事案によって直接に影響を受ける者が1(b)に規定する期間の開始の後にいずれかの当事国の権限のある当局によって要請された追加の重要な情報を適時に提供しなかったことについて両当事国の権限ある当局が合意する場合には，1(b)に規定する期間は，その要請された情報の提出の期限とされた日に開始し当該情報が提供された日に終了する期間と等しい期間延長する。

4(a)　仲裁に付託された事項に関する仲裁決定は，1に規定する事案に関する両当事国の権限ある当局の合意によって実施される。仲裁決定は，最終的な決定とする。

　(b)　仲裁決定は，次の場合を除くほか，両当事国を拘束する。

　(i)　事案によって直接に影響を受ける者が，当該仲裁決定を実施する両当事国の権限ある当局の合意を受け入れない場合。この場合には，当該事案について，両当事国の権限ある当局による更なる検討は，行われない。当該事案によって直接に影響を受けるいずれかの者が，当該合意についての通知がその者に送付された日の後60日以内に，裁判所若しくは行政審判所に対し当該合意において解決されたすべての事項に関する訴訟若しくは審査請求を取り下げない場合又は当該合意と整合的な方法によって当該事項に関する係属中の訴訟手続若しくは行政手続を終了させない場合には，当該合意は，当該事案によって直接に

影響を受ける者によって受け入れられなかったものとする。

　(ⅱ)　いずれかの当事国の裁判所による最終的な決定によって当該仲裁決定が無効とされる場合。この場合には，1に規定する仲裁の要請は，行われなかったものとし，仲裁手続（第21条（仲裁手続の秘密）及び第25条（仲裁手続の費用）の規定に係るものを除く。）は，行われなかったものとする。この場合には，両当事国の権限ある当局が新たな仲裁の要請は認められないことについて合意する場合を除くほか，新たな仲裁の要請を行うことができる。

　(ⅲ)　当該事案によって直接に影響を受ける者が，当該仲裁決定を実施する両当事国の権限ある当局の合意によって解決された事項について，いずれかの裁判所又は行政審判所において訴訟又は審査請求による解決を求める場合

5　1(a)に規定する両当事国の権限ある当局の合意のための手続に関する最初の申立てを受けた一方の当事国の権限ある当局は，当該申立てを受けた後2か月以内に，次のすべてのことを行う。

　(a)　事案の申立てをした者に対し，当該申立てを受けた旨の通知を送付すること。

　(b)　他方の当事国の権限ある当局に対し，当該申立ての文書の写しとともに当該申立てを受けた旨の通知を送付すること。

6　一方の当事国の権限ある当局が両当事国の権限ある当局の合意のための手続の申立てを受けた後又は他方の当事国の権限ある当局から申立ての文書の写しを受領した後3か月以内に，当該一方の当事国の権限ある当局は，次のいずれかのことを行う。

　(a)　事案の申立てをした者及び当該他方の当事国の権限ある当局に対し，当該事案の実質的な検討を行うために必要な情報を受領した旨を通知すること。

　(b)　事案の申立てをした者に対し，当該事案の実質的な検討を行うために必要な追加の情報を要請すること。

7　6(b)の規定に従って，一方又は双方の当事国の権限ある当局が，事案の申立てをした者に対して，当該事案の実質的な検討を行うために必要

な追加の情報を要請した場合には，当該追加の情報を要請した権限ある当局は，その者から追加の情報を受領した後3か月以内に，その者及び他方の当事国の権限ある当局に対して，次のいずれかのことを通知する。

 (a) 要請した情報を受領したこと。

 (b) 要請した情報の一部が欠けていること。

8 いずれの当事国の権限ある当局も6(b)の規定に従って追加の情報を要請しなかった場合には，1に規定する起算日は，次のいずれか早い日とする。

 (a) 両当事国の権限ある当局が，6(a)の規定に従い事案の申立てをした者に通知した日

 (b) 5(b)の規定に従って他方の当事国の権限ある当局に通知した後3か月を経過した日

9 6(b)の規定に従って追加の情報が要請された場合には，1に規定する起算日は，次のいずれか早い日とする。

 (a) 追加の情報を要請した一方の当事国の権限ある当局が，7(a)の規定に従い，事案の申立てをした者及び他方の当事国の権限ある当局に通知した日のうち最も遅い日

 (b) 両当事国の権限ある当局が，いずれかの当事国の権限ある当局によって要請されたすべての情報を事案の申立てをした者から受領した後3か月を経過した日

  ただし，一方又は双方の当事国の権限ある当局が7(b)に規定する通知を送付する場合には，当該通知は，6(b)の規定に基づく追加の情報の要請として取り扱われる。

10 両当事国の権限ある当局は，両当事国の権限ある当局の合意のための手続に関する対象租税条約の規定に従って，合意によって，この部の規定の実施方法（各当事国の権限ある当局が事案の実質的な検討を行うために必要な最小限の情報を含む。）を定める。当該合意は，事案の未解決の事項を仲裁に付託することができる最初の日の前に締結されなければならず，その後，随時修正することができる。

11 対象租税条約についてこの条の規定を適用するに当たり，締約国は，

1(b)に規定する「2年」を「3年」に代える権利に留保を付することができる。

12　この条の他の規定にかかわらず，締約国は，対象租税条約について次の規則を適用する権利に留保を付することができる。

　(a)　この条約に定める仲裁手続の対象となる両当事国の権限ある当局の合意のための手続に係る事案の未解決の事項は，いずれかの当事国の裁判所又は行政審判所が当該事項についてすでに決定を行った場合には，仲裁に付託されない。

　(b)　仲裁の要請が行われてから仲裁のための委員会がその決定を両当事国の権限ある当局に送付するまでの間に，当該事項についていずれかの当事国の裁判所又は行政審判所が決定を行う場合には，当該仲裁手続は，終了する。

留保	第12項の規定に基づいて日本が留保を付したルールは次のものである。 a）仲裁に付されない未解決の相互協議事案は，裁判の判決或いは不服審判所の裁決がある場合は仲裁に付されない。 b）仲裁が終了するのは，仲裁の申立の後及び仲裁委員会がその決定を権限ある当局に通告する前に，判決或いは不服審判所の裁決がある場合である。

（予備的考察）

1　国税庁の「相互協議の手続について（事務運営指針）第5仲裁」

国税庁は「相互協議の手続について（事務運営指針）第5　仲裁」において次のように定めている。

「第5　仲裁

34　仲裁手続

庁相互協議室は，仲裁手続に関する事務を行うに当たって，租税条約，租税条約等実施特例省令及び仲裁手続に係る実施取決めに従う。

35　仲裁手続を規定する租税条約に基づく相互協議の申立てがあった場合の手続

仲裁手続を規定する租税条約に基づく相互協議の申立てがあった場合には，第2に定めるところに加えて，次に定めるところによる。

(1)　庁相互協議室は，6(1)により相互協議申立書の提出を受けた場合には，

速やかに相互協議の申立てがあった旨を相手国等の権限ある当局に通知する。

(2) 庁相互協議室は，相互協議の申立てが我が国における課税に係るものである場合を除き，速やかに相手国等の権限ある当局に対して，当該相互協議の申立てに理由があるか否かを判断するために必要と認められる資料の提示を求める。

(3) 庁相互協議室は，仲裁手続に係る実施取決めに定めるところにより相手国等の権限ある当局と相互協議の開始の日を確認し，当該相互協議の開始の日を申立者に通知する。

(注) 相互協議の開始の日とは，相手国等の権限ある当局に対し相互協議の申入れを行った日をいうのであるが，仲裁手続に係る実施取決めで定める一定の資料が提出された場合に限り，相互協議の申入れを行ったと認められることに留意する。

36 仲裁手続を規定する租税条約に基づく相互協議の申入れがあった場合の手続

相手国等の権限ある当局から，仲裁手続を規定する租税条約に基づく相互協議の申入れがあった場合には，第3に定めるところに加えて，次に定めるところによる。

(1) 庁相互協議室は，相互協議の申入れが我が国における課税に係るものである場合を除き，速やかに相手国等の権限ある当局に対して，当該相互協議の申入れに理由があるか否かを判断するために必要と認められる資料の提示を求める。

(2) 庁相互協議室は，仲裁手続に係る実施取決めに定めるところにより相手国等の権限ある当局と相互協議の開始の日を確認する。

(注) 相互協議の開始の日とは，相手国等の権限ある当局から相互協議の申入れがあった日をいうのであるが，仲裁手続に係る実施取決めで定める一定の資料が提出された場合に限り，相互協議の申入れがあったと認められることに留意する。

37 仲裁の要請ができる場合

仲裁の要請は，租税条約の規定に基づき，租税条約等実施特例省令第12条第3項の規定に従って行うことができる。

38 事前相談

庁相互協議室は，仲裁の要請前に相談（代理人を通じた匿名の相談を含む。）があった場合には，これに応じる。

❽ 第6部（仲裁：第18条～第26条） 143

39　仲裁の要請の手続

⑴　仲裁の要請は，「仲裁要請書」（別紙様式7）を庁相互協議室に提出することにより行われるものとする。

（注）
1　税務署に仲裁要請書が誤って提出された場合には，管理運営担当部門は，速やかにこれを庁相互協議室に送付し，その旨を当該要請書を提出した者に通知する。
2　35⑶の相互協議の開始の日から租税条約に規定する期間を経過しても相互協議の合意に至らない場合に，仲裁の要請を行うことができることに留意する。
⑵　庁相互協議室は，収受した仲裁要請書及び添付書類の写しを，その収受した日の翌日から10日以内に，相手国等の権限ある当局に送付する。
⑶　仲裁の要請が行われた場合において，当該仲裁の要請に係る相互協議の申立てについて，14⑴の連結加入等法人の相互協議申立ての継続届出書又は14⑵の連結離脱等法人の相互協議申立ての継続届出書が提出されたときは，当該相互協議の申立てと同様に，当該仲裁の要請についても継続するものとして取り扱う。

40　仲裁の要請を行った者等への通知

⑴　庁相互協議室は，次に掲げる場合の区分に応じ，それぞれ次に掲げる事項を事案によって直接に影響を受ける者（相互協議の合意により我が国又は相手国等において所得金額等が変更される可能性のある者をいう。以下40において同じ。）に該当する個人又は法人（当該事案に係る取引の当事者である法人が連結子法人である場合には，その連結親法人。以下40において同じ。）に通知する。

イ　仲裁に付託される未解決の事項について決定した場合　当該仲裁に付託される未解決の事項

ロ　仲裁手続の期間の延長が行われた場合　当該仲裁手続の期間の延長の理由及び延長の期間

（注）　仲裁手続の期間の延長が行われた場合とは，例えば次のような場合である。
イ　租税条約に規定する期間内に相互協議の合意に至らなかったことが，主として，事案によって直接に影響を受ける者が適時に必要な資料を提出しなかったことに帰するものと認められ，その資料の提供の遅延に対応する期間，仲裁人の任命が延期された場合
ロ　申立者が争訟を優先する等の理由により相互協議の中断を求め，その中断に対応する期間，仲裁人の任命が延期された場合
ハ　我が国の権限ある当局，相手国等の権限ある当局及び事案によって直接に影響を受ける者が仲裁手続の期間の延長に合意した場合
ニ　仲裁決定が行われる前に仲裁手続が終了した場合　当該終了の理由
（注）　仲裁決定が行われる前に仲裁手続が終了した場合とは，例えば次のような場合である。

イ　相互協議において合意に至った場合

ロ　仲裁に付託された未解決の事項に関して，我が国における審査請求若しくは訴えについての裁決若しくは判決又は相手国等における当該審査請求若しくは訴えについての裁決若しくは判決に相当するものがあった場合

(2)　庁相互協議室は，仲裁の要請が相手国等の権限ある当局に行われた場合において，相手国等の権限ある当局から仲裁の要請が行われた旨の通知を受領したときは，(1)に加えて，当該通知を受けた事実及び当該受領の日を事案によって直接に影響を受ける者に該当する個人又は法人に通知する。

41　仲裁決定を実施するための相互協議の合意手続

仲裁決定を実施するための相互協議の合意手続は，16及び17又は28に定めるところによる。

42　仲裁の要請の取下げ

(1)　仲裁要請書の提出後，17(1)の通知（相互協議の合意の通知）を受けるまでは，仲裁の要請を行った者は仲裁の要請を取り下げることができるものとして取り扱う。

(2)　仲裁の要請の取下げは，「仲裁要請の取下書」（別紙様式8）を，庁相互協議室に提出することにより行われるものとする。

(注)　税務署に仲裁の取下書が誤って提出された場合には，管理運営担当部門は，速やかにこれを庁相互協議室に送付し，その旨を当該取下書を提出した者に通知する。

(3)　仲裁の要請を行った者が，仲裁の要請の取下げとともに相互協議の申立ての取下げを行う場合には，19(2)の「相互協議申立ての取下書」を提出すれば足り，「仲裁要請の取下書」の提出は要しないことに留意する。

(4)　庁相互協議室は，(2)により仲裁要請の取下書の提出を受けた場合には，相手国等の権限ある当局に，仲裁の要請が取り下げられたために仲裁手続を終了する旨を通知する。」

2　日本が締結した租税条約の仲裁規定

日本が締結している租税条約に仲裁規定があるものは，次の15条約であるが，6条約は未発効である。

すでには発効している条約は，①オランダ，②香港，③ポルトガル，④ニュージーランド，⑤英国，⑥スウェーデン，⑦チリ，⑧ドイツ，⑨ラトビアであり，⑩米国，⑪ベルギー，⑫オーストリア，⑬リトアニア，⑭エストニア，⑮デンマークは未発効である。

❽　第6部（仲裁：第18条～第26条）　　145

　また，「仲裁手続に係る実施取決め」が定められている条約は次の6条約である。

租税条約の相手国等	仲裁手続に係る実施取決めの名称
1)　オランダ王国	オランダの権限ある当局との仲裁手続に係る実施取決め
2)　中華人民共和国香港特別行政区政府	中華人民共和国香港特別行政区の権限ある当局との仲裁手続に係る実施取決め
3)　ポルトガル共和国	ポルトガルの税務当局との仲裁手続に係る実施取決め
4)　ニュージーランド	ニュージーランドの税務当局との仲裁手続に係る実施取決め
5)　グレートブリテン及び北アイルランド連合王国	英国の税務当局との仲裁手続に係る実施取決め
6)　スウェーデン	スウェーデンの税務当局との仲裁手続に係る実施取決め

3　日英租税条約における仲裁関連規定

　日英租税条約は全文改正が行われ（平成18年10月），その後議定書による一部改正（平成26年12月発効）が行われ，その際に，相互協議条項に仲裁規定が追加されたのである。

第25条（改正議定書第10条：第5項及び第6項新設）
5(a)　一方又は双方の締約国の措置によりある者がこの条約の規定に適合しない課税を受けた事案について，1の規定に従い，当該者が一方の締約国の権限ある当局に対して申立てをし，かつ，
　(b)　当該一方の締約国の権限ある当局から他方の締約国の権限ある当局に対し当該事案に関する協議の申立てをした日から2年以内に，2の規定に従い，両締約国の権限ある当局の権限ある当局が当該事案を解決するための合意に達することができない場合において，当該者が要請するときは，当該事案の未解決の事項は，仲裁に付託される。ただし，当該未解決の事項についていずれかの締約国の裁判所又は行政審

判所がすでに決定を行った場合には，当該未解決の事項は仲裁に付託されない。当該事案によって直接に影響を受ける者が，仲裁決定を実施する両締約国の権限ある当局の合意を受け入れない場合を除くほか，当該仲裁決定は，両締約国を拘束するものとし，両締約国の法令上いかなる期間制限にもかかわらず実施される。両締約国の権限ある当局は，この５の規定の実施方法を合意によって定める。

6　５の規定は，第４条３の規定に該当する事案については，適用しない（筆者注：個人以外の者の居住者判定）。

平成18年改正の議定書の５が次のように改正された。

(a)　両締約国の権限ある当局は，同条５の規定に従って申し立てられた事実によって直接に影響を受ける者の作為若しくは不作為が当該事案の解決を妨げる場合又は両締約国の権限ある当局及び当該者が別に合意する場合を除くほか，同条５に規定する仲裁の要請から２年以内に仲裁決定が実施されることを確保するため，仲裁手続を合意によって定める。

(b)　仲裁のための委員会は，次の規則に従って，設置される。

(i)　仲裁のための委員会は，国際租税に関する事項について専門知識又は経験を有する３人の仲裁によって構成される。

(ii)　各締約国の権限ある当局は，それぞれ１人の仲裁人（自国の国民とすることができる。）を任命する。両締約国の権限ある当局が任命する２人の仲裁人は，両締約国の権限ある当局が合意する手続に従い，仲裁のための委員会の長となる第３の仲裁人を任命する。

(iii)　すべての仲裁人は，いずれの締約国の税務当局の職員であってはならず，及び同条１の規定に従って申し立てられた事案に関与した者であってはならない。第３の仲裁人は，いずれの締約国の国民であってはならず，いずれの締約国内にも日常の居所を有したことがあってはならず，及びいずれの締約国によっても雇用されたことがあってはならない。

(iv) 両締約国の権限ある当局は，仲裁手続の実施に先立って，すべての仲裁人及びそれらの職員が，各締約国の権限ある当局に対して送付する書面において，条約第26条第２項及び両締約国において適用される法令に規定する秘密及び不開示に関する義務と同様の義務に従うことに合意することを確保する。

(v) 各締約国の権限ある当局は，自らが任命した仲裁人に係る費用及び自国の費用を負担する。仲裁のための委員会の長に係る費用その他の仲裁手続の実施に関する費用については，両締約国の権限ある当局が均等に負担する。

(c) 両締約国の権限ある当局は，すべての仲裁人及びそれらの職員に対し，仲裁決定のために必要な情報を不当に遅滞することなく提供する。

(d) 仲裁決定は次のとおり取り扱う。

(i) 仲裁決定は，先例としての価値を有さない。

(ii) 仲裁決定は，条約第25条第５項の規定，この５の規定又は(a)の規定に従って決定される手続規則のいずれかに対する違反（仲裁決定に影響を及ぼしたものとして相当と認められるものに限る。）により当該仲裁決定がいずれか一方の締約国の裁判所において無効であるとされる場合を除くほか，確定する。仲裁決定は，その違反によって無効であるとされる場合には，行われなかったものとする。

(e) 仲裁の要請が行われてから，仲裁のための委員会がその決定を両締約国の権限ある当局及び仲裁を行った者に送達するまでの間に，両締約国の権限ある当局が仲裁に付託されたすべての未解決の事項について合意に達した場合には，当該事案は同条２の規定に従って解決されたものとし，仲裁決定は行われない。

4 英国の税務当局との仲裁手続に係る実施取決め

上記３の規定に基づいて日英間では，仲裁手続に係る実施取決めが以下のように定められた。

148   Ⅲ　多国間条約の解説

（1）　基礎データ

正式名称	所得及び譲渡収益に対する租税に関する二重課税の回避及び脱税の防止のための日本国とグレートブリテン及び北アイルランド連合王国との間の条約第25条5に係る実施取決め
署名等	日本国とグレートブリテン及び北アイルランド連合王国の権限ある当局は，2013年12月17日にロンドンで署名された議定書によって改正される2006年2月2日にロンドンで署名された所得及び譲渡収益に対する租税に関する二重課税の回避及び脱税の防止のための日本国とグレートブリテン及び北アイルランド連合王国との間の条約（以下「条約」という。）第二十五条5に規定された仲裁手続の実施方法を定めた。
方針	両締約国の権限ある当局は，この取決めに定める仲裁手続に誠実に従う。

（2）　各規定

　以下の実施取決めは，それぞれの手続について期限の設定があること，申立てをした納税義務者が関与できない相互協議とは異なり，以下の10にあるように，申立てをした者に見解を述べる機会が与えられている等の相違がある。

1　事案の仲裁への付託の要請	条約第25条第5項の規定に基づく仲裁の要請（以下「仲裁の要請」という。）は，書面によって，次の部署を経由して同条第1項に規定する権限ある当局に送付される。 　（a）　日本国については，国税庁相互協議室 　（b）　グレートブリテン及び北アイルランド連合王国については，HMRC, Corporation Tax International, Stamps and Anti-Avoidance, Business International 当該要請には，事案を特定するための十分な情報が含まれる。また，当該要請には，当該要請を行った者による，同一の事項に関する決定がいずれの締約国の裁判所又は行政審判所においても行われていない旨の文書が添付される。 当該要請を受領した権限ある当局は，その受領した日の翌日から10日以内に，当該要請及び添付文書の写しを他方の締約国の権限ある当局に送付する。
2　事案を仲裁に付託する時期	仲裁の要請は，条約第25条第1項の規定に基づき一方の締約国の権限ある当局に申し立てられた事案が他方の締約国の権限ある当局に対しても提示された日から2年を経過した日よ

り初めて可能となる。これに関し，以下の情報が提示された場合にのみ，当該事案は他方の締約国の権限ある当局に提示されたと認められる。

(a) 相互協議の申立てを権限ある当局に行った者の氏名又は名称及び住所

(b) 事案によって直接に影響を受ける(a)に定める者以外の者の氏名又は名称及び住所

(c) 対象となる課税年度

(d) 条約の規定に適合しない課税を生じさせた措置の内容及び日付並びに両締約国の通貨による関連する金額

(e) 相互協議の申立てを権限ある当局に行った者から提出された以下の情報及び補足資料の写し

(i) 相互協議の申立てを行った者が，条約の規定に適合しない課税が生じていると考える理由についての説明

(ii) 関係する取引及び関連者の関連性，状況又は構成

(iii) 条約の規定に適合しない課税に関して関連する税務当局から受領した文書の写し

(f) 事案によって直接に影響を受ける者がいずれかの管轄区域において，異議申立書，審査請求書又はこれらに相当する文書の提出を行ったか否かを記載した文書

(g) 条約第25条第１項に規定する権限ある当局が，同規定に基づく相互協議の申立てを受領した日の翌日から90日以内に特に求めた追加的情報

両締約国の権限ある当局は，この２で示されたすべての情報が提示された日について相互に確認を行う。条約第25条第１項の規定に基づき相互協議の申立てを受けた権限ある当局は，その申立てを行った者に対して，この２で定められた相互協議手続の２年間の開始の日を通知する。

| 3 付託事項 | 両締約国の権限ある当局が仲裁の要請を受領した日の翌日から90日以内に，両締約国の権限ある当局は，仲裁のための委員会によって解決されるべき事項について決定し，それを書面で当該仲裁の要請を行った者に通知する。この決定は事案に関する「付託事項」を構成する。また，両締約国の権限ある当局は，この取決めの以下の定めにかかわらず，付託事項において，その定めに含まれる手続規則に追加し，又はこれと異なる手続規則を定め，適切とみなされるその他の事項を処理することができる。 |

4　付託事項の不通知	付託事項がこの取決め3に定める期間内に仲裁の要請を行った者に通知されなかった場合には，その者及びそれぞれの締約国の権限ある当局は，当該期間の末日の翌日から30日以内に，仲裁によって解決されるべき事項の一覧を相互に書面で通知することができる。その期間内にこうして通知された一覧のすべてが，仮の付託事項を構成する。 この取決め5に従ってすべての仲裁人が任命された日の翌日から30日以内に，仲裁人は，そのように通知された一覧に基づく仮の付託事項を改定したものを，両締約国の権限ある当局及び当該仲裁の要請を行った者に通知する。 両締約国の権限ある当局は，その改定された仮の付託事項を受領した日の翌日から30日以内に，それとは異なる付託事項を決定し，それを仲裁人及び当該仲裁の要請を行った者に書面で通知することができる。両締約国の権限ある当局がその期間内にこの通知を行った場合には，この異なる付託事項が，事案に関する付託事項を構成する。 両締約国の権限ある当局が異なる付託事項の決定及び書面による通知をその期間内に行わなかった場合には，仲裁人によって改定された仮の付託事項が，事案に関する付託事項を構成する。
5　仲裁人の選任	仲裁の要請を行った者が付託事項を受領した日の翌日から90日以内に，又はこの取決め4が適用される場合には両締約国の権限ある当局が仲裁の要請を受領した日の翌日から120日以内に，両締約国の権限ある当局は，それぞれ1人の仲裁人（自国の国民とすることができる。）を任命する。 2人目の仲裁人が任命された日の翌日から60日以内に，両締約国の権限ある当局が任命する2人の仲裁人は，仲裁のための委員会の長としての職務を果たす第3の仲裁人を任命する。 定められた期間内に最初の2人の仲裁人により第3の仲裁人が任命されない場合には，別の任命方法を定めていない限り，各締約国の権限ある当局は，その期間の末日の翌日から10日以内に，第3の仲裁人の候補者を3人まで提案する。すでに任命された2人の仲裁人は，候補者の一覧を受領した日の翌日から10日以内に，提案された候補者の中から仲裁のための委員会の長としての職務を果たす第3の仲裁人を任命する。 何らかの理由によって，仲裁手続の開始後に仲裁人を交代させる必要がある場合には，この5の手続を準用する。

	各締約国の権限ある当局は，自らが任命した仲裁人の報酬を決定する。第3の仲裁人の報酬は，その任命の前に，両締約国の権限ある当局が他の2人の仲裁人の報酬を考慮して決定する。
6　仲裁人の資格及び任命	条約の議定書5(b)(i)及び(iii)の規定に従い， 　(a)　すべての仲裁人は，国際租税に関する事項について専門知識又は経験を有する者とし， 　(b)　すべての仲裁人は，いずれの締約国の税務当局の職員であってはならず，条約第25条第1項の規定に従って申し立てられた事案にこれまで関与した者であってはならない。第3の仲裁人は，いずれの締約国の国民であってはならず，いずれの締約国内にも日常の居所を有したことがあってはならず，かつ，いずれの締約国によっても雇用されたことがあってはならない。仲裁人は，その任命を確認する書簡が，当該仲裁人の任命権限を有する者及び当該仲裁人の両者により署名された時に任命されたものとする。
7　情報の通信と秘密保持	条約の議定書5(b)(iv)の規定に従い，両締約国の権限ある当局は，仲裁手続の実施に先立って，すべての仲裁人及びそれらの職員が，各締約国の権限ある当局に対して送付する書面において，条約第26条2及び両締約国において適用される法令に規定する秘密及び不開示に関する義務と同様の義務に従うことに合意することを確保する。
8　適時の情報提供が行われなかった場合及び相互協議の中断があった場合	この取決め5及び17にかかわらず，両締約国の権限ある当局が，条約第25条第5項に規定する2年以内に仲裁に付託された事項を解決できなかったことが，主として，事案によって直接に影響を受ける者が適時に関連する情報を提供しなかったことに帰するものと判断した場合には，両締約国の権限ある当局は，仲裁人の任命をその情報の提供の遅延に対応する期間延期することができる。 この取決め5及び17にかかわらず，条約第25条第5項に規定する2年以内に仲裁に付託された事項を解決できなかったことが，相互協議の申立てを行った者からの要請により，同条2の相互協議を中断していたことに帰する場合には，両締約国の権限ある当局は，仲裁人の任命をその中断に対応する期間延期することができる。

	両締約国の権限ある当局は，その遅延及び（又は）中断に対応する期間を決定する。条約第25条第１項の規定に基づき相互協議の申立てを受けた権限ある当局は，仲裁の要請を行った者に対して，その決定した期間を通知する。
9　手続上及び証拠上の規則	この取決めと付託事項に従い，仲裁人は，付託事項に定められた事項を解決するために必要と認められる手続上及び証拠上の規則を採用する。 条約の議定書５(c)の規定に従い，両締約国の権限ある当局は，すべての仲裁人及びそれらの職員に対して，秘密情報を含む仲裁決定に必要な情報を遅滞なく提供する。 両締約国の権限ある当局が別の決定をした場合を除くほか，情報（この取決め10又は17により，仲裁の要請を行った者又はその代理人から書面又は口頭で提供された情報を含む。）のうち両締約国の権限ある当局が仲裁の要請を受領する前に入手できなかったものは，仲裁決定に関し考慮されない。
10　仲裁の要請を行った者の参加	仲裁の要請を行った者は，直接に又はその代理人を通じ，相互協議手続で許容されるのと同等の範囲で，仲裁人に対して書面により自らの立場を表明することができる。 加えて，仲裁の要請を行った者は，仲裁人の許可を得て，仲裁手続において口頭で自らの立場を表明することができる。
11　実施準備	両締約国の権限ある当局が別の決定をした場合を除くほか，仲裁に至った事案の申立てを最初に受けた権限ある当局は，仲裁のための委員会の合議の実施準備に対して責任を負い，仲裁手続の実施に要する運営人員を提供する。こうして提供された者は，手続に関する事項を，仲裁のための委員会の長に対してのみ報告する。
12　費用	条約の議定書５(b)(v)の規定に従い， 　(a)　各締約国の権限ある当局は，自らが任命した仲裁人に係る費用及び自国の費用を負担し，かつ， 　(b)　仲裁のための委員会の長に係る費用その他の仲裁手続の実施に関する費用については，両締約国の権限ある当局が均等に負担する。 条約の議定書５(b)(v)に規定する「その他の仲裁手続の実施に関する費用」には，この取決め11による実施準備のために生じた間接費用は含まれない。 仲裁の要請を行った者は，自らが仲裁手続に関与する費用

	（旅費並びに自らの見解の作成及び提示に関する費用を含む。）を負担する。
13　適用される法原則	仲裁人は，適用される条約の規定に従って，また，これらの規定に服しつつ，両締約国の法令の規定に従って，仲裁に付託された事項についての決定を行う。 仲裁人は，条約の解釈に関する事項を，条約法に関するウィーン条約第31条から第33条までに採用された解釈の原則に照らし，OECD モデル租税条約の序論28から36.1までに述べられるとおり，定期的に改定される OECD モデル租税条約コメンタリーに配意しつつ，判断する。同様に，独立企業原則の適用に関する事項は，OECD 多国籍企業と税務当局のための移転価格ガイドラインに配意して判断される。 また，仲裁人は，両締約国の権限ある当局が付託事項において明示的に特定するその他の根拠を考慮する。
14　仲裁決定	仲裁決定は，仲裁人の単純多数決で決せられる。仲裁のための委員会の決定は，文書で提示され，両締約国の権限ある当局が決定した場合には，依拠した法の出所及び結論に至った理由が示される。いずれか一方の締約国の権限ある当局から要請があった場合には，仲裁のための委員会の長は，両締約国の権限ある当局に対して，当該仲裁のための委員会における議論の概要を示す。条約の議定書5(d)(i)の規定に従い，仲裁のための委員会の決定は，先例としての価値を有しない。 仲裁決定は，仲裁の要請を行った者及び両締約国の権限ある当局が公表の形式及び内容に関して書面により同意しない限り，公表されない。
15　仲裁決定の通知のために認められる期間	仲裁決定は，仲裁のための委員会の長が事案の検討を開始するために必要なすべての情報を受領した旨を両締約国の権限ある当局及び仲裁の要請を行った者に対して書面で通知した日の翌日から180日以内に，両締約国の権限ある当局及び当該仲裁の要請を行った者に対して通知される。 前段にかかわらず，最後の仲裁人が任命された日の翌日から60日以内に，又は最初の2人のうち後に任命された仲裁人が任命された日の翌日から60日以内に第3の仲裁人が任命されなかった場合には最後の仲裁人が任命された日の翌日から40日以内に，仲裁のための委員会の長が両締約国の権限ある当局のうち一方の同意を得て他方の締約国の権限ある当局及び

仲裁の要請を行った者に対し事案の検討を開始するために必要なすべての情報を受領していない旨を書面で通知した場合において,

 (a) 当該仲裁のための委員会の長がその通知が送付された日の翌日から60日以内にその必要な情報を受領したときは,仲裁決定は,当該仲裁のための委員会の長がその必要な情報を受領した日の翌日から180日以内に,両締約国の権限ある当局及び当該仲裁の要請を行った者に対し通知され,

 (b) 当該仲裁のための委員会の長がその通知が送付された日の翌日から60日以内にその必要な情報を受領しなかったときは,両締約国の権限ある当局が別の決定をしたときを除くほか,当該仲裁のための委員会の長が後にその必要な情報を受領したときであっても,仲裁決定は,その情報を考慮に入れることなく行われ,その通知が送付された日の翌日から240日以内に,両締約国の権限ある当局及び当該仲裁の要請を行った者に対し通知される。

予見不能の事象により,仲裁決定が定められた期間内に通知されないおそれがある場合には,両締約国の権限ある当局及び事案によって直接に影響を受ける者は,この15に定める期間を,合意した期間延長することができる。

| 16 定められた期間内に決定の通知が行われなかった場合 | 仲裁決定がこの取決め15に定める期間内に両締約国の権限ある当局に通知されなかった場合には,両締約国の権限ある当局及び事案によって直接に影響を受ける者は,180日を上限として当該期間の延長に合意することができる。これらの者がこの取決め15に定める期間の末日の翌日から30日以内にその合意を行わない場合には,両締約国の権限ある当局は,この取決め5に従って,1以上の新たな仲裁人を任命する。 |
| 17 簡素化された仲裁手続 | この取決め5,10,15及び16にかかわらず,両締約国の権限ある当局は,両締約国の権限ある当局が,

 (a) この取決め3に従って,仲裁のための委員会によって解決されるべき事項について決定し,かつ,

 (b) 以下に定める簡素化された仲裁手続の規則を適用することを付託事項で定める場合には,当該規則を特定の仲裁事案について適用することを決定することができる。

この手続における仲裁人の選任及び報酬については,この取 |

決め 5 が適用される。ただし，両締約国の権限ある当局は，仲裁の要請を行った者が付託事項を受領した日の翌日から60日以内に，それぞれ 1 人の仲裁人を任命する。

仲裁の要請を行った者は，その者が付託事項を受領した日の翌日から60日以内に，直接に又はその代理人を通じて，仲裁人に対して自らの立場を表明することができる（ただし，書面による表明に限る。）。付託事項において別の決定を行う場合を除くほか，自らの立場を表明する書面（根拠書類を除く。）は20頁を超えないものとする。

第 3 の仲裁人の任命の日の翌日から60日以内に，両締約国の権限ある当局は，それぞれ付託事項に含まれる各事項に関する解決案及び意見書を仲裁人及び他方の締約国の権限ある当局に提出するものとする。この期間外に提出された解決案及び意見書は，仲裁のための委員会により考慮されない。付託事項において別の決定を行う場合を除くほか，解決案及び意見書（根拠書類を除く。）は20頁を超えないものとする。

一方の締約国の権限ある当局は，他方の締約国の権限ある当局の解決案を受領した日の翌日から60日以内に，他方の締約国の権限ある当局により指摘された事項について対処できるように，応答書を仲裁人に対し提出することができる。付託事項において別の決定を行う場合を除くほか，応答書（根拠書類を除く。）は20頁を超えないものとする。

第 3 の仲裁人の任命の日の翌日から150日以内に，仲裁のための委員会の長は，一方の締約国の権限ある当局に対し，他方の締約国の権限ある当局の同意を得て，追加的な情報の提出を要請することができる。当該要請を受けた権限ある当局は，要請があった日の翌日から60日以内に仲裁のための委員会の長に対して回答するものとする。

次の(a)又は(b)のいずれか遅い日の翌日から45日以内に，仲裁のための委員会は，両締約国の権限ある当局から受領した 2 通の解決案のうち 1 通の解決案に従って，付託事項に含まれる事項を決定し，その決定を両締約国の権限ある当局に書面で通知する。

 (a) 第 3 の仲裁人の任命の日の翌日から120日

 (b) 仲裁のための委員会の長が，この取決め17において定める追加的な情報を受領した最も遅い日

仲裁決定が前段に定める期間内に両締約国の権限ある当局に

		通知されなかった場合には，両締約国の権限ある当局及び事案によって直接に影響を受ける者は，45日を上限として当該期間の延長に合意することができる。これらの者が前段に定める期間の末日の翌日から30日以内にその合意を行わない場合には，両締約国の権限ある当局は，この取決め17に従って，1以上の新たな仲裁人を任命する。
18	仲裁決定の確定	仲裁決定は，条約第25条第5項の規定，条約の議定書5の規定又は付託事項若しくはこの取決めに含まれる手続規則のいずれかに違反すること（仲裁決定に影響を及ぼしたものとして相当と認められるものに限る。）により，当該仲裁決定がいずれか一方の締約国の裁判所において無効であるとされる場合を除くほか，確定する。 仲裁決定がこれらの理由のいずれかによって無効であるとされる場合は，仲裁の要請及び仲裁手続は，この取決め7及び12の適用を除き，行われなかったものとする。
19	仲裁決定の実施	両締約国の権限ある当局は，仲裁に至った事案に関し相互協議の合意を行うことにより，仲裁決定の通知が行われた日の翌日から180日以内に，当該仲裁決定を実施する。 両締約国の権限ある当局及びその事案によって直接に影響を受ける者は，仲裁決定の通知から実施までの期間を，合意した期間延長することができる。
20	仲裁決定が行われない場合	この取決め14，15，16及び17にかかわらず，仲裁の要請が行われてから，仲裁のための委員会がその決定を両締約国の権限ある当局及び当該仲裁の要請を行った者に送達するまでの間に，両締約国の権限ある当局が，仲裁に付託されたすべての未解決の事項について合意に達した旨を仲裁人及び当該仲裁の要請を行った者に対して書面で通知する場合には，当該事案は，条約の議定書5(e)の規定に従い，条約第25条第2項の規定に従って解決されたものとし，仲裁決定は行われない。
21	最終規定	この取決めは，条約第25条第5項の規定が効力を生じることとなった後に，同規定に従ってなされる仲裁の要請に対して適用される。 条約の効力発生前に，一方の締約国の権限ある当局に対して事案の申立てが行われ，他方の締約国の権限ある当局に対して，この取決め2に定める情報が提示された場合には，当該事案は，条約の効力発生の日に他方の締約国の権限ある当局

❽　第6部（仲裁：第18条～第26条）　157

| | に提示されたものとする。
両締約国の権限ある当局は，書簡の交換により，この取決め
を修正し，又は補足することができる。 |

（解説）

本条は，相互協議により合意に達しない場合，仲裁に移行することと，仲裁に係る要件等が規定されている。

1　第1項(a)(b)

(a)　対象租税条約の規定（この条約によって修正される場合には，その修正の後のもの）に適合しない課税を受けたと認める者又は受けることとなると認める者は，その事案について一方の当事国の権限ある当局に対して申立てをすることができることを規定する当該対象租税条約の規定（第16条（相互協議手続）第1項の規定によって修正される場合には，その修正の後のもの）に従い，その事案について，一方の当事国の権限ある当局に対して申立てをし，かつ，

(b)　双方の当事国の権限ある当局は，第8項又は第9項に規定する起算日から起算して2年以内に，合意に達することができない場合，当該者が書面によって要請するときは，所定の手続に従い仲裁に付託される。

2　第2項

1又は2以上の同一の事項に関する事案について裁判所又は行政審判所において手続が係属中であることを理由に，一方の当事国の権限ある当局が，第1項に規定する両当事国の権限ある当局の合意のための手続を停止した場合，第1項(b)に規定する期間は，裁判所，行政審判所が最終的な決定を行うまで又は当該事案に係る裁判所，行政審判所の手続が停止又は当該事案に係る訴訟若しくは審査請求が取り下げられるまで，進行が停止される。また，事案の申立者及び一方の当事国の権限ある当局が，両当事国の権限ある当局の合意のための手続を停止することについて合意した場合には，第1項(b)に規定する期間は，当該手続の停止が解除されるまで，進行が停止されるという条件が規定されている。

3　第3項

事案によって直接に影響を受ける者が第1項(b)に規定する期間の開始の後に

いずれかの当事国の権限ある当局によって要請された追加の重要な情報を適時に提供しなかったことについて両当事国の権限ある当局が合意する場合，第1項(b)に規定する期間は，その要請された情報の提出の期限とされた日に開始し当該情報が提供された日に終了する期間と等しい期間延長されることになる。

4　第4項

(1)　第4項(a)

仲裁に付託された事項に関する仲裁決定は，第1項に規定する事案に関する両当事国の権限ある当局の合意によって実施される。仲裁決定は，最終的な決定とする。

(2)　第4項(b)

仲裁決定は，次の場合を除くほか，両当事国を拘束する。

① 事案によって直接に影響を受ける者が，当該仲裁決定を実施する両当事国の権限ある当局の合意を受け入れない場合。この場合には，当該事案について，両当事国の権限ある当局による更なる検討は行われない。当該事案によって直接に影響を受けるいずれかの者が，当該合意についての通知がその者に送付された日の後60日以内に，裁判所若しくは行政審判所に対し当該合意において解決されたすべての事項に関する訴訟若しくは審査請求を取り下げない場合又は当該合意と整合的な方法によって当該事項に関する係属中の訴訟手続若しくは行政手続を終了させない場合には，当該合意は，当該事案によって直接に影響を受ける者によって受け入れられなかったものとする。

② いずれかの当事国の裁判所による最終的な決定によって当該仲裁決定が無効とされる場合。この場合には，第1項に規定する仲裁の要請は，行われなかったものとし，仲裁手続（第21条（仲裁手続の秘密）及び第25条（仲裁手続の費用）の規定に係るものを除く。）は，行われなかったものとする。この場合には，両当事国の権限ある当局が新たな仲裁の要請は認められないことについて合意する場合を除くほか，新たな仲裁の要請を行うことができる。

③ 当該事案によって直接に影響を受ける者が，当該仲裁決定を実施する両当事国の権限ある当局の合意によって解決された事項について，いずれかの裁判所又は行政審判所において訴訟又は審査請求による解決を求める場

合。

5　第5項

第1項(a)に規定する両当事国の権限ある当局の合意のための手続に関する最初の申立てを受けた一方の当事国の権限ある当局は，当該申立てを受けた後2か月以内に，次のすべてのことを行うことになる。

(a)　事案の申立てをした者に対し，当該申立てを受けた旨の通知を送付すること。

(b)　他方の当事国の権限ある当局に対し，当該申立ての文書の写しとともに当該申立てを受けた旨の通知を送付すること。

6　第6項

一方の当事国の権限ある当局が，両当事国の権限ある当局の合意のための手続の申立てを受けた後又は他方の当事国の権限ある当局から申立ての文書の写しを受領した後3か月以内に，当該一方の当事国の権限ある当局は，次のいずれかのことを行うことになる。

(a)　事案の申立てをした者及び当該他方の当事国の権限ある当局に対し，当該事案の実質的な検討を行うために必要な情報を受領した旨を通知すること。

(b)　事案の申立てをした者に対し，当該事案の実質的な検討を行うために必要な追加の情報を要請すること。

7　第7項

第6項(b)の規定に従って，一方又は双方の当事国の権限ある当局が，事案の申立てをした者に対して，当該事案の実質的な検討を行うために必要な追加の情報を要請した場合，当該追加の情報を要請した権限ある当局は，その者から追加の情報を受領した後3か月以内に，その者及び他方の当事国の権限ある当局に対して，次のいずれかのことを通知する。

(a)　要請した情報を受領したこと。

(b)　要請した情報の一部が欠けていること。

8　第8項

いずれの当事国の権限ある当局も第6項(b)の規定に従って追加の情報を要請しなかった場合には，第1項に規定する起算日は，次のいずれか早い日となる。

(a)　両当事国の権限ある当局が，第6項(a)の規定に従い事案の申立てをした

者に通知した日

(b) 第5項(b)の規定に従って他方の当事国の権限ある当局に通知した後3か月を経過した日

9 第9項

第6項(b)の規定に従って追加の情報が要請された場合には，第1項に規定する起算日は，次のいずれか早い日となる。

(a) 追加の情報を要請した一方の当事国の権限ある当局が，第7項(a)の規定に従い，事案の申立てをした者及び他方の当事国の権限ある当局に通知した日のうち最も遅い日

(b) 両当事国の権限ある当局が，いずれかの当事国の権限ある当局によって要請されたすべての情報を事案の申立てをした者から受領した後3か月を経過した日

ただし，一方又は双方の当事国の権限ある当局が第7項(b)に規定する通知を送付する場合には，当該通知は，第6項(b)の規定に基づく追加の情報の要請として取り扱われる。

10 第10項

両当事国の権限ある当局は，両当事国の権限ある当局の合意のための手続に関する対象租税条約の規定に従って，合意によって，この部の規定の実施方法を定める。当該合意は，事案の未解決の事項を仲裁に付託することができる最初の日の前に締結されなければならず，その後，随時修正することができるものである。

11 第11項

対象租税条約についてこの条の規定を適用するに当たり，締約国は，第1項(b)に規定する「2年」を「3年」に代える権利に留保を付することができる。

12 第12項

この条の他の規定にかかわらず，締約国は，対象租税条約について次の規則を適用する権利に留保を付することができる。

(a) この条約に定める仲裁手続の対象となる両当事国の権限ある当局の合意のための手続に係る事案の未解決の事項は，いずれかの当事国の裁判所又は行政審判所が当該事項についてすでに決定を行った場合には，仲裁に付託されない。

（b）　仲裁の要請が行われてから仲裁のための委員会がその決定を両当事国の権限ある当局に送付するまでの間に，当該事項についていずれかの当事国の裁判所又は行政審判所が決定を行う場合には，当該仲裁手続は，終了する。

第20条（仲裁のための委員会の構成委員の任命）

1　両当事国の権限ある当局が異なる規則について合意する場合を除くほか，この部の規定の適用上，２から４までの規定を適用する。

2　仲裁のための委員会の構成員の任命については，次の規則を適用する。

（a）　仲裁のための委員会は，国際税務に関する事項について専門知識又は経験を有する３人の個人によって構成される。

（b）　各当事国の権限ある当局は，前条（義務的かつ拘束力を有する仲裁）１の規定に基づく仲裁の要請の日から60日以内に，１人の仲裁のための委員会の構成員を任命する。このようにして任命された２人の仲裁のための委員会の構成員は，そのいずれか遅い方の任命の時から60日以内に，仲裁のための委員会の長となる第３の構成員を任命する。仲裁のための委員会の長は，いずれの当事国の国民又は居住者でもあってはならない。

（c）　仲裁のための委員会の構成員に任命された者は，それぞれ，任命を受諾する時において，両当事国の権限ある当局，税務当局及び財務省並びに事案によって直接に影響を受けるすべての者及びその顧問に対して公平でなければならず，これらの者から独立していなければならず，当該事案に係る仲裁手続を通じてその公平性及び独立性を維持しなければならず，並びに当該仲裁手続に関する仲裁のための委員会の構成員が公平であり，及び独立しているという外観を損なうおそれのある行為を当該仲裁手続の後の妥当な期間行ってはならない。

3　一方の当事国の権限ある当局が，２に規定する方法によって，及び２に規定する期間内に，又は両当事国の権限ある当局が合意する方法によって，及び両当事国の権限ある当局が合意する期間内に，仲裁のための

162　Ⅲ　多国間条約の解説

委員会の構成員を任命することができない場合には，当該一方の当事国の権限ある当局に代わって，経済協力関発機構の租税政策及び税務行政センターの最も高い地位にある職員であっていずれの当事国の国民でもないものが，１人の構成員を任命する。

4　最初に任命された２人の仲裁のための委員会の構成員が，２に規定する方法によって，及び２に規定する期間内に，又は両当事国の権限ある当局が合意する方法によって，及び両当事国の権限ある当局が合意する期間内に，仲裁のための委員会の長を任命することができない場合には，経済協力関発機構の租税政策及び税務行政センターの最も高い地位にある職員であっていずれの当事国の国民でもないものが，仲裁のための委員会の長を任命する。

（予備的考察）

　日英租税条約の仲裁に係る実施取決めの本条に該当する規定を再掲すると次のとおりである。

| 5　仲裁人の選任 | 仲裁の要請を行った者が付託事項を受領した日の翌日から90日以内に，又はこの取決め４が適用される場合には両締約国の権限ある当局が仲裁の要請を受領した日の翌日から120日以内に，両締約国の権限ある当局は，それぞれ１人の仲裁人（自国の国民とすることができる。）を任命する。
　２人目の仲裁人が任命された日の翌日から60日以内に，両締約国の権限ある当局が任命する２人の仲裁人は，仲裁のための委員会の長としての職務を果たす第３の仲裁人を任命する。定められた期間内に最初の２人の仲裁人により第３の仲裁人が任命されない場合には，別の任命方法を定めていない限り，各締約国の権限ある当局は，その期間の末日の翌日から10日以内に，第３の仲裁人の候補者を３人まで提案する。すでに任命された２人の仲裁人は，候補者の一覧を受領した日の翌日から10日以内に，提案された候補者の中から仲裁のための委員会の長としての職務を果たす第３の仲裁人を任命する。何らかの理由によって，仲裁手続の開始後に仲裁人を交代させる必要がある場合には，この５の手続を準用する。
　各締約国の権限ある当局は，自らが任命した仲裁人の報酬を |

❽ 第6部（仲裁：第18条〜第26条） 163

	決定する。第3の仲裁人の報酬は，その任命の前に，両締約国の権限ある当局が他の2人の仲裁人の報酬を考慮して決定する。
6　仲裁人の資格及び任命	条約の議定書5(b)(i)及び(iii)の規定に従い， (a)　すべての仲裁人は，国際租税に関する事項について専門知識又は経験を有する者とし， (b)　すべての仲裁人は，いずれの締約国の税務当局の職員であってはならず，条約第25条第1項の規定に従って申し立てられた事案にこれまで関与した者であってはならない。第3の仲裁人は，いずれの締約国の国民でもあってはならず，いずれの締約国内にも日常の居所を有したことがあってはならず，かつ，いずれの締約国によっても雇用されたことがあってはならない。仲裁人は，その任命を確認する書簡が，当該仲裁人の任命権限を有する者及び当該仲裁人の両者により署名された時に任命されたものとする。

（解説）

1　第1項

　本条は仲裁人の選定に係る規定である。両当事国の権限ある当局が合意した場合は除いて，仲裁人の選定は第2項から第4項までの規定によることになる。

2　第2項

　仲裁のための委員会の構成員（以下「構成員」という。）の任命については，次の規則が適用となる。

(a)　仲裁のための委員会は，国際税務に関する事項について専門知識又は経験を有する3人の個人によって構成される。

(b)①　当事国の権限ある当局は，それぞれ1人の構成員を仲裁の要請の日から60日以内（「日英租税条約の仲裁に係る実施取決め」では90日）に任命する。

②　任命された2人の仲裁のための構成員は，そのいずれか遅い方の任命の時から60日以内に，仲裁のための委員長となる第3の構成員を任命する。仲裁のための委員長は，いずれの当事国の国民又は居住者でもあってはならない。

164　Ⅲ　多国間条約の解説

③　構成員は，税務当局及び財務省並びに事案によって直接に影響を受ける
すべての者及びその顧問に対して公平でなければならず，これらの者から
独立していなければならない。

3　第3項

一方の当事国の権限ある当局が，第2項に規定する期間内等において，構成
員を任命することができない場合には，当該一方の当事国の権限ある当局に代
わって，OECD の租税政策及び税務行政センターの最も高い地位にある職員で，
いずれの当事国の国民でもないものが，1人の構成員を任命する。

この規定は，「日英租税条約の仲裁に係る実施取決め」にはない規定である。

4　第4項

双方の当事国により任命された委員が，委員長を期間内に任命することがで
きない場合，最初に任命された2人の仲裁のための委員会の構成員が，2に規
定する方法によって，OECD の租税政策及び税務行政センターの最も高い地位
にある職員で，いずれの当事国の国民でもないものが，仲裁のための委員長を
任命する。

この第3項及び第4項の規定は，多国間条約独自の規定であるが，OECD と
は異なる組織であり，EU は欧州連合司法裁判所（Court of Justice of the
European Union）では，裁判官を加盟国から輪番で任命するという方式を採
用している。

仲裁が適用になると，委員長の人選で第三国の国際税務に関する専門的知識
を有する者ということになるが，今後，二国間租税条約においても，OECD を
通じての人選ということも想定できるのである。

第21条（仲裁手続の秘密保護）

1　この部の規定，関連する対象租税条約の規定並びに情報の交換，秘密
及び行政支援に関する両当事国の法令の適用上，仲裁のための委員会の
構成員及びその職員（構成員1人について3人までに限る。）並びに仲
裁のための委員会の構成員の候補者は，情報（当該候補者については，
当該候補者が仲裁のための委員会の構成員の要件を満たすことができる

ことを確認するために必要な範囲に限る。）の開示を受けることができる者又は当局とみなす。仲裁のための委員会又は仲裁のための委員会の構成員の候補者が受領する情報及び両当事国の権限ある当局が仲裁のための委員会から受領する情報は，情報の交換及び行政支援に関する対象租税条約の規定に基づいて交換された情報とみなす。

2　両当事国の権限ある当局は，仲裁のための委員会の構成員及びその職員が，仲裁手続の実施に先立って，情報の交換及び行政支援に関する対象租税条約の規定並びに両当事国の関係法令に規定する秘密及び不開示に関する義務に従って仲裁手続に関する情報を取り扱うことについて書面によって合意することを確保する。

（予備的考察）

日英租税条約の仲裁に係る実施取決めの本条に該当する規定を再掲すると次のとおりである。

7　情報の通信と秘密保持	条約の議定書5(b)(iv)の規定に従い，両締約国の権限ある当局は，仲裁手続の実施に先立って，すべての仲裁人及びそれらの職員が，各締約国の権限ある当局に対して送付する書面において，条約第26条2及び両締約国において適用される法令に規定する秘密及び不開示に関する義務と同様の義務に従うことに合意することを確保する。

（解説）

1　第1項

仲裁のための委員会の構成員及びその職員（構成員1人について3人までに限る。）或いは仲裁のための委員会の構成員の候補者は，情報の開示を受けることができる者又は当局とみなされる。また，仲裁のための委員会又は仲裁のための委員会の構成員の候補者が受領する情報等は，情報の交換及び行政支援に関する対象租税条約の規定に基づいて交換された情報とみなされる。

2　第2項

両当事国の権限ある当局は，仲裁のための委員会の構成員及びその職員が，仲裁手続の実施に先立って，対象租税条約の規定並びに両当事国の関係法令に規定する秘密及び不開示に関する義務に従って仲裁手続に関する情報を取り扱

166　Ⅲ　多国間条約の解説

うことについて書面によって合意する。

第22条（仲裁決定前に解決した場合）

　　この部の規定及び両当事国の権限ある当局の合意による事案の解決について規定する関連する対象租税条約の規定の適用上，仲裁の要請が行われてから仲裁のための委員会がその決定を両当事国の権限ある当局に送付するまでの間に，次のいずれかに該当する場合には，当該事案に関する両当事国の権限ある当局の合意のための手続及び仲裁手続は，終了する。
　　(a)　両当事国の権限ある当局が，当該事案を解決するための合意に達する場合
　　(b)　当該事案の申立てをした者が，仲裁の要請又は両当事国の権限ある当局の合意のための手続の申立てを撤回する場合

（予備的考察）

日英租税条約の仲裁に係る実施取決めの本条に該当する規定を再掲すると次のとおりである。

20　仲裁決定が行われない場合	この取決め14，15，16及び17にかかわらず，仲裁の要請が行われてから，仲裁のための委員会がその決定を両締約国の権限ある当局及び当該仲裁の要請を行った者に送達するまでの間に，両締約国の権限ある当局が，仲裁に付託されたすべての未解決の事項について合意に達した旨を仲裁人及び当該仲裁の要請を行った者に対して書面で通知する場合には，当該事案は，条約の議定書5(e)の規定に従い，条約第25条第2項の規定に従って解決されたものとし，仲裁決定は行われない。

（解説）

仲裁決定前に次に該当する事項が生じた場合は，仲裁に付されない。
① 　両当事国の権限ある当局が，当該事案を解決するための合意に達する場合
② 　当該事案の申立てをした者が，仲裁の要請又は両当事国の権限ある当局の合意のための手続の申立てを撤回する場合

第23条（仲裁手続の形態）

1　両当事国の権限ある当局が異なる規則について合意する場合を除くほか，この部に定める仲裁手続について，次の規定を適用する。

　(a)　事案が仲裁に付託された後，各当事国の権限ある当局は，当該事案に関して両当事国の権限ある当局の間ですでに達したすべての合意を考慮した上で，仲裁のための委員会に対し，合意によって定める日までに，当該事案のすべての未解決の事項に対処する解決案を提出する。当該解決案は，当該事案における調整又は類似の事項のそれぞれにつき，特定の金額（例えば，所得又は費用の金額）の決定又は対象租税条約の規定に従って課される租税の率の上限の決定に限られる。関連する対象租税条約の規定を適用する要件に関する事項（以下「課税の前提となる事項」という。），例えば，個人が居住者であるか否か又はPE が存在するか否かに関する事項について両当事国の権限ある当局が合意に達することができなかった場合には，両当事国の権限ある当局は，当該課税の前提となる事項の解決に応じて決定される事項に関して，代替的な解決案を提出することができる。

　(b)　各当事国の権限ある当局は，仲裁のための委員会による検討のために解決案の説明書を提出することができる。解決案又はその説明書を提出する各当事国の権限ある当局は，これらの提出の期限とされた日までに，他方の当事国の権限ある当局に対してこれらの写しを提供する。各当事国の権限ある当局は，合意によって定める日までに，仲裁のための委員会に対し，他方の当事国の権限ある当局が提出した解決案及びその説明書に対する応答書を提出することができる。応答書の写しは，応答書の提出の期限とされた日までに，他方の当事国の権限ある当局に提供される。

　(c)　仲裁のための委員会は，各事項及びすべての課税の前提となる事項に関し，両当事国の権限ある当局が提出した当該事案についての解決案の一をその決定として選択する。仲裁のための委員会は，当該決定の理由その他の説明を付さない。仲裁決定は，仲裁のための委員会の

構成員の単純多数による議決で採択される。仲裁のための委員会は，その決定を両当事国の権限ある当局に対して書面によって送付する。仲裁決定は，先例としての価値を有しない。

2　対象租税条約についてこの条の規定を適用するに当たり，締約国は，当該対象租税条約について1の規定を適用しない権利に留保を付することができる。この場合には，両当事国の権限ある当局が異なる規則について合意する場合を除くほか，仲裁手続について，次の規定を適用する。

(a)　事案が仲裁に付託された後，各当事国の権限ある当局は，すべての仲裁のための委員会の構成員に対し，仲裁決定のために必要な情報を不当に遅滞することなく提供する。両当事国の権限ある当局が別に合意する場合を除くほか，両当事国の権限ある当局が仲裁の要請を受ける前に利用することができなかった情報は，仲裁のための委員会がその決定を行うに当たって考慮しない。

(b)　仲裁のための委員会は，対象租税条約の関連する規定に従い，及びこれらの規定に従うことを条件として両当事国の法令の関連する規定に従い，仲裁に付託された事項を決定する。仲裁のための委員会の構成員は，両当事国の権限ある当局が合意によって明示的に特定することができる他の根拠を考慮する。

(c)　仲裁決定は，両当事国の権限ある当局に対して書面によって送付される。仲裁決定には，その結論の法的根拠及びその結論に至った理由を付する。仲裁決定は，仲裁のための委員会の構成員の単純多数による議決で採択される。仲裁決定は，先例としての価値を有しない。

3　2の規定に基づく留保を付さない締約国は，当該留保を付する締約国との間の対象租税条約について1及び2の規定を適用しない権利に留保を付することができる。この場合には，当該対象租税条約の両当事国の権限ある当局は，当該対象租税条約について適用する仲裁手続の種類について合意に達するよう努める。当該合意が得られるまでの間，第19条（義務的かつ拘束力を有する仲裁）の規定は，当該対象租税条約については，適用しない。

4　締約国は，対象租税条約について5の規定を適用することを選択する

ことができる。締約国は，５の規定を適用することを選択する場合には，その旨を寄託者に通告する。５の規定は，対象租税条約の双方の当事国のいずれかがその通告を行った場合には，当該双方の当事国に関して当該対象租税条約について適用する。

5 仲裁手続の開始に先立って，対象租税条約の両当事国の権限ある当局は，事案の申立てをしたそれぞれの者及びその助言者が，仲裁手続の過程においていずれかの当事国の権限ある当局又は仲裁のための委員会から受領した情報を他のいかなる者に対しても開示しないことについて書面によって合意することを確保する。当該事案に関する対象租税条約の規定に基づく両当事国の権限ある当局の合意のための手続及びこの部の規定に基づく仲裁手続は，仲裁の要請が行われてから仲裁のための委員会がその決定を両当事国の権限ある当局に送付するまでの間に，当該事案の申立てをした者又はその者の顧問の１人が当該合意に著しく違反する場合には，終了する。

6 ４の規定にかかわらず，５の規定を適用することを選択しない締約国は，１若しくは２以上の特定の対象租税条約又はすべての対象租税条約について５の規定を適用しない権利に留保を付することができる。

7 ５の規定を適用することを選択する締約国は，他方の当事国が６の規定に基づく留保を付するすべての対象租税条約についてこの部の規定を適用しない権利に留保を付することができる。

（予備的考察） 米国における仲裁規定の進展

1 米国及び OECD における仲裁に関する動向

米国における仲裁に関して，以下は，時系列に箇条書きした。

① 1984年に OECD 報告書（Transfer Pricing and Multinational Enterprises-Three Taxation Issues）において仲裁手続を含む強制的な対応的調整の可能性が検討された。

② 米国が締結した租税条約のうち，相互協議条項に仲裁に関する規定が設けられた最初のものは1989年８月に改正された第２次米独租税条約（以下「米独旧租税条約」という。）である。米国は，その後，対カナダ，メキシ

コ，オランダ租税条約に同様の規定を置いている。ただし，この仲裁の規定は，拘束力はあるが，任意的な仲裁手段である（以下「任意的仲裁手段」という。）。

③　EC は1990年に仲裁条約（Convention on the elimination of double taxation in connection with the adjustments of profits of associated enterprises: 90/436/EEC：以下「EC 仲裁条約」という。）を採択した。この条約は，移転価格税制の対応的調整に焦点を当て，加盟国間における二重課税を解消することを目的としたものである。なお，この条約は1995年1月1日に発効している。この仲裁条約における仲裁規定は，強制的な仲裁で，2年間で相互協議が合意に達しない場合，権限ある当局は，諮問委員会（advisory commission）を設置することになる（同条約第7条）。

④　1990年7月1日に米国租税裁判所第124号（法的拘束力のある任意の仲裁調整手続）が施行された。これは国内法における仲裁手続の活用例である。

⑤　2004年7月27日に，OECD 租税委員会は「Improving the Process for Resolving International Tax Disputes」を公表した。これには31項目の検討課題が含まれていた。

⑥　OECD は，2006年2月1日に「Proposals for Improving Mechanisms for the Resolution of tax treaty disputes（公開草案）」を公表し，これに対する会議が2006年3月13日に東京で開催された。

⑦　2006年6月1日に米独租税条約の改正議定書がベルリンで署名された。この改正租税条約（以下「米独新租税条約」という。）は，強制的仲裁規定を相互協議条項に規定している。米国の財務省の担当者は，米独新租税条約の仲裁規定が米国の締結する租税条約のモデルとなると述べている（John Harrington, Testimony of Treasury International Tax Counsel, July 17, 2007：http://www.treas.gov/press/release/hp494.htm）。

⑧　2007年1月30日　OECD は，上記⑥における意見を集約した「Improving the resolution of tax treaty disputes」を租税委員会で採択し，公表した。

⑨　2008年4月から5月にかけて，OECD モデル租税条約が改正され，同モデル租税条約第25条（相互協議条項）に仲裁を規定した第5項が規定されるとともに，同項に関するコメンタリーが付された。

2 米独租税条約における仲裁規定

(1) 米独旧租税条約の仲裁規定

米独旧租税条約第25条（相互協議条項）第５項の規定は次のとおりである。

「本条約の解釈と適用に関する両締約国間の不一致は，可能な限り，権限ある当局により解決するものとする。この不一致が権限ある当局により解決されず，双方の権限ある当局が合意する場合，仲裁に移行することができる。仲裁手続に関しては，外交機関を通じて交換される公文により，両締約国により合意及び確立することになる。」

上記の仲裁手続について，条約改正と同時に議定書及び交換公文が取り交わされている。

議定書に規定された事項は，仲裁委員会の決定は両国を拘束すること，当該委員会構成員は守秘義務を守ることを条件として，両国が必要な情報を当該委員会に提供できることを規定している。

仲裁の詳細は，交換公文に規定されているが，その概要は次のとおりである。

① 仲裁に移行する条件は，相互協議で両国が合意に達しないことが明らかになった段階で，両国の権限ある当局が仲裁移行に合意し，かつ，納税義務者が仲裁における決定に従うことを文書により合意した場合である。

② 両国の権限ある当局は，仲裁委員会を設ける。委員会の構成員は３人以上であり，両国の権限ある当局は同数の構成員を任命し，これらの構成員が他の構成員を任命する。

③ 両国の権限ある当局は，委員長の選任，決定に至る手続，時間制限等について合意及び指示することができる。それ以外の事項は仲裁委員会が決定する。

④ 納税義務者又はその代表者は，仲裁委員会においてその見解を示す機会が与えられる。

⑤ 仲裁委員会の決定は，両国の権限ある当局及び当該納税義務者を拘束するが，判例としての一般的な効果は持たない。当該の納税義務者同様の事実関係については先例として考慮される。

⑥ 権限ある当局は，委員の報酬及び委員会の費用を均等に分担する。権限ある当局は，納税義務者にその負担を負うことを要請できる。

(2)　米独新租税条約の仲裁規定の概要

米独新租税条約第25条第5項及び第6項には仲裁規定が置かれている。

条文における仲裁に係る原則は，権限ある当局が事案に関して完全な合意に達するべき努力をしたが，不調となった場合，当該事案は所定の仲裁により解決されることになる，というものである。

また，米独新租税条約第25条第5項に定める仲裁に移行する条件は，第25条第6項の要件と双方の権限ある当局の合意した規則と手続に従うことを要件として，次の3つの条件を満たすことを条件とすることになっている。

①　当該事案の争点となる課税年度に関して一方の締約国に納税申告書が提出されていること

②　租税条約の1以上の条項に関連する事案であり，仲裁手続が始まる以前に権限ある当局が合意していない事案で，当該事案は，仲裁により決定することに不適切でないこと，又は，仲裁により決定することに適したものであると権限ある当局が合意している場合

③　すべての関係者が第6項(d)の規定（情報の守秘義務）に従って合意していること

また，第25条第6項では，事案の「開始日」とは，相互協議のための協議を行うために必要な情報が双方の権限ある当局によって受け取られた最も早い日と規定されているが，仲裁手続の開始は，この「開始日」から2年，又はすべての関係者が守秘義務の合意を行い，かつ，当該合意が双方の権限ある当局により受領された最も早い日，のいずれか遅い日からとなる。

上記(1)の米独旧租税条約の仲裁規定では，仲裁手続に移行する条件として双方の国の権限ある当局が合意することであったため，両国の権限ある当局が合意しなかった場合，強制的に仲裁に移行することはなかったのである。これに対して，米独新租税条約の仲裁規定では，相互協議が不調に終わると仲裁に強制的に移行することになっている。

(3)　米独新租税条約の仲裁規定の規則と手続

米独新租税条約第25条第5項及び第6項の条文の規定以外に，2006年改正の議定書案第16条パラグラフ22において仲裁に係る規則と手続が定められている。その主たる内容はまとめると次のとおりである。

①　仲裁委員会の決定事項は，両締約国に報告する所得，費用の金額又は税

❽　第 6 部（仲裁：第18条～第26条）　　173

　　額に限定されている。

②　　仲裁手続の開始にかかわらず，権限ある当局は，事案の解決のために協議の合意をすることができる。同様に，相互協議の申立てをした関係者はいつでも相互協議手続について権限ある当局への申立てを撤回することができる。

③　　それぞれの締約国は手続開始後60日以内に仲裁委員会の 1 名の構成員を任命した旨の文書を他の締約国に対して送付するものとする。次の60日以内に， 2 名の構成員が委員会の委員長として第 3 の構成員が任命される。この者は，両締約国以外の第三国の者である。

③　　それぞれの締約国は，委員長選任後90日以内に，所得，費用の金額又は税額に関する案を記載した解決案と方針説明書（position paper）を提出する。それぞれの締約国は，委員長選任後180日以内に，相手国の解決案と方針説明書への返事を提出することができる。

④　　仲裁委員会は委員長選任後 6 か月以内に決定通知書を発送することになる。委員会は，双方の締約国により提出された解決策の一方をその決定に採用することになる。

　　この上記の③及び④は，米国における裁判の和解手続であるベースボール方式といわれるもので，委員会が解決案を独自に出すのではなく，双方の締約国から案を出させて，いずれかを採用するという方式である。

⑤　　仲裁委員会の決定は双方の締約国を拘束することになる。この決定は理論的な説明をせず，判例としての価値もない。

⑥　　委員会の決定は，本租税条約第25条に基づく相互協議により解決したものとする。

⑦　　関係者は，権限ある当局から決定を受領してから30日以内にその決定を受け入れるか否かを権限ある当局に通知することになる。その通知が所定の期限内にない場合は，決定を拒否したものとみなされる。委員会の審議期間中，権限ある当局は相互協議を行い合意に達することで手続を中止することができる。

⑧　　仲裁による権限ある当局間の合意に伴う延滞税又は加算税は，両締約国の国内法により決定する。

⑨　　委員会構成員の手当総額は， 1 日当たり2,000米ドル相当額である。手

当と経費は両締約国で均等に負担する。

⑷　新旧米独租税条約における仲裁規定の比較

米独旧租税条約において仲裁規定が規定された理由の1つは，時系列的には前後しているが，EC における仲裁条約の影響と推測できる。結果として，米独旧租税条約が適用された例はないといわれているが，その意義はあったといえる。

第1に，相互協議において合意に達しない場合，国内における救済がある場合を除いて，納税義務者はそれ以上の救済手段がないことから，次の段階として仲裁があることを明らかにしたことである。

第2は，任意的な仲裁とはいえ，仲裁の決定に強制力を持たせたことである。また，組織上，権限ある当局とは別に仲裁委員会が設置されることになっている。

第3は，納税義務者又はその代表者は，仲裁委員会においてその見解を示す機会が与えられるとした点である。相互協議の交渉は，権限ある当局間で行われ，納税義務者が意見を開陳する場がなくその協議の内容も外部に公表されないことから，納税義務者等の見解を述べる機会を設けた点が特徴といわれていた。

米独新租税条約における仲裁規定の特徴はまとめると次のとおりである。

①　相互協議により合意に達しない場合は，強制的に仲裁に移行することになる。

②　仲裁は，米独旧租税条約では，権限ある当局による相互協議の枠外の組織によるとしていたが，米独新租税条約では，仲裁手続は，相互協議を補足するものとして，仲裁委員会の決定を米独新租税条約第25条に基づく相互協議により解決したものとする，として，相互協議の一環に仲裁を位置づけた点である。

⑸　2008年 OECD モデル租税条約の改正

2008年4月から5月にかけて，OECD モデル租税条約が改正され，同モデル租税条約第25条（相互協議条項）に仲裁を規定した第5項が規定されるとともに，同項に関するコメンタリーが付された。

同モデル租税条約第25条第5項では，一方又は双方の締約国が，租税条約に定める規定に反する課税をある者に対して行ったときに当該者は権限ある当局

に申立てをする場合で，かつ，権限ある当局が，他方の締約国の権限ある当局に事案を提案してから２年以内に，当該事案の合意がない場合に，当該者が要請する場合，仲裁に移行することになる。ただし，仲裁に移行しない場合とは，いずれかの締約国において裁判又は審査請求による決定が出ている場合である。当該事案の直接に関係者が仲裁の決定を実行した相互協議を受け入れない場合を除いて，当該決定は，双方の締約国を拘束し，かつ，これらの締約国の国内法に定める期間制限にかかわらず実施されることになる。

(6) 米国財務省の見解

前出の米国財務省の租税条約担当者（John Harrington）は，仲裁規定を重視するに至った理由として，取引の量的拡大と複雑性を挙げている。結果として，相互協議により合意に達することができないために，権限ある当局の手続に仲裁の使用を含む即時に解決するための追加的手段を備えることを考慮したとしている。

米国が租税条約に初めて仲裁規定を設けたのは1989年の米独旧租税条約である。この規定は，拘束力のある任意的仲裁手段であるが，適用例がなかったこと，納税義務者が仲裁委員会において意見を述べる機会を認めたことに対するかとの反発（当時は米国の課税当局が反発しているといわれていた。）等があり，その成果は出なかったといえる。米独租税条約以降も，米国は他の国との租税条約に仲裁規定を設けたのであるが，時期を得た形での問題解決に十分に役立つものではなかったのである。

米国は，強制的な仲裁について何年にわたり検討を行い，他の法律分野で成功している経験等を踏まえて，この種の規定を持つ国の経験を検討した結果，多くの国は，強制的な仲裁は妥結することに対して強い力を持つことを報告している。結論として，強制的な仲裁が相互協議の最後の手段として，米国租税条約における相互協議を容易にする実効性のあるかつ適切な手段であると結論したのである。

また，仲裁がある種の牽制効果を相互協議に及ぼし，合意形成を促進する効果を期待されていることである。米独新租税条約においても，仲裁手続と相互協議が平行して行われることを規定しているが，仲裁を最後の手段とするのではなく，相互協議をスムーズに運ぶ牽制効果を規定して施策と理解できるのである。

176　Ⅲ　多国間条約の解説

（解説）

（本条適用のポイント）
　本条第1項は，米国の裁判所手続にある和解手段から発展した「ベースボール方式」を規定している。第2項は，OECD モデル租税条約が規定している仲裁委員会が独自に決定する方式を規定している。
　日本は，第2項を対象租税条約に適用し，第1項は適用しないとしている。

1　第1項

　両当事国の権限ある当局が異なる規則について合意する場合を除いて，この部において定める仲裁手続について，次の規定が適用となる。

(a)　事案が仲裁に付託された後，各当事国の権限ある当局は，仲裁委員会に対し，合意によって定める日までに，当該事案のすべての未解決の事項に対処する解決案を提出する。この解決案は，当該事案における調整等に係る所得又は費用の金額等の決定又は対象租税条約の規定に従って課される税率の上限の決定に限られる。例えば，個人が居住者であるか否か又はPE が存在するか否かに関する事項について両当事国の権限ある当局が合意に達することができなかった場合，両当事国の権限ある当局は，当該課税の前提となる事項の解決に応じて決定される事項に関して，代替的な解決案を提出することができる。

　この(a)案の規定の前段は，双方の当事国が，委員会に対して，それぞれに所得等或いは税率等という数字を提示して，そのいずれかが委員会の決定となるのである。それ以外の双方居住者或いは PE の有無に関する判定等については，権限ある当局は回答案を提出することができる。さらに未解決な事項があるときは，解決案を提出することになる。

(b)　各当事国の権限ある当局は，仲裁委員会による検討のために解決案の説明書を提出することができる。解決案又はその説明書を提出する各当事国の権限ある当局は，これらの提出の期限とされた日までに，他方の当事国の権限ある当局に対してこれらの写しを提供する。各当事国の権限ある当局は，合意によって定める日までに，仲裁委員会に対し，他方の当事国の権限ある当局が提出した解決案及びその説明書に対する応答書を提出することができる。応答書の写しは，応答書の提出の期限とされた日までに，他方の当事国の権限ある当局に提供される。

この(b)案の規定では，当事国の権限ある当局は，仲裁委員会に検討のために解決案の説明書を提出することができ，他方の当事国の権限ある当局にその写しを提供する。，他方の当事国の権限ある当局が提出した解決案及びその説明書に対する応答書を提出することができる。この方式では，委員会が判断する要件を決定して，権限ある当局により提出された解決案の1つを採用する。その場合の委員会の決定は多数決である。

(c)　仲裁委員会は，各事項及びすべての課税の前提となる事項に関し，両当事国の権限ある当局が提出した当該事案についての解決案のいずれかその決定として選択する。仲裁委員会は，当該決定の理由その他の説明を付さない。仲裁決定は，仲裁のための委員会の構成員の単純多数による議決で採択される。仲裁委員会は，その決定を両当事国の権限ある当局に対して書面によって送付する。仲裁決定は，先例としての価値を有しない。

この(c)案の規定では，(a)案とは異なり，双方の権限ある当局が提出した解決案のいずれかを仲裁委員会は，決定として選択する。この場合の決定方法は多数決である。仲裁委員会は，その決定を両当事国の権限ある当局に対して書面によって送付するが，この仲裁決定は，先例としての価値を有しない。

2　第2項

締約国は，当該対象租税条約について第1項の規定を適用しない権利に留保を付することができる。この場合には，両当事国の権限ある当局が異なる規則について合意する場合を除くほか，仲裁手続について，次の規定を適用する。

(a)　事案が仲裁に付託された後，各当事国の権限ある当局は，仲裁のための委員会構成員に対し，仲裁決定のために必要な情報を不当に遅滞することなく提供する。両当事国の権限ある当局が別に合意する場合を除くほか，両当事国の権限ある当局が仲裁の要請を受ける前に利用することができなかった情報は，仲裁のための委員会がその決定を行うに当たって考慮しない。

(b)　仲裁委員会は，対象租税条約の関連する規定に従い，及びこれらの規定に従うことを条件として両当事国の法令の関連する規定に従い，仲裁に付託された事項を決定する。

(c)　仲裁決定は，両当事国の権限ある当局に対して書面によって送付される。仲裁決定に，その結論の法的根拠及びその結論に至った理由を付する。仲

裁決定は，仲裁委員会の構成員の単純多数による議決で採択される。仲裁決定は，先例としての価値を有しない。

3　第3項

この項は，双方の当事国の間で，留保に関する相違が生じた場合の規定である。第2項の規定にある留保を付さない締約国は，当該留保を付する締約国との間の対象租税条約については第1項及び第2項の規定を適用しない権利に留保を付することができる。この場合，当該対象租税条約の両当事国の権限ある当局は，当該対象租税条約について適用する仲裁手続の種類について合意に達するよう努める。当該合意が得られるまでの間，第19条（義務的かつ拘束力を有する仲裁）の規定は，当該対象租税条約については，適用しない。

4　第4項

締約国は，対象租税条約について第5項（情報の不開示）の規定を適用することを選択することができる。締約国は，第5項を選択する場合，その旨を寄託者に通告する。第5項の規定は，対象租税条約の双方の当事国のいずれかがその通告を行った場合には，当該双方の当事国に関して当該対象租税条約について適用する。

5　第5項

仲裁手続の開始前に，対象租税条約の両当事国の権限ある当局は，事案の申立てをしたそれぞれの者及びその助言者が，仲裁手続の過程において委員会等から受領した情報を他のいかなる者に対しても開示しないことについて書面によって合意する。当該事案に関する対象租税条約の規定に基づく両当事国の権限ある当局の合意のための手続及びこの部の規定に基づく仲裁手続は，仲裁の要請が行われてから仲裁のための委員会がその決定を両当事国の権限ある当局に送付するまでの間に，当該事案の申立てをした者又はその者の顧問の1人が当該合意に著しく違反する場合には，終了する。

6　第6項

第4項の規定にかかわらず，第5項の規定を適用することを選択しない締約国は，1或いは2以上の特定の対象租税条約又はすべての対象租税条約について第5項の規定を適用しない権利に留保を付することができる。

7　第7項

第5項の規定の適用を選択する締約国は，他方の当事国が第6項の規定に基

❽ 第6部（仲裁：第18条～第26条） 179

づく留保を付するすべての対象租税条約についてこの部の規定を適用しない権利に留保を付することができる。

第24条（異なる解決の合意）

1 　対象租税条約についてこの部の規定を適用するに当たり，締約国は，2の規定を適用することを選択することができる。締約国は，2の規定を適用することを選択する場合には，その旨を寄託者に通告する。2の規定は，双方の当事国がその通告を行った場合に限り，当該双方の当事国に関して対象租税条約について適用する。

2 　第19条（義務的かつ拘束力を有する仲裁）4の規定にかかわらず，対象租税条約の両当事国の権限ある当局が，この部に規定する仲裁決定が両当事国の権限ある当局に送付された後3か月以内に，すべての未解決の事項についての解決であって当該仲裁決定と異なるものについて合意する場合には，当該仲裁決定は，両当事国を拘束せず，かつ，実施されない。

3 　2の規定を適用することを選択する締約国は，前条（仲裁手続の形態）2の規定を適用する対象租税条約についてのみ，2の規定を適用する権利に留保を付することができる。

（予備的考察）

日英租税条約の仲裁に係る実施取決めでは，次のような規定がある。

20　仲裁決定が行われない場合	この取決め14，15，16及び17にかかわらず，仲裁の要請が行われてから，仲裁のための委員会がその決定を両締約国の権限ある当局及び当該仲裁の要請を行った者に送達するまでの間に，両締約国の権限ある当局が，仲裁に付託されたすべての未解決の事項について合意に達した旨を仲裁人及び当該仲裁の要請を行った者に対して書面で通知する場合には，当該事案は，条約の議定書5(e)の規定に従い，条約第25条第2項の規定に従って解決されたものとし，仲裁決定は行われない。

すなわち，上記の規定は，仲裁手続の決定前に当事国の権限ある当局が合意

180　Ⅲ　多国間条約の解説

に達した場合，仲裁決定が行われないことを定めたものである。

（解説）

1　第1項

締約国は本条第2項を選択することができ，その場合は，その旨を寄託者に通告することになる。この場合，双方の当事国が通知をすることが要件であり，第2項の規定が双方の適用租税条約に適用となる。

2　第2項

この規定は，前出の日英租税条約における仲裁の実施取決めとは異なる内容である。すなわち，仲裁決定後3か月以内に，両当事国が仲裁決定と異なる合意をした場合に，仲裁決定は両当事国を拘束せず，実施もされない。

この規定は，双方の当事国にとって好ましくない仲裁決定が出た場合が想定できるが，一方の当事国が当初よりも有利となり，他方の当事国が逆に不利となった場合は，双方の権限ある当局が異なる合意をするかどうかは不明であろう。

3　第3項

第2項の規定を適用することを選択する締約国は，第24条（仲裁手続の形態）第2項の規定を適用する対象租税条約についてのみ，2の規定を適用する権利に留保を付することができる。

第25条（仲裁手続の費用）

> この部の規定に基づく仲裁手続において，仲裁のための委員会の構成員の報酬及び費用並びに両当事国が実施する仲裁手続に関連して生ずる費用は，両当事国の権限ある当局が合意によって定める方法によって両当事国が負担する。そのような合意がない場合には，各当事国の費用及び各当事国が任命する仲裁のための委員会の構成員に係る費用は，各当事国が負担し，仲裁のための委員会の長の費用その他仲裁手続の実施に関する費用は，両当事国が均等に負担する。

（解説）

前出の米独新租税条約では，委員会構成員の手当総額は，1日当たり2,000

米ドル相当額である。手当と経費は両締約国で均等に負担する，と具体的な金額が明示されている。上記の規定は，合意がある場合には両当事国の負担であり，合意がない場合，構成員の費用は任命した国が，そして，委員長の費用，その他の費用は均等負担と定めている。

第26条（対象租税条約に仲裁規定がない場合の補充）

1　第18条（第6部の規定の適用の選択）の規定に従うことを条件として，この部の規定は，両当事国の権限ある当局の合意のための手続に係る事案の未解決の事項に関する仲裁について定める対象租税条約の規定に代えて（in place of），又は当該規定がない（in the absence of）対象租税条約について，適用する。この部の規定を適用することを選択する各締約国は，各対象租税条約（4の規定に基づく留保の対象となるものを除く。）が当該仲裁について定める規定を含むか否かと，当該規定を含む場合には当該規定の条項の番号を寄託者に通告する。双方の当事国が対象租税条約の規定についてその通告を行った場合には，この部の規定は，当該双方の当事国について，当該対象租税条約の規定に代わる。

2　両当事国の権限ある当局の合意のための手続に係る事案の未解決の事項で，この部に定める仲裁手続の対象となるものは，当該事項が，両当事国の権限ある当局の合意のための手続に係る事案の未解決の事項に関する義務的かつ拘束力を有する仲裁について定める二国間又は多数国間の条約に従い仲裁のための委員会又はこれに類する機関がすでに設けられた事案に含まれる場合には，仲裁に付託されない。

3　1の規定に従うことを条件として，この部のいかなる規定も，当事国が当事者である他の条約又は将来当事者となる他の条約に基づく両当事国の権限ある当局の合意のための手続における未解決の事項に関する仲裁に関するより広範な義務の実施に影響を及ぼすものではない。

4　締約国は，両当事国の権限ある当局の合意のための手続に係る事案の未解決の事項に関する義務的かつ拘束力を有する仲裁について定める1若しくは2以上の特定の対象租税条約又はすべての対象租税条約につい

てこの部の規定を適用しない権利に留保を付することができる。

（解説）

1　第1項

　本条約の仲裁規定は，現行対象租税条約に代えて又は規定がない場合にはこの規定を追加して適用となる。本条約の仲裁規定を選択する各締約国は，対象租税条約が仲裁規定を含むか否か，そして含む場合にはその条項を寄託者に通告する。双方の当事国がその通告を行った場合は，双方の当事国において仲裁制度が適用されることになる。

2　第2項

　両当事国間の相互協議で合意していない事項で，仲裁手続に移行する期限の到来等にあるものであっても，すでに二国間条約等に定める仲裁に移行しているものは，多国間条約に定める仲裁に付託されない。

3　第3項

　本項は，第6部の適用範囲を規定したもので，両当事国間の未解決な問題に広く適用されるものではないことを規定している。

4　第4項

　締約国は，強制仲裁を定めた特定の対象租税条約又はすべての対象租税条約についてこの部の規定を適用しない権利に留保を付することができる。

❾　第7部（最終諸規定：第27条〜第39条）

第27条（署名及び批准，受託又は承認）

　1　この条約は，2016年12月31日から，次の国又は地域による署名のために開放しておく。

　(a)　すべての国

　(b)　ガーンジー（グレートブリテン及び北アイルランド連合王国），マン島（グレートブリテン及び北アイルランド連合王国）及びジャージー（グレートブリテン及び北アイルランド連合王国）

❾ 第7部（最終諸規定：第27条〜第39条）　　183

(c)　締約国及び署名国のコンセンサス方式による決定により締約国となることを認められた他の地域

2　この条約は，批准され，受諾され，又は承認されなければならない。

（解説）

1　第1項

多国間条約は，2016年12月31日から，すべての国，英国王室直轄領である，ガーンジー，マン島及びジャージー（いずれも2017年6月の署名には参加している。）等に開放されている。

2　第2項

批准（ratification）され，受諾（acceptance）され，又は承認（approval）されなければならない。これらの用語については，条約法条約第2条(b)において，「「批准」，「受諾」，「承認」及び「加入」とは，それぞれ，そのように呼ばれる国際的な行為をいい，条約に拘束されることについての国の同意は，これらの行為により国際的に確定的なものとされる。」と規定されている。

第28条（留保）

1　この条約には，次の規定によって明示的に認められる場合を除くほか，いかなる留保も付することができない。ただし，2の規定が適用される場合は，この限りでない。

(a)　第3条（構成員課税事業体）5

(b)　第4条（双方居住者に該当する事業体）3

(c)　第5条（二重課税の除去のための方法の適用）8及び9

(d)　第6条（対象租税条約の目的の補正）4

(e)　第7条（条約の濫用の防止）15，16

(f)　第8条（配当に係る課税減免の株式保有期間）3

(g)　第9条（不動産化体株式の譲渡所得）6

(h)　第10条（第三国所在の恒久的施設を利用する租税回避防止ルール）5

- (i) 第11条（自国の居住者の条約適用の制限の適用）3
- (j) 第12条（コミッショネア契約等を利用した恒久的施設の判定の人為的回避）4
- (k) 第13条（特定の活動に関する除外を利用した PE の地位の人為的な回避）6
- (l) 第14条（建設工事等の契約の分割）3
- (m) 第15条（企業と密接に関連する者の定義）2
- (n) 第16条（相互協議手続）5
- (o) 第17条（対応的調整）3
- (p) 第19条（強制仲裁）11及び12
- (q) 第23条（仲裁手続の形態）2，3，6及び7
- (r) 第24条（異なる解決の合意）3
- (s) 第26条（対象租税条約に仲裁規定がない場合の補充）4
- (t) 第35条（適用開始）6及び7
- (u) 第36条（第6部（仲裁）の開始）2

2(a) 1の規定にかかわらず，第18条（第6部の規定の適用の選択）の規定に基づき第6部（仲裁）の規定を適用することを選択する締約国は，同部の規定に基づいて仲裁に付託することができる事案の範囲に関して1又は2以上の留保を付することができる。この条約の締約国となった後に同条の規定に基づき同部の規定を適用することを選択する締約国は，当該締約国が同条の規定に従って寄託者に通告する時にこの(a)の規定に基づく留保を付する。

(b) (a)の規定に基づいて付される留保は，受諾されなければならない。(a)の規定に基づいて付される留保は，締約国が，寄託者が当該留保について通報した日に開始する12か月の期間が満了する日又は当該締約国が批准書，受諾書若しくは承認書を寄託する日のいずれか遅い日までに，当該留保に対する異議を寄託者に通告しなかった場合には，当該締約国によって受諾されたものとみなす。この条約の締約国となった後に第18条（第6部の規定の適用の選択）の規定に基づき第6部（仲裁）の規定を適用することを選択する締約国は，当該締約国が同

条の規定に従って寄託者に通告する時に，(a)の規定に従って他の締約国によってすでに付された留保に対して異議を申し立てることができる。(a)の規定に基づいて付される留保に対して締約国が異議を申し立てる場合には，当該異議を申し立てる締約国と当該留保を付する締約国との間においては，同部の規定の全部を適用しない。

3(a)　この条約の関連する規定に別段の明示の定めがない限り，1又は2の規定に基づいて付される留保は，留保を付する締約国に関しては，他の締約国との関係において，留保に係るこの条約の規定に留保を付した部分を限度において修正する。

(b)　他の締約国に関しては，留保を付する締約国との関係において，留保に係るこの条約の規定に留保を付した部分を限度において修正する。

4　締約国が国際関係について責任を負う地域によって，又は当該地域のために締結された対象租税条約に適用される留保については，当該地域が前条（署名及び批准，受諾又は承認）1(b)又は(c)の規定に基づいてこの条約の締約国となるものでない場合には，当該地域の国際関係について責任を負う締約国が付する。この場合には，当該留保は，当該締約国によって当該締約国の対象租税条約に付される留保と異なるものとすることができる。

5　留保については，2，6及び9並びに次条（通告）5の規定に従うことを条件として，署名の時又は批准書，受諾書若しくは承認書の寄託の時に付する。ただし，この条約の締約国となった後に第18条（第6部の規定の適用の選択）の規定に基づき第6部（仲裁）の規定を適用することを選択する締約国は，当該締約国が同条の規定に従って寄託者に通告する時に1(p)から(s)までの規定に基づく留保を付する。

6　署名の時に留保を付する場合には，当該留保は，批准書，受諾書又は承認書が寄託される時に確認されなければならない。ただし，2，5及び9並びに次条（通告）5の規定に従うことを条件として，当該留保を含む文書において当該留保が最終的なものであることが明示される場合は，この限りでない。

7　署名の時に留保を付さない場合には，予定される留保の暫定的な一覧

が，署名の時に寄託者に提出されなければならない。

8　次の各規定に基づいて付される留保に関し，第2条（用語の解釈）1 (a)(ii)の規定に従って通告される協定であって関連する規定に規定する留保の対象となるものの一覧並びに次の規定（(c)(d)，及び(n)の規定を除く。）に基づいて付される留保については当該協定の関連する各規定の条及び項の番号の一覧が，当該留保を付する時に提出されなければならない。

(a)　第3条（構成員課税事業体）5(b)から(e)まで及び(g)

(b)　第4条（双方居住者となる事業体）3(b)から(d)まで

(c)　第5条（二重課税排除の方法の適用）8及び9

(d)　第6条（対象租税条約の目的の補正）4

(e)　第7条（租税条約の濫用防止）15(b)及び(c)

(f)　第8条（配当に係る課税減免の株式保有期間）3(b)(i)から(iii)まで

(g)　第9条（不動産化体株式の譲渡所得）6(d)から(f)まで

(h)　第10条（第三国所在の恒久的施設を利用する租税回避防止ルール）5(b)及び(c)

(i)　第11条（自国居住者の条約適用の制限に適用）3(b)

(j)　第13条（準備的補助的活動等を利用した恒久的施設判定の人為的回避）6(b)

(k)　第14条（建設工事等の契約の分割）3(b)

(l)　第16条（相互協議手続）5(b)

(m)　第17条（対応的調整）3(a)

(n)　第23条（仲裁手続の形態）6

(o)　第26条（第6部の規定の適用対象）4

(a)から(o)までに掲げる規定に基づく留保は，この8に規定する一覧に含まれない対象租税条約については，適用しない。

9　1又は2の規定に従って留保を付する締約国は，寄託者に宛てた通告によって，いつでも当該留保を撤回し，又はより限定された留保に変更することができる。当該締約国は，次条（通告）6の規定に従い，当該留保の撤回又は変更の結果として必要となる追加の通告を行う。第35条

（適用の開始）7の規定が適用される場合を除くほか，当該撤回又は変更は，

(a) 寄託者が留保の撤回又は変更の通告を受領する時においてこの条約の締約国である国又は地域のみとの間の対象租税条約に関しては，次のものについて適用する。

(i) 源泉徴収される租税に係る規定に関する留保については，当該留保の撤回又は変更の通告について寄託者が通報した日に開始する6か月の期間が満了する年の翌年の1月1日以後に生ずる課税事象

(ii) その他のすべての規定に関する留保については，当該留保の撤回又は変更の通告について寄託者が通報した日に開始する6か月の期間が満了する年の翌年の1月1日以後に開始する課税期間に関して課される租税

(b) 寄託者が留保の撤回又は変更の通告を受領した日の後に1又は2以上の当事国がこの条約の締約国となる対象租税条約に関しては，この条約が当該当事国について効力を生ずる日のうち最も遅い日から適用する。

（予備的考察）

条約法条約第2条(d)にある「留保」の定義は次のとおりである。

「留保」とは，国が，条約の特定の規定の自国への適用上その法的効果を排除し又は変更することを意図して，条約への署名，条約の批准，受諾若しくは承認又は条約への加入の際に単独に行う声明（用いられる文言及び名称のいかんを問わない。）をいう。

また，条約法第19条には次のような規定がある，

（留保の表明：第19条）
いずれの国も，次の場合を除くほか，条約への署名，条約の批准，受諾若しくは承認又は条約への加入に際し，留保を付することができる。

188　Ⅲ　多国間条約の解説

　(a)条約が当該留保を付することを禁止している場合
　(b)条約が，当該留保を含まない特定の留保のみを付することができる旨
　　を定めている場合
　(c)(a)及び(b)の場合以外の場合において，当該留保が条約の趣旨及び目的
　　と両立しないものであるとき。

　前条で述べたように，「批准」，「受諾」，「承認」及び「加入」とは，それぞれ，そのように呼ばれる国際的な行為をいい，条約に拘束されることについての国の同意は，これらの行為により国際的に確定的なものとされる，と条約法条約に規定されている。それと同様に，多国間条約に参加する国は，条約の特定の規定を適用しない或いは変更する等を声明することができる。これが留保である。

（解説）

1　第1項

　以下の規定は多国間条約上留保を付することができることが明示されたものである。

(a)	第3条第5項	(b)	第4条第3項
(c)	第5条第8項及び第9項	(d)	第6条第4項
(e)	第7条第15項及び第16項	(f)	第8条第3項
(g)	第9条第6項	(h)	第10条第5項
(i)	第11条第3項	(j)	第12条第4項
(k)	第13条第6項	(l)	第14条第3項
(m)	第15条第2項	(n)	第16条第5項
(o)	第17条第3項	(p)	第19条第11項及び第12項
(q)	第23条第2項，第3項，第6項及び第7項	(r)	第24条第3項
(s)	第26条第4項	(t)	第35条第6項及び第7項
(u)	第36条第2項		

2 第2項

(1) 第2項(a)

第1項の規定にかかわらず，第18条（第6部の規定の適用の選択）の規定に基づき第6部（仲裁）の規定を適用することを選択する締約国は，仲裁に付託することができる事案の範囲に関して1又は2以上の留保を付することができる。この条約の締約国となった後に同条の規定に基づき同部の規定を適用することを選択する締約国は，当該締約国が同条の規定に従って寄託者に通告する時にこの(a)の規定に基づく留保を付する。

(2) 第2項(b)

(a)の規定により付される留保は，受諾されなければならない。(a)の規定により付される留保は，締約国が，当該留保について通報した日から12か月の期間又は当該締約国が批准書，受諾書若しくは承認書を寄託する日のいずれか遅い日までに，当該留保に対する異議を寄託者に通告しなかった場合，当該締約国によって受諾されたものとみなされる。この条約の締約国となった後に第18条（第6部の規定の適用の選択）の規定に基づき第6部（仲裁）の規定を適用することを選択する締約国は，当該締約国が同条の規定に従って寄託者に通告する時に，(a)の規定に従って他の締約国によってすでに付された留保に対して異議を申し立てることができる。(a)の規定に基づいて付される留保に対して締約国が異議を申し立てる場合には，当該異議を申し立てる締約国と当該留保を付する締約国との間においては，同部の規定の全部を適用しない。

(3) 条約法条約における留保に対する異議

条約法条約における留保に対する異議に係る規定は次のとおりである。

留保の異議：第20条第4項(b)

　(b) 留保に対し他の締約国が異議を申し立てることにより，留保を付した国と当該他の締約国との間における条約の効力発生が妨げられることとはない。ただし，当該他の締約国が別段の意図を明確に表明する場合は，この限りでない。

190　Ⅲ　多国間条約の解説

（留保に対する異議の法的効果：第21条第3項）

> 　留保に対し異議を申し立てた国が自国と留保を付した国との間において
> 条約が効力を生ずることに反対しなかった場合には，留保に係る規定は，
> これらの双方の国の間において，留保の限度において適用がない。

3　第3項

　第3項(a)では，この条約の関連する規定に別段の明示の定めがない限り，第1項1又は第2項の規定により付される留保について，留保を付する締約国は，他の締約国との関係において，この条約の規定を留保の限度において修正する。

　第3項(b)では，他の締約国に関しては，留保を付する締約国との関係において，留保に係るこの条約の規定を留保の限度において修正する。

4　第4項

　締約国が国際関係について責任を負う地域（例としては香港）によって，又は当該地域のために締結された対象租税条約に適用される留保については，当該地域が前条（署名及び批准，受諾又は承認）1(b)又は(c)の規定に基づいてこの条約の締約国となるものでない場合，当該地域の国際関係について責任を負う締約国が付する。この場合には，当該留保は，当該締約国によって当該締約国の対象租税条約に付される留保と異なるものとすることができる。上記の例にある香港の場合，香港の国際関係について責任を負う締約国は中国であるが，中国と香港の留保は別ということができる。

5　第5項

　留保の時期については，第2項，第6項及び第9項と次条（通告）第5項の規定に従うことを条件として，署名の時又は批准書，受諾書若しくは承認書の寄託の時に付する。ただし，この条約の締約国となった後に第18条（第6部の規定の適用の選択）の規定に基づき第6部（仲裁）の規定を適用することを選択する締約国は，当該締約国が同条の規定に従って寄託者に通告する時に第1項(p)から(s)までの規定に基づいて留保を付する。

6　第6項

　署名の時に留保を付す場合には，当該留保は，批准書，受諾書又は承認書が寄託される時に確認されなければならない。ただし，第2項，第5項及び第9

項と次条（通告）第５項の規定に従うことを条件として，当該留保を含む文書において当該留保が最終的なものであることが明示される場合は，この限りでない。

7　第７項

署名の時に留保を付さない場合，予定される留保の暫定的な一覧が，署名の時に寄託者に提出されなければならない。

8　第８項

次の各規定に基づいて付される留保に関し，第２条（用語の解釈）第１項(a)(ii)の規定に従って通告される条約の場合，関連する規定に規定する留保の対象となるものの一覧並びに次の規定（(c)(d)，及び(n)の規定を除く。）に基づいて付される留保については当該条約の関連する各規定の条項の番号の一覧が，当該留保を付する時に提出されなければならない。

(a)	第３条第５項(b)～(e)及び(g)	(b)	第４条第３項(b)～(d)
(c)	第５条第８項及び第９項	(d)	第６条第４項
(e)	第７条第15項(b)及び(c)	(f)	第８条第３項(b)(ⅰ)～(ⅲ)
(g)	第９条第６項(d)～(f)	(h)	第10条第５項(b)及び(c)
(ⅰ)	第11条第３項(b)	(j)	第13条第６項(b)
(k)	第14条第３項(b)	(l)	第16条第５項(b)
(m)	第17条第３項(a)	(n)	第23条第６項
(o)	第26条第４項		

(a)から(o)までに掲げる規定に基づく留保は，この第８項に規定する一覧に含まれない対象租税条約については，適用しない。

第29条（通告）

1　５及び６並びに第35条（適用の開始）７の規定が適用される場合を除くほか，次の規定に基づく通告は，署名の時又は批准書，受諾書若しくは承認書の寄託の時に行う。

(a)　第２条（用語の解釈）１(a)(ⅱ)

192　Ⅲ　多国間条約の解説

(b)　第3条（構成員課税事業体）6

(c)　第4条（双方居住者となる事業体）4

(d)　第5条（二重課税排除の方法の適用）10

(e)　第6条（対象租税条約の目的の補正）5及び6

(f)　第7条（租税条約の濫用防止）17

(g)　第8条（配当に係る課税減免の株式保有期間）4

(h)　第9条（不動産化体株式の譲渡所得）7及び8

(i)　第10条（第三国所在の恒久的施設を利用する租税回避防止ルール）
6

(j)　第11条（自国居住者の条約適用の制限の適用）4

(k)　第12条（コミッショネア契約等を利用した恒久的施設の判定の人為
的回避）5及び6

(l)　第13条（準備的補助的活動等を利用した恒久的施設判定の人為的回
避）7及び8

(m)　第14条（建設工事等の契約の分割）4

(n)　第16条（相互協議手続）6

(o)　第17条（対応的調整）4

(p)　第18条（第6部適用の選択）

(q)　第23条（仲裁手続の形態）4

(r)　第24条（異なる解決の合意）1

(s)　第26条（対象租税条約に仲裁規定がない場合の補充）1

(t)　第35条（適用の開始）1から3まで，5及び7

2　締約国が国際関係について責任を負う地域によって，又は当該地域の
ために締結された対象租税条約に関する通告については，当該地域が第
27条（署名及び批准，受諾又は承認）1(b)又は(c)の規定に基づいてこの
条約の締約国となるものでない場合には，当該地域の国際関係について
責任を負う締約国が行う。この場合には，当該通告は，当該締約国によ
って当該締約国の対象租税条約に関して行われる通告と異なるものとす
ることができる。

3　署名の時に通告を行う場合には，当該通告は，批准書，受諾書又は承

認書が寄託される時に確認されなければならない。ただし，5及び6並びに第35条（適用の開始）7の規定が適用される場合を除くほか，当該通告を含む文書において当該通告が最終的なものであることが明示される場合は，この限りでない。

4　署名の時に通告を行わない場合には，予定される通告の暫定的な一覧が，署名の時に提出されなければならない。

5　締約国は，寄託者に宛てた通告により，第2条（用語の解釈）1(a)(ii)の規定に従って通告される協定の一覧に協定をいつでも追加することができる。当該締約国は，その追加される協定が，前条（留保）8に掲げる留保であって当該締約国が付するものの対象となるか否かを当該通告において特定する。当該締約国は，その追加される協定が同条8に掲げる留保の対象となる最初のものである場合には，当該留保を新たに付することができる。当該締約国は，当該一覧に協定を追加することに伴って1(b)から(s)までの規定に基づいて求められる追加の通告を特定する。締約国が国際関係について責任を負う地域によって，又は当該地域のために締結された租税協定を初めて一覧に追加することとなる場合には，当該締約国は，当該地域によって，又は当該地域のために締結された対象租税条約について適用される同条4の規定に基づく留保又は2の規定に基づく通告を特定する。第2条（用語の解釈）1(a)(ii)の規定に従って通告された協定であって一覧に追加されるものが対象租税条約となる日において，第35条（適用の開始）の規定は，当該対象租税条約の修正の適用が開始される日を規律する。

6　締約国は，寄託者に宛てた通告により，1(b)から(s)までに掲げる規定に基づく追加の通告を行うことができる。これらの追加の通告は，

(a)　寄託者が当該追加の通告を受領する時においてこの条約の締約国である国又は地域のみとの間の対象租税条約に関しては，次のものについて適用する。

(i)　源泉徴収される租税に係る規定に関する通告については，当該追加の通告について寄託者が通報した日に開始する6か月の期間が満了する年の翌年の1月1日以後に生ずる課税事象

（ⅱ） その他のすべての規定に関する通告については，当該追加の通告について寄託者が通報した日に開始する6か月の期間が満了する年の翌年の1月1日以後に開始する課税期間に関して課される租税

(b) 寄託者が当該追加の通告を受領した日の後に1又は2以上の当事国がこの条約の締約国となる対象租税条約に関しては，この条約が当該当事国について効力を生ずる日のうち最も遅い日から適用する。

（解説）

1　第1項

第5項及び第6項と第35条（適用の開始）第7項の規定が適用される場合を除くほか，次の規定に基づく通告は，署名の時又は批准書，受諾書若しくは承認書の寄託の時に行う。

(a)　第2条第1項(a)(ⅱ)	(b)　第3条第6項
(c)　第4条第4項	(d)　第5条第10項
(e)　第6条第5項及び第6項	(f)　第7条第17項
(g)　第8条第4項	(h)　第9条第7項及び第8項
(i)　第10条第6項	(j)　第11条第4項
(k)　第12条第5項及び第6項	(l)　第13条第7項及び第8項
(m)　第14条第4項	(n)　第16条第6項
(o)　第17条第4項	(p)　第18条（第6部適用の選択）
(q)　第23条第4項	(r)　第24条第1項
(s)　第26条第1項	(t)　第35条第1項〜第3項，第5項及び第7項

2　第2項

第28条（留保）第4項と同趣旨の規定である。例えば，香港は，締約国である中国が国際関係について責任を負う地域となることから，通告は，当該締約国が行う。この場合，当該締約国と当該地域で通告は別なものとなる。

3　第3項

署名の時に通告を行う場合には，当該通告は，批准書，受諾書又は承認書が

寄託される時に確認されなければならない。ただし，第5項及び第6項と第35条（適用の開始）第7項の規定が適用される場合を除くほか，当該通告を含む文書において当該通告が最終的なものであることが明示される場合は，この限りでない。

4　第4項

署名の時に通告を行わない場合には，予定される通告の暫定的な一覧が，署名の時に提出されなければならない。

5　第5項

締約国は，寄託者に宛てた通告について，第2条（用語の解釈）第1項(a)(ii)の規定に従って通告される条約の一覧にいつでも条約を追加することができる。当該締約国は，その追加される条約が，前条（留保）第8項に掲げる留保であって当該締約国が付するものの対象となるか否かを当該通告において特定する。当該締約国は，その追加される条約が同条第8項に掲げる留保の対象となる最初のものである場合，当該留保を新たに付することができる。当該締約国は，当該一覧に協定を追加することに伴って第1項の(b)から(s)までの規定に基づいて求められる追加の通告を特定する。締約国が国際関係について責任を負う地域によって，又は当該地域のために締結された租税協定を初めて一覧に追加することとなる場合には，当該締約国は，当該地域によって，又は当該地域のために締結された対象租税条約について適用される同条第4項の規定に基づく留保又は第2項の規定に基づく通告を特定する。第2条（用語の解釈）第1項(a)(ii)の規定に従って通告された条約で，一覧に追加されるものが対象租税条約となる日において，第35条（適用の開始）の規定は，当該対象租税条約の修正の適用が開始される日を統制する。

6　第6項

締約国は，寄託者に宛てた通告により，第1項(b)から(s)までに掲げる規定に基づく追加の通告を行うことができる。これらの追加の通告は，

(a)　寄託者が当該追加の通告を受領する時においてこの条約の締約国である国又は地域のみとの間の対象租税条約に関しては，次のものについて適用する。

(i)　源泉徴収される租税に係る規定に関する通告については，当該追加の通告について寄託者が通報した日に開始する6か月の期間が満了する年の翌

年の1月1日以後に生ずる取引

(ii) その他のすべての規定に関する通告については，当該追加の通告について寄託者が通報した日に開始する6か月の期間が満了する年の翌年の1月1日以後に開始する課税期間に関して課される租税

(b) 寄託者が当該追加の通告を受領した日の後に1又は2以上の当事国がこの条約の締約国となる対象租税条約に関しては，この条約が当該当事国について効力を生ずる日のうち最も遅い日から適用する。

第30条（対象租税条約の修正後の改正）

> この条約の規定は，対象租税条約の当事国の間で合意される当該対象租税条約の改正であって，この条約による修正の後に行われるものに影響を及ぼすものではない。

（解説）

多国間条約の規定は，当事国間で合意された対象租税条約の改正に適用されるのであった，その後の対象租税条約の改正には影響しないことを規定している。

第31条（締約国会議）

> 1　締約国は，この条約の規定に基づいて必要とされ，又は適当とされる決定を行い，又は機能を遂行するために締約国会議を開催することができる。
>
> 2　締約国会議は，寄託者が運営する。
>
> 3　締約国は，寄託者に要請の通報を行うことによって締約国会議の招集を要請することができる。寄託者は，その要請についてすべての締約国に通報する。その後，寄託者は，寄託者が当該要請について通報した後6か月以内に当該要請が締約国の3分の1によって支持される場合には，締約国会議を招集する。

❾ 第 7 部（最終諸規定：第27条〜第39条）　197

（解説）

　締約国は締約国会議を開催することができる。その運営は寄託者が行う。また，締約国は，締約国会議の招集を要請することができる。寄託者はすべて締約国に会議の通知を行い，その 6 か月以内に 3 分の 1 の賛成がある場合，会議を招集することになる。現在，この締約国会議で著名なものは，気候変動枠組み条約の締約国会議（COP）である。

第32条（解釈及び施行）

> 　1　この条約によって修正された対象租税条約の規定の解釈又は実施に関して生ずる問題は，当該対象租税条約の解釈又は適用に関する問題を合意によって解決することに関連する当該対象租税条約の規定（この条約の規定によって修正される場合には，その修正の後のもの）に従って解決される。
> 　2　この条約の解釈又は実施に関して生ずる問題については，前条（締約国会議） 3 の規定に従って招集される締約国会議によって対処することができる。

（予備的考察）　条約法条約・第 3 節条約の解釈

　条約法条約では，条約の解釈について次のように規定している。

「第31条　解釈に関する一般的な規則

1　条約は，文脈によりかつその趣旨及び目的に照らして与えられる用語の通常の意味に従い，誠実に解釈するものとする。

2　条約の解釈上，文脈というときは，条約文（前文及び附属書を含む。）のほかに，次のものを含める。

　(a)　条約の締結に関連してすべての当事国の間でされた条約の関係合意

　(b)　条約の締結に関連して当事国の 1 又は 2 以上が作成した文書であってこれらの当事国以外の当事国が条約の関係文書として認めたもの」

（解説）

　多国間条約の解釈又は実施に関する問題は，当事国間の合意或いは締約国間の合意によって対処されることになる。

198　Ⅲ　多国間条約の解説

第33条（修正）

> 1　締約国は，寄託者に改正案を提出することによってこの条約の改正を
>   提案することができる。
> 2　改正案を審議するため，第31条（締約国会議）3の規定に従って締約
>   国会議を招集することができる。

（予備的考察）　条約法条約・第4部条約の改正及び修正
条約法条約第4部第39条〜第41条までに改正に係る次のような規定がある。

> 第39条　条約の改正に関する一般的な規則
>   条約は，当事国の間の合意によって改正することができる。当該合意に
> ついては，条約に別段の定めがある場合を除くほか，第2部（条約の締結
> 及び効力発生に定める規則）を適用する。
> 2　多数国間の条約をすべての当事国の間で改正するための提案は，すべ
>   ての締約国に通告しなければならない。各締約国は，次のことに参加す
>   る権利を有する。
>   (a)　当該提案に関してとられる措置についての決定
>   (b)　当該条約を改正する合意の交渉及び締結
> 3　条約の当事国となる資格を有するいずれの国も，改正がされた条約の
>   当事国となる資格を有する。
> 4　条約を改正する合意は，すでに条約の当事国となっている国であって
>   も当該合意の当事者とならないものについては，拘束しない。これらの
>   国については，第30条4(b)の規定を適用する。
> 5　条約を改正する合意が効力を生じた後に条約の当事国となる国は，別
>   段の意図を表明しない限り，
>   (a)　改正がされた条約の当事国とみなす。
>   (b)　条約を改正する合意に拘束されていない条約の当事国との関係にお
>   いては，改正がされていない条約の当事国とみなす。
> 第41条　多数国間の条約を一部の当事国の間においてのみ修正する合意

❾　第7部（最終諸規定：第27条〜第39条）　　199

1　多数国間の条約の2以上の当事国は，次の場合には，条約を当該2以上の当事国の間においてのみ修正する合意を締結することができる。
　(a)　このような修正を行うことができることを条約が規定している場合
　(b)　当該2以上の当事国が行おうとする修正が条約により禁止されておらずかつ次の条件を満たしている場合
　(i)　条約に基づく他の当事国による権利の享有又は義務の履行を妨げるものでないこと。
　(ii)　逸脱を認めれば条約全体の趣旨及び目的の効果的な実現と両立しないこととなる条約の規定に関するものでないこと。
2　条約を修正する合意を締結する意図を有する当事国は，当該合意を締結する意図及び当該合意による修正を他の当事国に通告する。ただし，1(a)の場合において条約に別段の定めがあるときは，この限りでない。

（解説）

　締約国は寄託者に改正案を提案することができ，会議の通知後6か月以内に締約国の3分の1の賛成があれば，改正案を審議する締約国会議を招集できる。

第34条（効力発生）

1　この条約は，5番目の批准書，受諾書又は承認書が寄託された日に開始する3か月の期間が満了する日の属する月の翌月の初日に効力を生ずる。
2　5番目の批准書，受諾書又は承認書が寄託された後にこの条約を批准し，受諾し，又は承認する各署名国については，この条約は，当該署名国によって批准書，受諾書又は承認書が寄託された日に開始する3か月の期間が満了する日の属する月の翌月の初日に効力を生ずる。

（解説）

　多国間条約の発効は，5番目の批准書，受諾書又は承認書が寄託された日に開始する3か月の期間が満了する日の属する月の翌月の初日であり，その後に，

200　Ⅲ　多国間条約の解説

この条約を批准し，受諾し，又は承認する各署名国については，この条約は，当該署名国によって批准書，受諾書又は承認書が寄託された日に開始する3か月の期間が満了する日の属する月の翌月の初日に効力を生ずる。

第35条（適用開始）

> 1　この条約の規定は，対象租税条約の各当事国において，次のものについて適用する。
>
> 　(a)　非居住者に対して支払われ，又は貸記される額に対して源泉徴収される租税については，この条約が当該対象租税条約の各当事国について効力を生ずる日のうち最も遅い日以後に開始する年の初日以後に生ずる取引
>
> 　(b)　当該当事国によって課されるその他のすべての租税については，この条約が当該対象租税条約の各当事国について効力を生ずる日のうち最も遅い日から6か月の期間（すべての当事国が6か月よりも短い期間を適用する意図を有することについて寄託者に通告する場合には，当該期間）が満了した時以後に開始する課税期間に関して課される租税
>
> 2　締約国は，当該締約国が1(a)及び5(a)の規定を適用するに当たり，「年」を「課税期間」に代えることを選択することができる。締約国は，この2の規定を適用することを選択する場合には，その旨を寄託者に通告する。
>
> 3　締約国は，当該締約国が1(b)及び5(b)の規定を適用するに当たり，「課税期間」を「年の1月1日以後に開始する課税期間」に代えることを選択することができる。締約国は，この3の規定を適用することを選択する場合には，その旨を寄託者に通告する。
>
> 4　1から3までの規定にかかわらず，第16条（相互協議手続）の規定は，対象租税条約につき，この条約が当該対象租税条約の各当事国について効力を生ずる日のうち最も遅い日以後に一方の当事国の権限ある当局に対して申し立てられた事案（この条約によって修正される前の当該対象

租税条約の規定に基づき，この条約が当該対象租税条約の各当事国について効力を生ずる日のうち最も遅い日において申立てをすることが認められなかったものを除く。）に関し，当該事案が関連する課税期間を考慮することなく，適用する。

5　第2条（用語の解釈）1(a)(ii)の規定に従って通告される協定の一覧に第29条（通告）5の規定に従って追加されることによって新たに対象租税条約となる対象租税条約については，この条約の規定は，各当事国において，次のものについて適用する。

(a)　非居住者に対して支払われ，又は貸記される額に対して源泉徴収される租税については，当該一覧への協定の追加に関する通告について寄託者から通報された日の後30日を経過した日以後に開始する年の初日以後に生ずる取引

(b)　当該各当事国によって課されるその他のすべての租税については，当該一覧への協定の追加に関する通告について寄託者から通報された日から9か月の期間（すべての当事国が9か月よりも短い期間を適用する意図を有することについて寄託者に通告する場合には，当該期間）が満了した時以後に開始する課税期間に関して課される租税

6　締約国は，対象租税条約について，4の規定を適用しない権利に留保を付することができる。

7(a)　締約国は，次の権利に留保を付することができる。

(i)　1及び4に規定する「この条約が当該対象租税条約の各当事国について効力を生ずる日のうち最も遅い日」及び

(ii)　5に規定する「当該一覧への協定の追加に関する通告について寄託者が通報した日」を「7の規定に基づく留保を付する各当事国が行う通告であって，特定の対象租税条約についてこの条約の規定の適用を開始するための国内手続が完了した旨のもののうち最も遅いものを寄託者が受領した日の後30日を経過した日」に代える権利

(iii)　第28条（留保）9(a)に規定する「当該留保の撤回又は変更の通告について寄託者が通報した日」及び

(iv)　第28条（留保）9(b)に規定する「この条約が当該当事国について効

力を生ずる日のうち最も遅い日」を「第35条（適用の開始）7の規定
に基づく留保を付する各当事国が行う通告であって，特定の対象租税
条約について当該留保の撤回又は変更の適用を開始するための国内手
続が完了した旨のもののうち最も遅いものを寄託者が受領した日の後
30日を経過した日」に代える権利

(v) 第29条（通告）6(a)に規定する「当該追加の通告について寄託者が
通報した日」及び

(vi) 第29条（通告）6(b)に規定する「この条約が当該当事国について効
力を生ずる日のうち最も遅い日」を

「第35条（適用の開始）7の規定に基づく留保を付する各当事国が
行う通告であって，特定の対象租税条約について当該追加の通告の適
用を開始するための国内手続が完了した旨のもののうち最も遅いもの
を寄託者が受領した日の後30日を経過した日」に代える権利

(vii) 次条（第6部の規定の適用の開始）1及び2に規定する「この条約
が対象租税条約の各当事国について効力を生ずる日のいずれか遅い
日」を「前条（適用の開始）7の規定に基づく留保を付する各当事国
が行う通告であって，特定の対象租税条約についてこの条約の規定の
適用を開始するための国内手続が完了した旨のもののうち最も遅いも
のを寄託者が受領した日の後30日を経過した日」に代える権利

(viii) 次条（第6部の規定の適用の開始）3に規定する「当該一覧への協
定の追加に関する通告について寄託者が通報した日」，

(ix) 次条（第6部の規定の適用の開始）4に規定する「当該留保の撤回
に関する通告について寄託者が通報した日」，「当該留保の変更に関す
る通告について寄託者が通報した日」及び「当該留保に対する異議の
撤回に関する通告について寄託者が通報した日」並びに

(x) 次条（第6部の規定の適用の開始）5に規定する「追加の通告につ
いて寄託者が通報した日」を「前条（適用の開始）7の規定に基づく
留保を付する各当事国が行う通告であって，特定の対象租税条約につ
いて第6部（仲裁）の規定の適用を開始するための国内手続が完了し
た旨のもののうち最も遅いものを寄託者が受領した日の後30日を経過

❾ 第7部（最終諸規定：第27条〜第39条）　203

　　した日」に代える権利
　(b)　(a)の規定に基づいて留保を付する締約国は，国内手続の完了を確認
　　　するための通告を寄託者及び他の当事国に対して同時に行う。
　(c)　対象租税条約の1又は2以上の当事国がこの7の規定に基づいて留
　　　保を付する場合には，当該対象租税条約のすべての当事国について，
　　　この条約の規定，留保の撤回若しくは変更，当該対象租税条約に関す
　　　る追加の通告又は第6部（仲裁）の規定の適用が開始される日につい
　　　ては，この7の規定を適用する。

（解説）

　1　第1項
　本項は，源泉徴収の課税とそれ以外の課税（例：申告納税分）について規定
している。源泉徴収は，発効後の翌年1月1日以後の取引から，申告納税分等
は，発効後6か月経過後に開始となる課税年度から適用になる。

　2　第2項
　締約国は，源泉徴収に関連した第1項(a)及び第5項(a)の規定を適用するに当
たり，「年」を「課税期間」に代えることを選択することができる。締約国は，
この第2項の規定を適用することを選択する場合には，その旨を寄託者に通告
する。

　3　第3項
　締約国は，申告納税分等，第1項(b)及び第5項(b)の規定を適用するに当たり，
「課税期間」を「年の1月1日以後に開始する課税期間」に代えることを選択
することができる。締約国は，この第3項の規定を適用することを選択する場
合には，その旨を寄託者に通告する。

　4　第4項
　相互協議手続の適用開始は，第1項から第3項までの規定の例外として，こ
の条約が当該対象租税条約の各当事国について効力を生ずる日のうち最も遅い
日以後に一方の当事国の権限ある当局に対して申し立てられた事案に関して，
当該事案が関連する課税期間を考慮することなく，適用する。

5 第5項

第1項の例外として，寄託者からの通報があった場合はその日後30日以後に開始する年の初日以後に生ずる取引，申告納税等については，通報後90日以後に開始する課税期間に関して課される租税に適用となる。

6 第6項

締約国は，対象租税条約について，第4項の規定を適用しない権利に留保を付することができる。

7 第7項

(1) 第7項(a)

締約国は，次の権利に留保を付することができる。

(i) 第1項及び第4項に規定する「この条約が当該対象租税条約の各当事国について効力を生ずる日のうち最も遅い日」及び

(ii) 第5項に規定する「当該一覧への協定の追加に関する通告について寄託者が通報した日」を「7の規定に基づく留保を付する各当事国が行う通告であって，特定の対象租税条約についてこの条約の規定の適用を開始するための国内手続が完了した旨のもののうち最も遅いものを寄託者が受領した日の後30日を経過した日」に代える権利

(iii) 第28条（留保）第9項(a)に規定する「当該留保の撤回又は変更の通告について寄託者が通報した日」及び

(iv) 第28条（留保）第9項(b)に規定する「この条約が当該当事国について効力を生ずる日のうち最も遅い日」を「第35条（適用の開始）7の規定に基づく留保を付する各当事国が行う通告であって，特定の対象租税条約について当該留保の撤回又は変更の適用を開始するための国内手続が完了した旨のもののうち最も遅いものを寄託者が受領した日の後30日を経過した日」に代える権利

(v) 第29条（通告）第6項(a)に規定する「当該追加の通告について寄託者が通報した日」及び

(vi) 第29条（通告）第6項(b)に規定する「この条約が当該当事国について効力を生ずる日のうち最も遅い日」を

「第35条（適用の開始）7の規定に基づく留保を付する各当事国が行う通告であって，特定の対象租税条約について当該追加の通告の適用を開始

するための国内手続が完了した旨のもののうち最も遅いものを寄託者が受領した日の後30日を経過した日」に代える権利

(vii)　次条（第6部の規定の適用の開始）第1項及び第2項に規定する「この条約が対象租税条約の各当事国について効力を生ずる日のいずれか遅い日」を「前条（適用の開始）7の規定に基づく留保を付する各当事国が行う通告であって，特定の対象租税条約についてこの条約の規定の適用を開始するための国内手続が完了した旨のもののうち最も遅いものを寄託者が受領した日の後30日を経過した日」に代える権利

(viii)　次条（第6部の規定の適用の開始）第3項に規定する「当該一覧への協定の追加に関する通告について寄託者が通報した日」，

(ix)　次条（第6部の規定の適用の開始）第4項に規定する「当該留保の撤回に関する通告について寄託者が通報した日」，「当該留保の変更に関する通告について寄託者が通報した日」及び「当該留保に対する異議の撤回に関する通告について寄託者が通報した日」並びに

(x)　次条（第6部の規定の適用の開始）第5項に規定する「追加の通告について寄託者が通報した日」を「前条（適用の開始）7の規定に基づく留保を付する各当事国が行う通告であって，特定の対象租税条約について第6部（仲裁）の規定の適用を開始するための国内手続が完了した旨のもののうち最も遅いものを寄託者が受領した日の後30日を経過した日」に代える権利

(2)　第7項(b)(c)

(a)の規定により留保を付す締約国は，国内手続の完了を確認するための通告を寄託者及び他の当事国に対して同時に行う。

(c)　対象租税条約の1又は2以上の当事国がこの第7項の規定により留保を付す場合，当該対象租税条約のすべての当事国は，この条約の規定，留保の撤回若しくは変更，当該対象租税条約に関する追加の通告又は第6部（仲裁）の規定の適用が開始される日については，この第7項の規定を適用する。

第36条（第6部（仲裁）の開始）

1　第28条（留保）9，第29条（通告）6及び前条（適用の開始）1から6までの規定にかかわらず，第6部（仲裁）の規定は，対象租税条約の双方の当事国について，次の日から適用する。

　(a)　第19条（義務的かつ拘束力を有する仲裁）1(a)に規定するところによって一方の当事国の権限ある当局に対して申し立てられた事案については，この条約が対象租税条約の各当事国について効力を生ずる日のいずれか遅い日

　(b)　この条約が対象租税条約の各当事国について効力を生ずる日のいずれか遅い日の前に一方の当事国の権限ある当局に対して申し立てられた事案については，両当事国が，第19条（義務的かつ拘束力を有する仲裁）10の規定に従って合意に達したこと及び当該合意に定める条件に従い，同条1(a)に規定するところによって一方の当事国の権限ある当局に対して当該事案が申し立てられたとみなされる日に関する情報について寄託者に通告した日

2　締約国は，この条約が対象租税条約の各当事国について効力を生ずる日のいずれか遅い日の前に一方の当事国の権限ある当局に対して申し立てられた特定の事案について第6部（仲裁）の規定を適用することについて両当事国の権限ある当局が合意する場合に限り当該事案について同部の規定を適用する権利に留保を付することができる。

3　第2条（用語の解釈）1(a)(ii)の規定に従って通告される協定の一覧に第29条（通告）5の規定に従って追加されることによって新たに対象租税条約となる対象租税条約については，1及び2に規定する「この条約が対象租税条約の各当事国について効力を生ずる日のいずれか遅い日」を「当該一覧への協定の追加に関する通告について寄託者が通報した日」に代える。

4　第28条（留保）9の規定に基づく第26条（第6部の規定の適用対象）4の規定に基づいて付される留保の撤回若しくは変更又は第28条（留保）2の規定に基づいて付される留保に対する異議を撤回することによ

って対象租税条約の2の当事国の間で第6部（仲裁）の規定を適用することとなる場合における異議の撤回は，1(a)及び(b)の規定に従って適用する。この場合には，1及び2に規定する「この条約が対象租税条約の各当事国について効力を生ずる日のいずれか遅い日」を，それぞれ，「当該留保の撤回に関する通告について寄託者が通報した日」，「当該留保の変更に関する通告について寄託者が通報した日」又は「当該留保に対する異議の撤回に関する通告について寄託者が通報した日」に代える。

5　第29条（通告）1(p)の規定に従って行われる追加の通告は，1(a)及び(b)の規定に従って適用する。この場合には，1及び2に規定する「この条約が対象租税条約の各当事国について効力を生ずる日のいずれか遅い日」を「追加の通告について寄託者が通報した日」に代える。

1　第1項

第28条（留保）第9項，第29条（通告）第6項及び前条（適用の開始）第1項から第6項までの規定にかかわらず，仲裁の規定は，対象租税条約の双方の当事国において，次の日から開始となる。

(a)　仲裁を一方の当事国の権限ある当局に対して申し立てられた事案については，この条約が対象租税条約の各当事国について効力を生ずる日のいずれか遅い日

(b)　この条約が対象租税条約の各当事国について効力を生ずる日のいずれか遅い日の前に一方の当事国に仲裁を申し立てた事案は，双方の当事国が，仲裁の実施方法の規定に従って合意に達したこと及び当該合意に定める条件に従い，第19条第1項(a)に規定するところによって一方の当事国の権限ある当局に対して当該事案が申し立てられたとみなされる日に関する情報について寄託者に通告した日

2　第2項

締約国は，この条約が対象租税条約の各当事国について効力を生ずる日のいずれか遅い日の前に一方の当事国の権限ある当局に対して申し立てられた特定の事案について仲裁の規定を適用することについて，両当事国の権限ある当局が合意する場合に限り当該事案について同部の規定を適用する権利に留保を付

208　Ⅲ　多国間条約の解説

することができる。

3　第3項

第2条（用語の解釈）第1項(a)(ⅱ)の規定に従って通告される協定の一覧に第29条（通告）第5項の規定により追加されて新たに対象租税条約となる対象租税条約については，第1項及び第2項に規定する「この条約が対象租税条約の各当事国について効力を生ずる日のいずれか遅い日」を「当該一覧への協定の追加に関する通告について寄託者が通報した日」に代える。

4　第4項

第28条（留保）第9項の規定に基づいて第26条（第6部の規定の適用対象）第4項の規定により付される留保の撤回，変更若しくは第28条（留保）第2項の規定により付される留保に対する異議を撤回することによって対象租税条約の双方の当事国の間で仲裁の規定を適用することとなる場合における異議の撤回は，第1項(a)及び(b)の規定に従って適用する。この場合には，第1項及び第2項に規定する「この条約が対象租税条約の各当事国について効力を生ずる日のいずれか遅い日」を，それぞれ，「当該留保の撤回に関する通告について寄託者が通報した日」，「当該留保の変更に関する通告について寄託者が通報した日」又は「当該留保に対する異議の撤回に関する通告について寄託者が通報した日」に代える。

5　第5項

第29条（通告）第1項(p)の規定に従って行われる追加の通告は，第1項(a)及び(b)の規定に従って適用する。この場合には，第1項及び第2項に規定する「この条約が対象租税条約の各当事国について効力を生ずる日のいずれか遅い日」を「追加の通告について寄託者が通報した日」に代える。

第37条（脱退）

1　いずれの締約国も，寄託者に宛てた通告によって，いつでもこの条約から脱退することができる。

2　1の規定に基づく脱退は，寄託者が通告を受領した日に効力を生ずる。締約国の脱退の効力が生ずる日の前に対象租税条約のすべての当事国に

ついてこの条約が効力を生じた場合には，当該対象租税条約は，引き続きこの条約によって修正される。

（予備的考察）　条約法条約（脱退）

条約法条約における脱退に関連した規定は次のとおりである。

「第65条　条約の無効若しくは終了，条約からの脱退又は条約の運用停止に関してとられる手続

1　条約の当事国は，この条約に基づき，条約に拘束されることについての自国の同意の瑕疵を援用する場合又は条約の有効性の否認，条約の終了，条約からの脱退若しくは条約の運用停止の根拠を援用する場合には，自国の主張を他の当事国に通告しなければならない。通告においては，条約についてとろうとする措置及びその理由を示す。

2　一定の期間（特に緊急を要する場合を除くほか，通告の受領の後3か月を下る期間であってはならない。）の満了の時までに他のいずれの当事国も異議を申し立てなかつた場合には，通告を行った当事国は，とろうとする措置を第67条に定めるところにより実施に移すことができる。

3　他のいずれかの当事国が異議を申し立てた場合には，通告を行った当事国及び当該他のいずれかの当事国は，国際連合憲章第33条に定める手段により解決を求める。

4　1から3までの規定は，紛争の解決に関し当事国の間において効力を有するいかなる条項に基づく当事国の権利又は義務にも影響を及ぼすものではない。

5　第45条の規定が適用される場合を除くほか，1の通告を行っていないいずれの国も，他の当事国からの条約の履行の要求又は条約についての違反の主張に対する回答として，1の通告を行うことを妨げられない。」

（解説）

条約法条約の規定には，脱退に関して異議の申立ての規定があるが，多国間条約にはその旨の規定はなく，寄託者に宛てた通告によって脱退ができる。脱退前にすべての当事国に効力のあった対象租税条約は，脱退後にも適用となる。

210   Ⅲ　多国間条約の解説

第38条（議定書との関係）

1　この条約は，１又は２以上の議定書によって補足することができる。

2　国又は地域は，議定書の当事者となるためには，この条約の締約国でなければならない。

3　この条約の締約国は，議定書に従って当該議定書の当事者とならない限り，当該議定書によって拘束されない。

（解説）

　租税条約の領域で使用される議定書（protocol）は，条約の一部としての付属文書の意味と，条約を一部改正する際の文書（例えば，議定書による一部改正）の意味で使用されている。議定書は，租税条約締約国の行政レベルで交換される交換公文とは異なり，租税条約と同様であることから，議会の承認を要するものであり，交換公文は，日本では閣議の了承を経ることになる。

　第１項から第３項はこの議定書の役割に関する規定である。

第39条（寄託者）

1　この条約及び前条（議定書との関係）に規定する議定書の寄託者は，経済協力開発機構事務総長とする。

2　寄託者は，締約国及び署名国に対し，次の事項が行われた後１か月以内に当該事項について通報する。

(a)　第27条（署名及び批准，受諾又は承認）に規定する署名

(b)　第27条（署名及び批准，受諾又は承認）に規定する批准書，受諾書又は承認書の寄託

(c)　第28条（留保）に規定する留保又は留保の撤回若しくは変更

(d)　第29条（通告）に規定する通告又は追加の通告

(e)　第33条（改正）に規定するこの条約の改正の提案

(f)　第37条（脱退）に規定するこの条約からの脱退

(g)　この条約に関するその他の通告

❾ 第7部（最終諸規定：第27条～第39条）　211

3　寄託者は，次の事項について，公に利用可能な一覧を管理する。
(a)　対象租税条約
(b)　締約国が付する留保
(c)　締約国が行う通告

（予備的考察）　条約法条約における寄託者関連条項

条約法条約では，条約寄託者について次のように規定している。

第76条　条約の寄託者
1　交渉国は，条約において又は他の方法により条約の寄託者を指定することができる。寄託者は，国（その数を問わない。），国際機関又は国際機関の主たる行政官のいずれであるかを問わない。
2　条約の寄託者の任務は，国際的な性質を有するものとし，寄託者は，任務の遂行に当たり公平に行動する義務を負う。特に，この義務は，条約が一部の当事国の間においては効力を生じていないという事実又は寄託者の任務の遂行に関しいずれかの国と寄託者との間に意見の相違があるという事実によって影響を受けることがあってはならない。
第77条　寄託者の任務
1　寄託者は，条約に別段の定めがある場合及び締約国が別段の合意をする場合を除くほか，特に次の任務を有する。
(a)　条約の原本及び寄託者に引き渡された全権委任状を保管すること。
(b)　条約の原本の認証謄本及び条約の要求する他の言語による条約文を作成し，これらを当事国及び当事国となる資格を有する国に送付すること。
(c)　条約への署名を受け付けること並びに条約に関連する文書，通告及び通報を受領しかつ保管すること。
(d)　条約への署名又は条約に関連する文書，通告若しくは通報が正式な手続によるものであるかないかを検討し，必要な場合には関係国の注意を喚起すること。
(e)　条約に関連する行為，通告及び通報を当事国及び当事国となる資格

を有する国に通知すること。

 (f) 条約の効力発生に必要な数の署名，批准書，受諾書，承認書又は加入書の受付又は寄託の日を当事国となる資格を有する国に通知すること。

 (g) 国際連合事務局に条約を登録すること。

 (h) この条約の他の規定に定める任務を遂行すること。

 2 寄託者の任務の遂行に関しいずれかの国と寄託者との間に意見の相違がある場合には，寄託者は，この場合の問題につき，署名国及び締約国又は適当なときは関係国際機関の権限のある内部機関の注意を喚起する。

（解説）

1 第1項

多国間条約条約及び前条に規定する議定書の寄託者は，OECD（経済協力開発機構）事務総長である。

2 第2項

寄託者は，締約国及び署名国に対し，次の事項が行われた後1か月以内に当該事項について通報する。

 (a) 第27条（署名及び批准，受諾又は承認）に規定する署名

 (b) 第27条（署名及び批准，受諾又は承認）に規定する批准書，受諾書又は承認書の寄託

 (c) 第28条（留保）に規定する留保又は留保の撤回若しくは変更

 (d) 第29条（通告）に規定する通告又は追加の通告

 (e) 第33条（改正）に規定するこの条約の改正の提案

 (f) 第37条（脱退）に規定するこの条約からの脱退

 (g) この条約に関するその他の通告

3 第3項

寄託者は，次の事項について，公に利用可能な一覧を管理する。

 (a) 対象租税条約

 (b) 締約国が付する留保

 (c) 締約国が行う通告

IV
多国間条約の今後の課題

214　Ⅳ　多国間条約の今後の課題

❶　日本の現行租税条約の状況

　情報交換租税協定及び税務行政執行共助条約の締約国として日本と関連している国を除いて，以下は，地区別に二国間所得税租税条約の現状と特徴をまとめたものである。記載項目は，①条約相手国名，②対象租税条約の可否（○×），③現行条約発効年月，④現行租税条約の特徴，である。なお，BEPS 防止措置は次の表に掲げたものである。

　本条約には次のような BEPS 防止措置が盛り込まれている。以下，BEPS 行動計画については，計画 2，6，7，14と略記する。

本条約の該当条文等	BEPS 行動計画の項目
第 2 部：ハイブリッド・ミスマッチ（3条～5条）	計画 2（ハイブリッド・ミスマッチの効果の無効化）
第 3 部：条約の濫用（6条～11条）	計画 6（租税条約の濫用防止）
第 4 部：PE 判定の回避（12条～14条）	計画 7（PE 認定の人為的回避の防止）
第 5 部：紛争解決の改善，第 6 款：仲裁	計画14（相互協議の効果的実施）

（1）　アジア地区

条約相手国名 現行条約発効年月 最新改正発効年月	対象租税条約可否	現行租税条約の BEPS 対抗措置
インド 全文改正平成元年 改正平成28年 9 月	○	代理人 PE に契約締結代理人，在庫保有代理人，注文取得代理人の規定がある。ほかに BEPS 対抗措置の規定なし。
インドネシア 昭和57年12月	○	議定書 1 の規定により，専ら又は主として条約相手国の企業のために行動する仲立人，問屋その他の代理人は独立代理人とはされない。ほかに BEPS 対抗措置の規定なし。
シンガポール 全文改正平成 7 年 改正平成22年 7 月	○	BEPS 対抗措置の規定なし。
スリランカ 昭和43年 9 月		BEPS 対抗措置の規定なし。

タイ 平成 2 年 8 月		代理人 PE には，従属代理人，在庫保有代理人，注文取得代理人の規定がある。ほかに BEPS 対抗措置の規定なし。
台湾 平成27年11月		日台民間租税取決めに基づいて国内法により規定。BEPS 対抗措置の規定なし。
大韓民国（韓国） 平成11年11月	○	BEPS 対抗措置の規定なし。
中国 昭和59年 6 月	○	BEPS 対抗措置の規定なし。
パキスタン 平成20年11月	○	代理人 PE は在庫保有代理人が含まれている。議定書 4 に匿名組合の規定。ほかに BEPS 対抗措置の規定なし。
バングラデシュ 平成 3 年 6 月		BEPS 対抗措置の規定なし。
フィリピン 昭和55年 7 月 改正平成20年12月		代理人 PE に従属代理人，在庫保有代理人，注文取得代理人の規定がある。ほかに BEPS 対抗措置の規定なし。
ブルネイ 平成21年12月		匿名組合の規定あり。BEPS 対抗措置の規定なし。
ベトナム 平成 7 年12月		代理人 PE に従属代理人，在庫保有代理人，注文取得代理人の規定がある。ほかに BEPS 対抗措置の規定なし。
香港 平成23年 8 月	○	仲裁条項（計画14）と減免制限（計画 6 ）の規定あり。
マレーシア 平成11年12月 改正平成22年12月	○	代理人 PE に従属代理人，在庫保有代理人の規定がある。濫用防止規定（議定書 5 (a)）がある。ほかに BEPS 対抗措置の規定なし。

216　Ⅳ　多国間条約の今後の課題

(2)　大洋州

条約相手国名 現行条約発効年月 最新改正発効年月	対象租税 条約可否	現行租税条約の BEPS 対抗措置
オーストラリア 平成20年12月	○	計画2，計画7（代理人 PE），計画6（LOB），減免の制限
ニュージーランド 平成25年10月	○	匿名組合の規定，計画6（LOB，PPT），仲裁条項（計画14）がある。
フィジー 昭和38年4月	○	BEPS 対抗措置の規定なし。

(3)　米　州

条約相手国名 現行条約発効年月 最新改正発効年月	対象租税 条約可否	現行租税条約の BEPS 対抗措置
米国 平成16年3月		平成25年1月に仲裁条項（計画14）等を追加した改正署名が行われたが，米国議会の手続未了。計画2，計画6（LOB）の規定あり。
カナダ 昭和62年11月 改正平成12年12月	○	BEPS 対抗措置の規定なし。
チリ 平成28年12月		計画2（第1条），計画6（PPT），計画7，計画14を規定している。
ブラジル 昭和42年12月 改正昭和52年12月		代理人 PE に従属代理人，在庫保有代理人の規定がある。ほかに BEPS 対抗措置の規定なし。
メキシコ 平成8年11月	○	BEPS 対抗措置の規定なし。

(4)　旧ソ連

条約相手国名 現行条約発効年月 最新改正発効年月	対象租税 条約可否	現行租税条約の BEPS 対抗措置
カザフスタン		BEPS 対抗措置の規定なし。

❶ 日本の現行租税条約の状況　217

| 旧ソ連諸国（バルト三国を除く） | | BEPS 対抗措置の規定はないが，平成29年 9 月に署名された日露租税条約は BEPS 対抗措置の規定を含んでいる。 |

(5) 欧　州

条約相手国名 現行条約発効年月 最新改正発効年月	対象租税条約可否	現行租税条約の BEPS 対抗措置
アイルランド 昭和49年12月	○	BEPS 対抗措置の規定なし。
英国（イギリス） 平成18年10月 改正平成26年12月	○	計画 2 （第 4 条第 5 項），計画 6 （PPT と LOB），計画14（仲裁）
イタリア 昭和48年 3 月 改正昭和57年 1 月	○	BEPS 対抗措置の規定なし。
オーストリア 昭和38年 4 月		BEPS 対抗措置の規定なし。平成29年 1 月30日署名の改正条約は，計画 7 ：準備的補助的活動の制限，従属代理人の範囲の拡大，計画 6 ：LOB と PPT，計画14（仲裁）を含む。
オランダ 平成23年12月	○	計画 2 ，計画 6 （LOB），計画14（仲裁）
スイス 昭和46年12月 改正平成23年12月		計画 2 ，計画 6 （LOB）
スウェーデン 昭和58年 9 月 改正平成26年10月	○	計画 6 （LOB，PPT 等），計画14（仲裁）
スペイン 昭和49年11月		BEPS 対抗措置の規定なし。
スロバキア 昭和53年11月	○	BEPS 対抗措置の規定なし。

スロベニア		平成28年9月30日署名新条約は，計画2，計画7：準備的補助的活動の制限，従属代理人の範囲の拡大，計画6：PPT，計画14（仲裁）を含む。
チェコ 昭和53年11月	○	BEPS 対抗措置の規定なし。
デンマーク 昭和43年7月		BEPS 対抗措置の規定なし。平成29年4月11日条約改正交渉開始。
ドイツ 平成28年9月	○	計画2，計画6（LOBとPPT），計画14（仲裁）
ノルウェー 平成4年12月	○	BEPS 対抗措置の規定なし。
ハンガリー 昭和55年10月	○	BEPS 対抗措置の規定なし。
フィンランド 昭和47年12月 改正平成3年12月	○	BEPS 対抗措置の規定なし。
フランス 平成8年3月 改正平成19年12月	○	計画2（第4条），計画6（LOB）
ブルガリア 平成3年6月	○	BEPS 対抗措置の規定なし。
ベルギー 昭和46年4月 改正平成25年12月		BEPS 対抗措置の規定なし。2016年10月12日署名の改正条約は，計画2，計画7：準備的補助的活動の制限，従属代理人の範囲の拡大，計画6：PPT，計画14（仲裁）を含む。
ポーランド 昭和57年12月	○	BEPS 対抗措置の規定なし。
ポルトガル 平成25年7月	○	計画2（議定書），計画6：PPT，計画14（仲裁）
ラトビア 平成29年7月		計画2，計画6（PPT），計画7：準備的補助的活動の制限，従属代理人の範囲の拡大，計画14（仲裁）を含む。

条約相手国名 現行条約発効年月 最新改正発効年月	対象租税 条約可否	現行租税条約の BEPS 対抗措置
リトアニア		平成29年7月13日署名新条約は，計画2，計画6（LOB と PPT），計画7：準備的補助的活動の制限，従属代理人の範囲の拡大，計画14（仲裁）を含む。
ルクセンブルク 平成4年12月 改正平成23年12月	○	BEPS 対抗措置の規定なし。
ルーマニア 昭和53年4月	○	BEPS 対抗措置の規定なし。

(6) 中 東

条約相手国名 現行条約発効年月 最新改正発効年月	対象租税 条約可否	現行租税条約の BEPS 対抗措置
アラブ首長国連邦 平成26年12月		BEPS 対抗措置の規定なし。
イスラエル 平成5年12月	○	BEPS 対抗措置の規定なし。
オマーン 平成26年9月		BEPS 対抗措置の規定なし。
カタール 平成27年11月		計画6（議定書），ほかに BEPS 対抗措置の規定なし。
クウェート 平成25年6月	○	BEPS 対抗措置の規定なし。
サウジアラビア 平成23年9月	○	計画6（減免の制限）
トルコ 平成6年12月	○	BEPS 対抗措置の規定なし。

(7) アフリカ

条約相手国名 現行条約発効年月 最新改正発効年月	対象租税 条約可否	現行租税条約の BEPS 対抗措置
エジプト 昭和44年8月		BEPS 対抗措置の規定なし。

ザンビア 昭和46年1月		BEPS 対抗措置の規定なし。
南アフリカ 平成9年11月	○	計画6 （減免の制限）

(8) **多国間条約署名国で対象租税条約でない国の一覧**

国　　名	理　由　等
アルメニア	―
エジプト	―
オーストリア	2017年1月30日改正条約署名
ジョージア	―
スイス	多国間条約の適用相手国を制限しているため
スペイン	BEPS 条約がジブラルタルに適用になることへの異議
スロベニア	2016年9月30日新条約署名
チリ	2016年12月28日新条約発効
デンマーク	2017年4月11日条約改正交渉開始
ベルギー	2016年10月12日改正署名
ラトビア	2017年1月18日新条約署名
リトアニア	2017年7月13日新条約署名
ロシア	条約交渉中

❷ 条約法に関するウィーン条約（条約法条約）

(1) 基礎データ

正式名称	Vienna Convention on the Law of Treaties
和文名称	条約法に関するウィーン条約（略称：条約法条約）
採択	1969（昭和44）年5月23日（ウィーン）
起草者	国際連合・国際法委員会（International Law Commission）
日本における効力発生	1981（昭和56）年8月1日（加入）

| 条文構成 | 全 8 部と附属書（全85条） |

(2)　条文構成

条約法条約の条文構成は次のとおりである。

第 1 部　序（第 1 条～第 5 条）
第 2 部　条約の締結及び効力発生
　第 1 節　条約の締結（第 6 条～第18条）
　第 2 節　留保（第19条～第25条）
第 3 部　条約の遵守，適用及び解釈
　第 1 節　条約の遵守（第26条～第27条）
　第 2 節　条約の適用（第28条～第30条）
　第 3 節　条約の解釈（第31条～第33条）
　第 4 節　条約と第三国（第34条～第38条）
第 4 部　条約の改正及び修正（第39条～第41条）
第 5 部　条約の無効，終了及び運用停止
　第 1 節　総則（第42条～第45条）
　第 2 節　条約の無効（第46条～第53条）
　第 3 節　条約の終了及び運用停止（第54条～第64条）
　第 4 節　手続（第65条～第68条）
　第 5 節　条約の無効，終了又は運用停止の効果（第69条～第72条）
第 6 部　雑則（第73条～第75条）
第 7 部　寄託者，通告，訂正及び登録（第76条～第80条）
第 8 部　最終規定（第81条～第85条）
附属書

(3)　条約法条約の意義

　BEPS 行動計画15による多国間条約は，国際税務の分野では，税務行政執行共助条約（以下「共助条約」という。）に続く第 2 の条約例といえる。

租税条約の領域においては，OECD モデル租税条約が，国際法としての性格を若干有するものであるが，条約の承認等の国内手続をしないことから，各国の二国間で締結する租税条約の法源にはならないのである。その意味で，多国間条約は OECD モデル租税条約とは異なる法的性格を有していることになる。

また，共助条約は，今回の BEPS 多国間条約の先例となるものであるが，その適用領域が税務行政領域に限定されていることから，実務への影響は限定的である。

これに対して，多国間条約は，その解釈，運用等において疑義が生じた場合，多国間条約を拘束する国際法の法源の問題が起こる可能性がある。

これまでの租税条約では，例えば，日米租税条約第3条第2項に次のような文言がある。

「2　一方の締約国によるこの条約の適用に際しては，この条約において定義されていない用語は，文脈により別に解釈すべき場合又は両締約国の権限のある当局が第25条の規定に基づきこの条約の適用上の用語の意義について別に合意する場合を除くほか，この条約の適用を受ける租税に関する当該一方の締約国の法令において当該用語がその適用の時点で有する意義を有するものとする。(以下略)」(下線筆者)

この上記の下線を付した文言の解釈については，条約法条約第3節　条約の解釈・第31条（解釈に関する一般的な規則）第2項に次のような規定があり，これにより解釈してきた。

「2　条約の解釈上，文脈というときは，条約文（前文及び附属書を含む。）のほかに，次のものを含める。

(a)　条約の締結に関連してすべての当事国の間でされた条約の関係合意

(b)　条約の締結に関連して当事国の1又は2以上が作成した文書であってこれらの当事国以外の当事国が条約の関係文書として認めたもの」

また，以下の第31条第1項（解釈に関する一般的な規則）は租税条約解釈の原則的な解釈ルールとして一般化しているものである。

「条約は，文脈によりかつその趣旨及び目的に照らして与えられる用語の通常の意味に従い，誠実に解釈するものとする。」

多国間条約には，「留保」（OECD モデル租税条約にも付されている），「寄託者」，「通告」等の用語が使用されているが，いずれも条約法条約に規定のある

用語である。したがって，二国間租税条約について，OECD モデル租税条約の
コンメンタールを参照するように，条約法条約が多国間条約については，参照
される可能性がある。

❸ 米国が不参加の理由

　米国が，BEPS 条約の署名に参加していないことは事実である。その理由と
して考えられる 2 つの理由がある。

(1)　米国上院の動向

　現行の日米租税条約は，平成25年 1 月24日に一部改正の議定書（以下「改正
議定書」という。）の署名が行われている。日本側は，衆議院が同年 5 月，参議
院が同年 6 月に改正条約案を承認しているが，条約の承認手続をする米国上院
における審議が行われず未発効の状態が続いている。

　米国では，外国との条約は，米国上院（議員数100名）の 3 分の 2 の賛成を得
れば，議会が承認したことになるが，全員賛成を慣行としているようである。
そのため，強硬な反対者がいると，条約の承認手続は停滞せざるを得ないよう
である。改正議定書未発効の原因は，米国のランド上院議員（Rand，Paul）の
反対といわれている。同議員は，上院議員に2010年に当選後，租税条約の発効
にはことごとく反対しているため，米国では，署名が済んだ租税条約が議会手
続を待つ状態が続いている。米国は，BEPS 条約に署名しても議会の承認が難
しいという判断があったのではというのが推測理由の 1 つである。平成29年11
月現在，日米租税条約の改正議定書は，未発効であり，米国議会関係者と接触
した者の証言では，上記の理由で改正議定書は当分凍結状態という認識であっ
た。

(2)　米国と BEPS

　一般的には，米国不参加の理由は，多国間条約を嫌うトランプ大統領の意向
（TPP への不参加，気候変動枠組条約のパリ協定からの脱退等）が働いている
という見方であるが，推測できるほかの理由は，BEPS プログラムによる租税
回避による課税の対象となる企業の多くが，米国企業であることである。例え

224　Ⅳ　多国間条約の今後の課題

ば，過去に報道された企業名としては，アップル，アマゾン，グーグル，スターバックス等で，BEPS プログラムのターゲットの多くが米国企業であることは明白である。今回の多国間条約により，米国系の多国籍企業が，米国の条約相手国において，多国間条約に基づいて修正された規定により租税回避と認定されて課税を受ける可能性を考慮すると，米国はこのような利害関係から参加を見送ったことも想定できるのである。

❹　米国不参加による日本への影響

　現行の日米租税条約は，2004年に発効して，2013年署名の改正議定書が未発効という現状からして，日本が締結している対英国租税条約，対ドイツ租税条約等と比較すると，その規定内容がアップデートされている状況にはない。仮に，現行の日米租税条約が BEPS 条約第12条により修正されると，代理人 PE の範囲が，現行の契約締結権限とその反復的行使という課税要件から，「当該企業によって重要な修正が行われることなく日常的に締結される契約の締結のために反復して主要な役割を果たす場合」という要件が加わることで，源泉地国における課税権が拡大するのである。また，BEPS 条約第13条により修正されると，現行租税条約にある準備的補助的活動の範囲が狭まることで，国際的なネット販売事業者にとって源泉地国課税の可能性が増加するのである。結論としては，米国不参加による日本への影響としては，米国有利，日本不利ということになろう。

❺　租税条約戦略（従来型）

(1)　従来型の戦略（国側の条約相手国の選択方針）
　日本の租税条約の進展の第 1 段階は，日米原租税条約（昭和30年 4 月発効）が最初の二国間租税条約で，その後，スウェーデン租税条約（昭和32年 6 月発効），デンマーク租税条約（昭和34年 3 月），ノルウェー租税条約（昭和34年 9 月）と北欧諸国との租税条約を締結している。これらは，条約相手国からの申し出ということで，日本側から積極的に条約を締結する理由はなかったのである。

❺　租税条約戦略〔従来型〕　225

　また，同時期に，パキスタン租税条約（昭和34年 5 月発効），インド租税条約（昭和35年 6 月），当時マラヤ連邦の自治領であったシンガポールとの租税条約（昭和36年 9 月発効）があるが，これらは，日本企業の進出等を睨んだ政策的なもので，当時の租税条約の内容では，条約相手国の課税の減免分も納付した税額とみなして外国税額控除できるタックススペアリング・クレジット（みなし外国税額控除）の供与が日本側から提供されていたのである。
　第 2 段階としては，上記の初期 7 租税条約以降の日本の租税条約の締結は下記の表のとおりであるが，日本企業等の経済活動の範囲にある国と租税条約を締結するという方針であったものと思われる。なお，以下の条約の多くはその後改正されている。

	租税条約	発　　効
8	対オーストリア租税条約	昭和38年 4 月
9	対ニュージーランド租税条約	昭和38年 4 月
10	対英国租税条約	昭和38年 4 月
11	対タイ租税条約	昭和38年 7 月
12	対マラヤ連邦租税条約	昭和38年 8 月
13	対カナダ租税条約	昭和40年 4 月
14	対フランス租税条約	昭和40年 8 月
15	対ドイツ租税条約	昭和42年 6 月
16	対ブラジル租税条約	昭和42年12月
17	対スリランカ租税条約	昭和43年 9 月
18	対ベルギー租税条約	昭和45年 4 月
19	対韓国租税条約	昭和45年 9 月
20	対オランダ租税条約	昭和45年10月
21	対スイス租税条約	昭和46年12月
22	対米国第 2 次租税条約	昭和47年 7 月
23	対フィンランド租税条約	昭和47年10月
24	対イタリア租税条約	昭和48年 3 月

226 Ⅳ 多国間条約の今後の課題

| 25 | 対スペイン租税条約 | 昭和49年11月 |
| 26 | 対アイルランド租税条約 | 昭和49年12月 |

　この傾向は，その後も続き対ベトナム租税条約（平成7年12月31日発効）のように，日本からの投資に合わせて租税条約が締結される例が多かった。

　第3段階としては，タックスヘイブンとの情報交換協定の動きがある（以下署名順）。この協定は，情報交換に特化したもので，OECD が「有害な税競争」以降進めている税務情報開示の所産である。

情報交換協定	発　　効
バミューダ租税協定	平成22年8月1日
バハマ情報交換協定	平成23年8月25日
ケイマン諸島租税協定	平成23年11月13日
マン島情報交換協定	平成23年9月1日
ジャージー租税協定	平成25年8月1日
ガーンジー租税協定	平成25年7月25日
リヒテンシュタイン情報交換協定	平成24年12月29日
サモア独立国情報交換協定	平成25年7月6日
マカオ租税情報交換協定	平成26年5月22日
英領バージン諸島租税情報交換協定	平成26年10月11日
パナマ共和国租税情報交換協定	平成29年2月13日

　上記以外に従来の二国間租税条約とは異なるものとして，以下のものがある。

税務行政執行共助条約	日本は，平成23年11月4日にこの条約に署名し，平成25年6月28日に受託書を OECD に寄託し，同年10月1日にこの条約が発効している。

　以上の動向から，第4段階として，最近の日本が締結する二国間条約の相手国を分類すると，中東等の産油国（ブルネイ，クウェート，サウジアラビア，アラブ首長国連邦，オマーン，カタール），同じく資源国としてのカザフスタン租税条約と環太平洋パートナーシップ協定（PPT）の関係からのチリ租税条

約，税務行政執行共助条約参加国で EU 加盟国である（スロベニア，ラトビア，リトアニア），租税条約の拡充という観点からのポルトガル租税条約，日本との貿易量等を勘案した香港，台湾（日台民間租税協定）等がある。

いずれにせよ，どの国と租税条約を締結するのかという観点からは，時代とともに，その締結理由等に変化があることがわかる。

(2) 従来型の戦略（租税条約の内容の変化）

租税条約において一貫している事項は，国際的二重課税排除のために源泉地国における課税を減免することである。そのモデルとなったのが，OECD モデル租税条約である。

しかし，1980年ごろから米国では，租税条約の濫用を防止するための特典制限条項（LOB）が進化するとともに，情報交換，相互協議における仲裁，国際間で徴収に協力する国際的徴収共助条項等という管理的な規定の拡充が発展し，ハイブリッド・エンティティ課税という，一方の国が法人，他方の国がその出資者である構成員に課税するパススルー課税という二面性のある事業体課税の問題等，租税条約の規定にどのような内容を盛り込むのかという内容の面における戦略性が生じたのである。

(3) 従来型の戦略（企業側の選択）

例えば，日本企業の投資の多いアジア地域の諸国との租税条約は，次のとおりである。

	国 名	現行租税条約
1	スリランカ	（署名）昭和42年12月 （発効）昭和43年9月
2	インドネシア	（署名）昭和57年3月 （発効）昭和57年12月
3	中国	（署名）昭和58年9月 （発効）昭和59年6月
4	タイ	（第2次条約） （署名）平成2年4月 （発効）平成2年8月

5	バングラデシュ	（署名）平成3年2月 （発効）平成3年6月
6	ベトナム	（署名）平成7年10月 （発効）平成7年12月
7	大韓民国	（第2次条約） （署名）平成10年10月 （発効）平成11年11月
8	インド	（第2次条約） （署名）平成元年3月 （発効）平成元年12月 （一部改正署名）平成18年2月 （一部改正発効）平成18年6月
9	パキスタン	（第2次条約） （署名）平成20年1月 （発効）平成20年11月
10	フィリピン	（署名）昭和55年2月 （発効）昭和55年7月 （一部改正署名）平成18年12月 （一部改正発効）平成20年12月
11	ブルネイ	（署名）平成21年1月 （発効）平成21年12月
12	シンガポール	（第3次条約） （署名）平成6年4月 （発効）平成7年4月 （一部改正署名）平成22年2月 （一部改正発効）平成22年7月
13	マレーシア	（第3次条約） （第3次条約署名）平成11年2月 （第3次条約発効）平成11年12月 （一部改正署名）平成22年2月 （一部改正発効）平成22年12月

14	香港	（署名）平成22年11月 （発効）平成23年8月 ・香港との租税協定の情報交換規定に関する 　書簡交換：平成26年12月
15	マカオ（情報交換協定）	（署名）平成26年3月 （発効）平成26年5月

　日本は，アベノミクスの一環として平成25年6月14日に公表された「日本再興戦略」において，国際展開する中小企業・小規模事業者の支援を行うことになった。その一環として，「海外展開現地支援プラットフォーム」が設置されて，現地でコーディネーターの役割として，法律事務所，会計事務所，コンサルタント会社，民間の各種専門家への取り次ぎ等が行われることになった。この「海外展開現地支援プラットフォーム」の設置場所は，中国重慶・成都，ミャンマー，タイ，インドネシア，カンボジア（新設），ベトナムハノイ・ホーチミン，フィリピン，ブラジル等で，その多くがアジアに集中している。

　この背景には，海外に子会社を持つ中小企業が約5,600件あり，その投資先の多くのアジア諸国であることから，アジア諸国への投資環境が注目されているからである。その意味で，租税条約の有無は，日本からの投資に大いに関係するところである。

　アジア地域に投資を検討する企業等にとって，①投資先の国と日本との間に租税条約が締結されているか。②配当，利子，使用料等に課される限度税率，③その他の源泉地国における課税の減免の有無等を検討することになるが，上記の「海外展開現地支援プラットフォーム」の設置場所からして，租税条約が締結されていないのは，ミャンマーということになる。

　このような場合，日本と租税条約が締結されていない国への投資の場合，基本的には，投資先の国の国内法による課税ということになるが，日本と投資先の国の間に中間会社を置くことも可能である。日本がアジア地域で租税条約を締結していないモンゴル，ラオス，ミャンマーの締結している租税条約は次のとおりである。

モンゴル（27か国）	オーストリア，ベラルーシ，ベルギー，ブルガリア，カナダ，中国，チェコ，フランス，ドイツ，ハンガリー，インド，インドネシア，カザフスタン，大韓民国，クウェート，キルギスタン，マレーシア，ポーランド，ロシア，シンガポール，スイス，タイ，トルコ，ウクライナ，アラブ首長国連邦，英国，ベトナム
ラオス（8か国）	ブルネイ，中国，朝鮮民主主義人民共和国，大韓民国，マレーシア，ミャンマー，タイ，ベトナム
ミャンマー（8か国）	インド，大韓民国，ラオス，マレーシア，シンガポール，タイ，英国，ベトナム

なお，カンボジアの租税条約締結数はなく，上記の4か国といずれも租税条約を締結しているアジアの国とはマレーシア，タイ，ベトナムがある。日本企業にとって，マレーシア，タイ，ベトナムに子会社があれば，これらの子会社を通じて，上記の国々に投資をすることで，租税条約の特典を得ることが可能となる。

(4) 日本の条約締結国と GAAR 導入国一覧表

日本の条約締結国で GAAR，LOB，PPT を導入している国は次のとおりである。

日本の条約相手国	条約発効年	GAAR導入年	LOB	PPT	その他
アイルランド	1974	1989			
アメリカ	2004	2010	○		
イギリス	2014	2013	○	○	
イタリア	1982	1973			
インド	2015	2016			
インドネシア	1982	2008			
オーストラリア	2008	1915	○		減免の制限
オランダ	2011	1924	○		
カナダ	2000	1988			

韓国	1999	1990			規定の濫用は特典制限
シンガポール	2010	1998			
スイス	2011	1933	○		
スウェーデン	2014	1981	○	○	一定の優遇税制を受ける法人への減免制限
スペイン	1974	（判例）			
台湾	2015	2009		○	
中国	1984	2008			
ドイツ	2016（署名）	1977	○	○	
ニュージーランド	2013	1878	○	○	
ブラジル	1976	1988			
フランス	2007	1941	○		
ベルギー	2013	2012			
ポーランド	1982	2006			
ポルトガル	2013	1999		○	
香港	2011	1947		○	
南アフリカ	1997	2006		○	
ルクセンブルク	2011	Adaption Law			持株会社への不適用

❻ 多国間条約適用後の展開

(1) 国の租税条約政策

　財務省が平成29年6月28日に公表した「BEPS防止措置実施条約の適用に関する我が国の選択の概要（暫定版）」によると，次の3つの項目に関して国が選択したことになる。

　①　日本が適用対象として選択している租税条約の相手国・地域（35か国）

　②　日本が適用することを選択している多国間条約の規定（12項目）

　③　日本が適用しないことを選択している多国間条約の規定（5項目）

232　Ⅳ　多国間条約の今後の課題

　従来型の租税条約では，条約相手国を選定してどのような内容の規定を条約に盛り込むかということが国の選択であったが，次のことが新たな国の責務となる。

　①　適用対象となる租税条約の相手国の選択

　非対象として租税条約は第1章に次の表を掲げているが，これを再掲する。

アゼルバイジャン	アラブ首長国連邦	アルメニア
ウクライナ	ウズベキスタン	エジプト
オーストリア	オマーン	カザフスタン
カタール	キルギス	ザンビア
ジョージア	スイス	スペイン
スリランカ	タイ	台湾
タジキスタン	チリ	デンマーク
トルクメニスタン	バングラデシュ	フィリピン
ブラジル	ブルネイ	米国
ベトナム	ベラルーシ	ベルギー
モルドバ	ロシア	

イ　外務省の専管事項

　上記の項目については，財務省の持つ情報だけでは判断するのが難しい，いわゆる「外務省の専管事項」といわれる条約相手国の租税を含む情報分析が必要であろう。この件に関して，外務省と財務省が条約相手国に対してどのような評価を下したのかという点は外務から公表されていない。

ロ　財務省の専管事項

　上記(1)に掲げた②或いは③は，財務省が判断する事項であるが，条約相手国が適用を選択するか否かについては，日本側の読みが必要になろう。

(2)　企業側の判断事項

イ　外国へ進出済みの企業等

　選択対象とした租税条約相手国にすでに進出をしている企業等にとって，多国間条約が適用になると，現行の二国間租税条約が修正される可能性がある。

この場合，条約相手国において多国間条約の影響で進出先の国で課税を受ける可能性がある。

ロ　海外進出を計画している企業等

多国間条約が適用された後に適用対象となることを選択した租税条約相手国に進出を検討する場合，OECD の HP に掲載された通告等を事前にチェックする必要がある。そして，条約相手国において租税回避等として課税を受けない取引等の仕組みを考慮すべきである。

ハ　日本へ投資する外国法人等

問題は，米国が多国間条約の適用対象条約相手国になっていないことである。これまで，租税条約に関連した租税回避事案としては，匿名組合を利用したものがあったが，日本の新しい租税条約では，「匿名組合条項」が規定されるとともに，国内法も改正されているので，問題は解消に向かったといえるが，それ以外にも，外国のファンドが複雑な取引経路を作り出して日本において租税回避を行う可能性がある。

❼　BEPS は米国企業包囲網か

⑴　OECD 及び EU の沿革

OECD 及び EU の沿革をたどることで，米国と欧州の関係を整理する。

国際連盟	1920年 1 月10日から1946年 4 月まで。以降国際連合に引き継がれる（米国は不参加）。
欧州経済協力機構（Organization for European Economic Cooperation, OEEC）	1948年欧州16か国により設立（第 2 次世界大戦後の欧州復興等を目的とした。）。
欧州経済共同体（EEC）	1957年 1 月発足。
経済開発協力機構（Organization for Economic Cooperation and Development, OECD）	OEEC を引き継ぐ形で1961年設立（OECD の原加盟国：米国，英国，フランス，ドイツ，イタリア，カナダ，スペイン，ポルトガル，オランダ，ベルギー，ルクセンブルク，スウェーデン，デンマーク，ノルウェー，アイスランド，アイルランド，スイス，オーストリア，ギリシャ，トルコ）。

234　Ⅳ　多国間条約の今後の課題

EU の税制等に関する年表は次のとおりである。

年号等	出来事
1957年3月25日	ローマ条約調印（ベルギー，フランス，イタリア，ルクセンブルク，オランダ，西ドイツ（当時）の6か国が調印）：この条約は，欧州経済共同体設立条約（EEC）と欧州原子力共同体条約という内容である。
1963年	「ノイマルク報告」（加盟国の法人税制の共通化）"Neumark Report" EEC Report on Tax Harmonisation, Amsteldam1963
1967年	共通付加価値税第1次指令，1973年に第6次指令で課税標準等の統一。
1970年	「ヴァンデン・テンプル報告」（加盟国の税制の共通化）（Vanden Temple, A. J., Corporation Tax and Individual Income Tax in the European Communities, 14138/XIV/69-D）
1975年	EC 委員会「共通法人税制指令案」（75C253/2，OJ1978C184/8）
1975年	親子会社間指令案，COM（75）392.
1990年	仲裁条約（Convention on the elimination of double taxation in connection with the adjustments of profits of associated enterprises: 90/436/EEC：EC 仲裁条約：1995年1月1日に発効）を採択した。
1990年	合併指令（the Merger Directive），親子会社指令（the Parent Subsidiary Directive）施行。
1991年	国境を越えた損失控除に関する指令案（the Cross-Border Loss Relief Directive）
1992年2月7日	欧州連合（EU）の創設を規定したマーストリヒト条約が調印され，1993年11月1日に発効した。
1992年3月	ルディング報告（個人所得税の域内統一，法人税率の30％程度で調整）
1996年以降	OECD：有害な税競争
1999年1月1日	単一通貨ユーロ導入。
2003年6月	EU 利子所得指令理事会採択，2014年3月24日修正案採択。
2007年12月13日	リスボン条約署名，2009年12月1日発効。

2010年3月18日	米国で外国口座税務コンプライアンス法（FATCA：Foreign Account Tax Compliance Act）が成立，2013年1月施行。
2011年3月16日	CCCTB 指令案（European Commission 2011a）
2012年6月	第7回 G20メキシコ・ロスカボス・サミット首脳会合宣言において，租税分野では，情報交換の強化，多国間執行共助条約署名への奨励とともに，多国籍企業による租税回避を防止する必要性が再確認され，OECD 租税委員会は，BEPS（Base Erosion and Profit Shifting）プロジェクトを開始した。
2012年後半	英国等において，多国籍企業の租税回避問題が生じていることが報道された。
2013年7月	OECD は，「BEPS 行動計画」（Action Plan on Base Erosion and Profit Shifting）を公表した。
2015年6月17日	A Fair and Efficient Corporate Tax System in the European Union：5 Key areas for Action. COM（2015）302final
2015年10月5日	BEPS Final Reports が公表される。
2016年4月	「パナマ文書」が公表される。
2016年6月23日	英国が国民投票の結果，EU 離脱が決定した。
2016年10月25日	EC 委員会，CCCTB 提案。

EU 加盟国（2016年10月末現在：28か国）は次のとおりである。

アイルランド	イタリア	英国	エストニア
オランダ	オーストリア	キプロス	ギリシャ
クロアチア	スウェーデン	スペイン	スロバキア
スロベニア	チェコ	デンマーク	ドイツ
ハンガリー	フィンランド	フランス	ブルガリア
ベルギー	ポルトガル	ポーランド	マルタ
ラトビア	リトアニア	ルーマニア	ルクセンブルク

(注) チャンネル諸島，マン島は王室直轄領であり，EU の商品の自由移動はできるが，人の往来や資本の移動，開業の自由はない。チャンネル諸島は付加価値税領域に含まれていないが，マン島は対象である。

(2) BEPS プロジェクトにおける EU と米国の利害

BEPS 行動計画の理論的な側面に影響を与えたのは，英国である。また，利害関係の側面からは，租税回避を行う米国企業とその租税回避による税収ロスを被る欧州諸国という図式がみえてくる。

米国が，多国間条約に署名しなかったのは，トランプ大統領の意向という意味もあろうが，BEPS プロジェクトが欧州諸国中心に進められたことで，米国がこの活動に積極的に参加しないのは，上記の利害関係が影響しているものと思われる。

日本も含めて考えると，国際的租税回避により税収ロスを被っている国は，多国間条約等に積極的になるが，米国のように，自国の税収減となることが予測される国は，これに積極的にコミットできないであろう。

具体的にどのような影響が生じるのかは，多国間条約が適用を開始してからということになるが，BEPS 分析の視点として利害関係の側面からみる必要もあるのではないだろうか。

⑧ 多国間条約の第 2 ラウンド

2017年 6 月の署名段階では，日本も暫定案を公開しているが，今後，OECDの寄託者に関係各国がどのような通告をするのかが判明した段階で，多国間条約は第 2 ラウンドという新しい段階に進むことになる。

第 2 段階では，適用租税条約に関して，日本が適用対象として選択した条約相手国がどのような内容の通告を寄託者に出すのかによって，第 2 ラウンドの租税条約戦略の検討を要することになろう。すでに述べたように，この戦略方針は，外務省・財務省の能力・責任の問題であり，これを受けて，外国に投資をする日本の企業等或いは日本に投資をする外国企業等が判断することになろう。

要するに，本書は，「多国間条約基礎編」の内容であり，さらに，今後，事態が進展した段階で「多国間条約実施編」を検討する必要が生じることになろう。

9 PPTの検討

(1) 2つの命題

本項冒頭に述べた2つの命題を中心に，以下は，これまでの検討結果をまとめる。

① 租税条約の濫用防止規定は，その適用範囲を租税条約に限定しているのか。

② 近年における PPT，GAAR の進展等を踏まえて，PPT の射程範囲，PPT と GAAR の関連及び GAAR と租税条約の関連はどうか。

イ GAAR 適用の可能性

上記①については，日本に GAAR はなく，条約相手国に GAAR がある場合，日本の居住者は，条約相手国で所得を得た場合，GAAR の適用を受けるのかという問題になる。これについては，一方的に条約相手国で GAAR の適用という事態はないものと思われる。ただし，中国・チェコ租税条約，日独新協定にあるような別段の定めが置かれた場合は，GAAR 適用の可能性を否定できない。

ロ PPT の射程範囲

PPT と GAAR の関連は，PPT が，条約相手国の居住者（源泉地国における非居住者）を対象にし，GAAR は居住者及び非居住者のすべてを対象とする点で異なっている。また，GAAR と租税条約の関連は上記イで述べたとおりである。

PPT を PPT 広義適用型とした場合，租税条約を前提として，具体的に次のような場合，源泉地国の課税を検討する。

① 代理人 PE に関連して，外国法人が外国で署名する等を行うことで，日本の代理人 PE の課税を免れている場合。

② ネット通信販売をしている外国法人が，準備的補助的活動を主張して源泉地国において課税を免れている場合。

上記の場合，PPT という不確定概念を使用することから，上記①或いは②に対する適用では，取引により作り出された権利と義務を含むその法的形態の吟味，或いは，経済的・商業上の実質を判断するのか，等々の検討が必要となろうが，PPT は適用対象者に限定はあるものの，その射程範囲において GAAR

238 Ⅳ 多国間条約の今後の課題

と同様の機能を果たすものと解する余地があるといえる。

(2) PPT にあるコモンロー的性格

PPT が今後の検討の対象となる理由としては次のようなことが想定できる。

イ GAAR と PPT の関連

両者の関連については，BEPS 行動計画12で勧告された「義務的開示制度」導入問題が関係している。日本は，平成29年度税制改正において，同制度導入を見送ったが，今度再度導入を検討する段階において，一般否認規定（GAAR）を同時に導入するかどうかの選択を迫られる。その理由は，納税義務者からタックスプランニングが課税当局に開示され，その計画自体は合法であるが，課税当局からすると租税回避として容認できないという場合，GAAR がないと，課税当局は課税処分ができないことになる。

問題はここからで，英国において GAAR 導入案を作成したアーロンソン報告書（GAAR STUDY 2011）において，英国では，適正な租税計画と濫用型スキームの区分において，伝統的に PPT に規定のある「唯一或いは主たる目的」という概念を使用してきたのである。英国の GAAR では，この目的概念の使用を放棄しているが，PPT は，英国において育成した租税回避の判定基準であることは明らかである。

英国はコモンローの伝統がある。これは，社会の慣習等を裁判における判断の基準とする判例法の体系という理解である。例えば，英国で発展した信託の場合，当初はコモンローにおいて発展したが，どうしても補完する必要が生じてエクイティー・ローが進展したのである。

PPT という概念は，このような英国独特の思考から発展したものであり，どちらかといえば，成文法により詳細に規定を置くことを好む日本のこれまでの税法になじむのかという問題がある。

例えば，平成14年度税制改正により創設された連結納税制度について，その検討段階では，英国のグループリリーフ制度も候補として挙げられたのであるが（詳細は矢内一好，柳裕治『連結納税申告～わが国の導入に向けて～』ぎょうせい，1999年12月），租税回避が生じる可能性があるという理由から採用されなかった。

ロ　英国税法と日本税法の相性

日本の租税法の権威といわれる諸先生の多くは，ドイツの租税法等を研究してきたという経歴があり，その後継者となる諸先生の中には，米国税法を深く研究してその成果を示した例があるが，英国税法或いはその背景等を研究して業績を積み上げてきた研究者は，ほとんど見当たらないといえるのではないだろうか。

PPT は，これまで日本の税法と相性のよくない英国独自の思考法に基づく概念であり，多国間条約を通じて，今後日本が適用を迫られている概念である。ある意味，PPT は日本の税法実務において未知との遭遇という意味合いを持つ事項といえるのである。

(3)　PPT 生成の概略

PPT の生成については，第 7 条の予備的考察に述べているが，その概要を再度まとめると次のとおりである。

イ　戦時増税である超過利潤税との関連

英国における超過利潤税は，1915年第 2 次財政法（Finance（No. 2）Act 1915）で創設され，1921年財政法第35条により廃止となっている。そして，1939年第 2 次財政法（Finance（No. 2）Act 1939 c. 109（2 & 3 Geo. 6））第12条において再度導入され，1946年財政法第36条により，1946年末後に開始となる課税年度から超過利潤税の適用は廃止となった。

PPT はこの戦時税制による増税を回避しようとする租税回避の増加を防止するために創設されたのである。

ロ　1941年財政法第35条

第35条第 1 項の規定は，取引或いは複数の取引のもたらす効果の主たる目的が超過利潤税の租税債務の回避或いは減少である場合，課税当局は，当該取引の通常もたらす効果に引き直しの修正ができるというものである。

ハ　1944年財政法第33条

この規定は，1941年財政法第35条の一部を改正したものである。1941年財政法第35条第 1 項に規定されていた「取引或いは複数の取引のもたらす効果の主たる目的」が削除され，「取引或いは複数の取引のもたらす効果の主たる目的或いは主たる目的の 1 つ」と改正され，同条第 3 項にある同様の規定も「主た

240　Ⅳ　多国間条約の今後の課題

る目的或いは主たる目的の１つ」と改正されている。この改正については，訴訟事案（Crown Bedding Co. Ltd. v. Inland Revenue Commissioners）の判決において，この改正が具体的な内容であると述べている。

1944年財政法第33条第３項の規定では，株式の譲渡或いは取得取引から期待される主たる特典が租税債務の回避或いは軽減である場合，上記の主たる目的或いは主たる目的の１つとみなされるとされている。

この超過利潤税に係る租税回避規定，特に1941年財政法第35条以降，取引のもたらす効果という文言になり，それは，主観的な目的論ではなく，客観的な租税債務の軽減という特典によって判断するというものである。

前出の事案（例えば，British Pacific Trust, Ltd. v. I. R）においても，課税当局は，戦争により利益の減少した法人が超過利潤のある法人の株式を取得した取引を否認している。

二　PPT の判定要素と一般化

PPT は主観的な概念のように思われるが，このテストは，英国の租税回避防止規定に1940年ごろから使用されているもので，1998年に英国の当時の課税庁（Inland Revenue and Customs and Excise）が一般否認規定を検討した時の文書（Inland Revenue and Customs and Excise, "A General Anti-Avoidance Rule for Direct Taxes: Consultative Document", 5 Oct. 1998. pp. 13-14.）では，その判定要素が記述されている。その文書では，その唯一の目的或いは主たる目的若しくは主たる目的の１つが，法人による租税回避である取引と判定して一般否認規定を適用する場合，取引の目的に関する判定要素として，次の項目が掲げられている。

①　取引により作り出された権利と義務を含むその法的形態
②　その経済的及び商業上の実質
③　取引が行われた時期及びその期間
④　当該者の財務上等の変化，或いは，取引の結果生ずることが合理的に予測できる変化
⑤　GAAR が適用されなかった場合の取引に対する課税上の結果

したがって，租税条約における解釈においても上記の判定要素は参考になるものと思われる。

ホ　EU における動向

EU において，2003年6月3日付の指令（Council Directive 2003/49/EC）「加盟国間における利子，使用料支払いに関する共通課税システム」の第5条「虚偽及び濫用」において，「取引の主たる目的或いは主たる目的の1つ」が脱税，租税回避，濫用の取引である場合，指令の特典の適用をしない旨の規定がある。

上記以後の動向としては，欧州司法裁判所（ECJ）において2006年9月12日に判決が出された Cadbury Schweppes（Case C-196/04）事案を例とすると，完全に人為的な仕組み取引（wholly artificial arrangements）の場合のみ英国国内法であるタックスヘイブン税制が適用可能であるという判断が示され，この否認規定の適用条件の1つとして，専ら税務上の特典を得ることを唯一の目的とする場合，という判断が示されている。

以上のことから，英国等で生成した PPT の概念が EU 等において使用されることで，BEPS につながったと推測できるのである。

(4)　PPT に関する英国の判例

多国間条約における検討事項の1つである PPT に関する英国の控訴院（Court of Appeal）判例として，古いものは次の2つである。

① Crown Bedding Co. Ltd. v. Inland Revenue Commissioners, [1946] 1 All ER 452, 25 ATC 9.

② British Pacific Trust, Ltd. v. I. R, 40 R & IT 177, 26 ATC 17（1947）この事案で，課税当局は，戦争により利益の減少した法人が超過利潤のある法人の株式を取得した取引を否認している。

比較的新しい判例としては，次の2つがある。

③ Commissioners of Inland Revenue v. Sema Group Pension Scheme Trustees [2002] 74 TC 593.

④ Loyds TSB Equipment Leasing（No 1）Ltd v. Revenue and Customs [2014] EWCA Civ 1062.

⑤ Snell v. HMRC [2006] 78 TC 294.

①及び②の判例では，主たる目的の意味は，超過利潤税の減少ということで証明できれば明らかとしている。

③④⑤の判例（いずれも英国の判例）は，アイルランド課税当局の文書（[33.01.01] Tax Avoidance "Main Purpose" Tests）[1]（以下「解説文書」という。）に引用されているものである。

この解説文書は，前出の英国課税庁の文書よりもより具体的に書かれていることから多少参考になろう[2]。

イ　3つのテスト

解説文書では，3つのテストについて記述がある。

① 　主たる目的テスト

② 　単純テスト（A simple test）

③ 　客観或いは主観テスト

ロ　主たる目的テストの意義

税法に規定のある租税回避防止規定の多くは，仕組取引の主たる目的或いは主たる目的の1つが税負担の軽減を図るためのものの場合，税務上の特典或いは控除等の適用はできない。

ハ　主たる目的テストへのアプローチ

税関連事項が，商業上の取引の一部を形成する一方，租税回避取引は，その主たる目的を隠すために，営利性という上辺で覆うことができる。判例法から確立した原則には次の2つがある。

上記④の判例で示された判断は，「取引の唯一或いは主たる目的」と「取引の主たる目的の1つ」に若干の相違があるとして，「主たる目的」として真正な営利目的がある場合，「主たる目的の1つ」として租税軽減効果を得ることを意味しない。

上記③の判例で示された判断は，租税軽減効果が付随的なものである場合，その効果は，取引の主たる目的ではない。

ニ　単純テスト

次に掲げる場合，租税回避は主たる目的の1つ或いは取引における便益とな

---

[1] http://www.revenue.ie/en/tax-professionals/tdm/income-tax-capital-gains-tax-corporation-tax/part-33/33-01-01-20150324125235.pdf#search=%27%5B33.01.01%5D+Tax+Avoidance%27,access Aug. 18, 2017

[2] アイルランドの国内法における租税回避規定については，矢内一好『一般否認規定と租税回避判例の各国比較』財経詳報社，平成27年2月，138-139頁。なお，解説文書からアイルランドの国内法適用に関連する記述は省いてある。

る。

① 取引を始める多くの理由或いは取引からの潜在的な便益がある場合で，かつ，

② それらの理由の1つとして，便益が租税軽減効果を得ることで，かつ，

③ 租税軽減効果を得る可能性がない場合，その者は取引を行わない場合

ホ　その他の指標

営利目的の取引に租税回避目的の要素が含まれる場合，主たる目的テストで判定できない場合として，①支払われた価格が人為的に操作されている場合，或いは，②人為的で複雑，かつ不要な取引等が組み込まれている場合，で結果として租税軽減効果を得る場合である。これらの場合，取引の主たる目的は真正な営利目的である。しかしながら，人為的な方法により取引を構成する主たる目的は租税軽減効果を得ることである。主たる目的の1つは，取引全体として租税軽減効果を得ることである。

ヘ　客観或いは主観テスト

主要目的テストを適用する場合，客観的（町で理性的な人が考えるであろうこと）或いは主観的（納税義務者が実際に念頭に置くようなこと）を最初に決定する必要がある。

ト　まとめ

解説文書は，「唯一の目的或いは主たる目的」と「主たる目的の1つ」の相違については，一定の示唆を与える効果があるが，租税負担の軽減効果という客観的な結果が生じた場合，条文上，多国間条約第7条において，「主たる目的若しくは主たる目的の1つ」と規定されているが，解説文書によれば，「主たる目的」と「主たる目的の1つ」は微妙に異なることになる。

244　Ⅳ　多国間条約の今後の課題

資料 多国間条約の留保と選択一覧表（Multilateral Instrument Matching Database（Table I： Reservation and Choice of Optional Provisions））

1　日本の適用対象租税条約の相手国

日本が暫定版において適用対象租税条約に選択したのは下記のものである。

アイルランド	イスラエル	イタリア
インド	インドネシア	英国
オーストラリア	オランダ	カナダ
韓国	クウェート	サウジアラビア
シンガポール	スウェーデン	スロバキア
チェコ	中国	ドイツ
トルコ	ニュージーランド	ノルウェー
パキスタン	ハンガリー	フィジー
フィンランド	フランス	ブルガリア
ポーランド	ポルトガル	香港
マレーシア	南アフリカ	メキシコ
ルクセンブルク	ルーマニア	

2　多国間条約の条文構成

多国間条約は全39条からなる構成であるが，各条項の見出しは次のとおりである。

第1部	適用範囲及び用語の解釈
第1条	条約の適用範囲
第2条	用語の解釈
第2部	ハイブリッド・ミスマッチ
第3条	パススルー事業体
第4条	双方居住者となる団体

第5条	二重課税排除の方法の適用
第3部	租税条約の濫用
第6条	対象租税条約の目的の補正
第7条	租税条約の濫用防止
第8条	配当に係る課税減免の株式保有期間
第9条	不動産化体株式の譲渡所得
第10条	第三国所在の恒久的施設を利用する租税回避防止ルール
第11条	自国居住者の条約適用の制限の適用
第4部	PE判定の回避
第12条	コミッショネア契約等を利用した恒久的施設の判定の人為的回避
第13条	準備的補助的活動等を利用した恒久的施設判定の人為的回避
第14条	建設工事等の契約の分割
第15条	企業に密接に関する者の定義
第5部	紛争解決の改善
第16条	相互協議手続
第17条	対応的調整
第6部	仲裁
第18条	第6部適用の選択
第19条	強制仲裁
第20条	仲裁のための委員会の構成員の任命
第21条	仲裁手続の秘密保護
第22条	仲裁決定前に解決した場合
第23条	仲裁手続の形態
第24条	異なる解決の合意
第25条	仲裁手続の費用
第26条	対象租税条約に仲裁規定がない場合の補充
第7部	最終諸規定
第27条	署名及び批准,受託又は承認

第28条	留保
第29条	通告
第30条	対象租税条約の修正後の改正
第31条	締約国会議
第32条	解釈と施行
第33条	修正
第34条	効力発生
第35条	適用開始
第36条	第6部（仲裁）の開始
第37条	脱退
第38条	議定書との関連
第39条	寄託者

3 日本が適用を選択した多国間条約の規定

多国間条約の規定のうち，日本が選択したのは次の条項である。

第3条	パススルー事業体
第4条	双方居住者となる事業体
第6条	対象租税条約の目的の補正
第7条	取引の主たる目的に基づく条約の特典の否認に関する規定（PPT）
第9条	不動産化体株式の譲渡所得
第10条	第三国所在の恒久的施設を利用する租税回避防止ルール
第12条	コミッショネア契約等を利用した恒久的施設の判定の人為的回避
第13条	準備的補助的活動等を利用した恒久的施設判定の人為的回避
第16条	相互協議手続
第17条	対応的調整
第6部	仲裁（第18条～第26条）

資料 多国間条約の留保と選択一覧表　　247

4　日本が適用しないことを選択した多国間条約の規定

多国間条約の規定のうち，日本が適用しないことを選択したのは次の条項である。

第5条	二重課税排除の方法の適用
第7条	特典を受けることができる者を適格者等に制限する規定（LOB）
第8条	配当に係る課税減免の株式保有期間
第11条	自国居住者の条約適用の制限の適用
第14条	建設工事等の契約の分割

5　日本の適用対象租税条約の留保の一覧表

以下は，適用対象租税条約の留保の一覧表であるが，日本が適用しないことを選択した条項に係る部分は削除している。

(1)　第3条（パススルー事業体）第5項及び第4条（双方居住者となる事業体）第3項の留保

多国間条約第3条第5項の規定は次のとおりである。

5　締約国は，次の権利に留保を付することができる。

　(a)　対象租税条約について，この条の規定の全部を適用しない権利

　(b)　4に規定する規定を含む対象租税条約について，1の規定を適用しない権利

　(c)　4に規定する規定であって，当事国以外の国若しくは地域において設立された事業体若しくは仕組みによって又はこのような事業体若しくは仕組みを通じて取得される所得について対象租税条約に基づく特典を与えないことを規定するものを含む対象租税条約について，1の規定を適用しない権利

　(d)　4に規定する規定であって，特定の事実関係及び事業体又は仕組みの種類の取扱いを詳細に規定するものを含む対象租税条約について，1の規定を適用しない権利

　(e)　4に規定する規定であって，特定の事実関係及び事業体又は仕組み

の種類の取扱いを詳細に規定し，かつ，当事国以外の国若しくは地域において設立された事業体若しくは仕組みによって又はこのような事業体若しくは仕組みを通じて取得される所得について対象租税条約に基づく特典を与えないことを規定するものを含む対象租税条約について，１の規定を適用しない権利

(f)　対象租税条約について，２の規定を適用しない権利

(g)　４に規定する規定であって，特定の事実関係及び事業体又は仕組みの種類の取扱いを詳細に規定するものを含む対象租税条約についてのみ，１の規定を適用する権利

第４条第３項の規定は次のとおりである。

3　締約国は，次の権利に留保を付することができる。

(a)　対象租税条約について，この条の規定の全部を適用しない権利

(b)　個人以外の者が２以上の当事国の居住者に該当する場合につきこれらの当事国の権限ある当局に対しその者が居住者とみなされる１の当事国について合意に達するよう努めることを求めることによって既に対処している対象租税条約について，この条の規定の全部を適用しない権利

(c)　個人以外の者が２以上の当事国の居住者に該当する場合につきこれらの当事国の権限ある当局に対しその者が居住者とみなされる１の当事国について合意に達するよう努めることを求めることなく対象租税条約に基づく特典を与えないことによって既に対処している対象租税条約について，この条の規定の全部を適用しない権利

(d)　個人以外の者が２以上の当事国の居住者に該当する場合につきこれらの当事国の権限ある当局に対しその者が居住者とみなされる１の当事国について合意に達するよう努めることを求めることによって既に対処しており，かつ，そのような合意に達することができない場合における対象租税条約の下でのその者の取扱いを規定する対象租税条約について，この条の規定の全部を適用しない権利

(e)　対象租税条約の適用上，1の第2文を次のように代える権利

「そのような合意がない場合には，その者は，当該対象租税条約に基づいて与えられる租税の軽減又は免除を受けることができない。」

(f)　(e)の規定に基づく留保を付する締約国との間の対象租税条約について，この条の規定の全部を適用しない権利

以下の一覧表では，最も多い留保は(a)である。これは，第3条のパススルー事業体の規定を適用しないということである。それ以外は，部分的に適用しない規定を選択していることになる。

第4条に関しては，日本の適用対象租税条約において双方居住者に関する規定はすでに租税条約に含まれている。

日本の適用対象租税条約の第3条第5項及び第4条第3項の留保の一覧

	適用対象租税条約国	第3条第5項	第4条第3項
	日本	(f)	(e)
1	アイルランド	(b)(d)	(b)(f)
2	イスラエル	なし	なし
3	イタリア	(a)	(a)
4	インド	(a)	なし
5	インドネシア	(a)	(c)(e)
6	英国	(f)	(a)
7	オーストラリア	(d)	(e)
8	オランダ	(d)	なし
9	カナダ	(a)	(a)
10	韓国	(a)	(a)
11	クウェート	(a)	(a)
12	サウジアラビア	(条約未署名)	(条約未署名)
13	シンガポール	(a)	(a)
14	スウェーデン	(a)	(a)

15	スロバキア	なし	なし
16	チェコ	(a)	(a)
17	中国	(a)	なし
18	ドイツ	(a)	(a)
19	トルコ	なし	(a)
20	ニュージーランド	なし	なし
21	ノルウェー	(b)	(d)
22	パキスタン	(a)	(a)
23	ハンガリー	(a)	(a)
24	フィジー	なし	(e)
25	フィンランド	(a)	(a)
26	フランス	(a)	(a)
27	ブルガリア	(a)	(a)
28	ポーランド	なし	なし
29	ポルトガル	(a)	(a)
30	香港	(a)	(a)
31	マレーシア	(条約未署名)	(条約未署名)
32	南アフリカ	なし	なし
33	メキシコ	なし	(c)(d)
34	ルクセンブルク	(e)	(a)
35	ルーマニア	(a)	(d)

(2) **第6条（対象租税条約の目的の補正）及び第7条（租税条約の濫用防止）第15項から第17項の留保**

一覧表にある第5条は，日本が適用を選択していないので外してある。

第6条（対象租税条約の目的の補正）

4　締約国は，非課税又は租税の軽減の機会を生じさせることなく二重課税を除去する当事国の意図に言及する前文の文言（脱税又は租税回避

資料 多国間条約の留保と選択一覧表

> （当事国以外の国又は地域の居住者の間接的な利益のために対象租税条約において与えられる租税の免除又は軽減を得ることを目的とする租税条約の濫用の仕組みを含む。）を通じた非課税又は租税の軽減にのみ言及する文言であるか，より広い場合における非課税又は租税の軽減に言及する文言であるかを問わない。）を含む対象租税条約について，1の規定を適用しない権利に留保を付することができる。
>
> 6　3の規定を適用することを選択する各締約国は，その選択を寄託者に通告する。その通告には，経済関係の発展を図り，又は租税に関する協力を強化することを希望することに言及する前文の文言を含まない対象租税条約の一覧を含む。すべての当事国が3の規定を適用することを選択し，かつ，対象租税条約について当該通告を行った場合に限り，3に規定する段落を当該対象租税条約に加える。

第7条第15項～第17項の規定は次のとおりである。

> 15　締約国は，次の権利に留保を付することができる。
> (a)　締約国が，詳細な特典制限規定と導管を用いた金融の仕組みに対処する規則又は主要目的基準のいずれかとの組合せを採用する意図を有し，これによって，OECD/G20 BEPS措置に基づく条約の濫用を防止するための最低基準を満たすことを前提として，対象租税協定について，1の規定を適用しない権利。この場合には，すべての当事国は，最低基準を満たす相互に満足すべき解決を得るよう努める。
> (b)　仕組み若しくは取引又は仕組み若しくは取引に関与する者の主たる目的又は主たる目的の一つが対象租税条約に基づいて与えられる特典を得ることであった場合に当該対象租税条約に基づいて与えられるすべての特典を与えないことを規定する規定を含む対象租税条約について，1の規定（4の規定を適用することを選択した締約国については，1及び4の規定）を適用しない権利
> (c)　14に規定する規定を含む対象租税条約について，簡素化された特典制限規定を適用しない権利

16　7の規定に従い1又は2以上の締約国による対象租税条約に基づく特典の付与に関して簡素化された特典制限規定を適用する場合を除くほか，6の規定に従い簡素化された特典制限規定を適用することを選択する締約国は，1又は2以上の他の当事国が簡素化された特典制限規定を適用することを選択していない対象租税条約について，この条の規定の全部を適用しない権利に留保を付することができる。この場合には，すべての当事国は，OECD/G20 BEPS措置に基づく条約の濫用を防止するための最低基準を満たす相互に満足すべき解決を得るよう努める。

17(a)　15(a)の規定に基づく留保を付さない各締約国は，15(b)の規定に基づく留保の対象とならない各対象租税条約が2に規定する規定を含むか否か並びに当該規定を含む場合には当該規定の条及び項の番号を寄託者に通告する。すべての当事国が対象租税条約の規定についてその通告を行った場合には，1の規定（該当する場合には，1及び4の規定）は，当該対象租税条約の規定に代わる。その他の場合には，1の規定（該当する場合には，1及び4の規定）は，当該対象租税条約の規定が1の規定（該当する場合には，1及び4の規定）に競合する場合，当該対象租税条約の規定に優先する。この(a)の規定に基づく通告を行う締約国は，暫定的な措置として1の規定のみを適用することを受け入れるが，可能なときは，二国間の交渉を通じて1の規定に加えて，又は代えて特典制限規定を採用する意図を有する旨の説明を当該通告に含めることができる。

(b)　4の規定を適用することを選択する各締約国は，その選択を寄託者に通告する。4の規定は，すべての当事国がその通告を行った場合に限り，対象租税条約について適用する。

(c)　6の規定に従い簡素化された特典制限規定を適用することを選択する各締約国は，その選択を寄託者に通告する。当該締約国が15(c)の規定に基づく留保を付する場合を除くほか，その通告には，14に規定する規定を含む対象租税条約並びに当該規定の条及び項の番号の一覧を含む。

(d)　6の規定に従い簡素化された特典制限規定を適用することを選択し

ないが，7(a)又は(b)の規定を適用することを選択する各締約国は，その選択する規定を寄託者に通告する。当該締約国が15(c)の規定に基づく留保を付する場合を除くほか，その通告には，14に規定する規定を含む対象租税条約並びに当該規定の条及び項の番号の一覧を含む。

(e) すべての当事国が(c)又は(d)の規定に従って対象租税条約の規定を通告した場合には，簡素化された特典制限規定は，当該対象租税条約の規定に代わる。その他の場合には，簡素化された特典制限規定は，当該対象租税条約の規定が簡素化された特典制限規定と両立しない限りにおいて，当該対象租税条約の規定に優先する。

日本の適用対象租税条約の第6条第4項，第6項及び第7条第15項～第17項の留保の一覧

	適用対象租税条約国	第6条第4項，第6項	第7条第15項～第17項
	日本	第4，6項	なし
1	アイルランド	第6項	第17項(b)
2	イスラエル	なし	なし
3	イタリア	なし	第17項(b)(c)
4	インド	なし	第17項(c)
5	インドネシア	なし	第17項(c)
6	英国	第6項	なし
7	オーストラリア	第6項	第17項(b)
8	オランダ	第6項	第17項(b)
9	カナダ	なし	第17項(a)
10	韓国	なし	なし
11	クウェート	第6項	第17項(a)
12	サウジアラビア	（条約未署名）	（条約未署名）
13	シンガポール	第6項	第17項(b)
14	スウェーデン	なし	なし

15	スロバキア	第6項	第17項(d)
16	チェコ	なし	第17項(b)
17	中国	第6項	なし
18	ドイツ	第4項	第15項(b)
19	トルコ	第6項	なし
20	ニュージーランド	第6項	第17項(b)
21	ノルウェー	第6項	第17項(a)(d)
22	パキスタン	第6項	第17項(a)
23	ハンガリー	第6項	第17項(b)
24	フィジー	第6項	第17項(b)
25	フィンランド	なし	なし
26	フランス	第6項	なし
27	ブルガリア	第4項	第15項(c)，第17項(c)
28	ポーランド	なし	第17項(a)
29	ポルトガル	なし	なし
30	香港	第4，6項	第15項(b)
31	マレーシア	（条約未署名）	（条約未署名）
32	南アフリカ	第6項	なし
33	メキシコ	第4，6項	第15項(b)(c)，第17項(c)
34	ルクセンブルク	第4，6項	第15項(b)，第17項(b)
35	ルーマニア	第6項	なし

　第7条は租税条約濫用防止の原則としてPPT（主たる目的テスト）とLOB（特典制限条項）の2つを規定している。これは，適用する国の状況に応じて選択できるように，多国間条約が広く規定したからであるが，適用対象租税条約相手国の選択は次のとおりである。日本は，財務省暫定版においてPPTを適用して，LOBを適用しないことを明記している。

LOBを選択した国	インド，インドネシア，スロバキア，ブルガリア，メキシコ

PPT（第7条第1項）	ノルウェー，ポーランド
PPT（第7条第4項）	アイルランド，英国，オーストラリア，オランダ，シンガポール，ニュージーランド，パキスタン，ハンガリー，フィジー，ルクセンブルク
PPT（既存の租税条約のPPT条文を通告）	イスラエル，イタリア，カナダ，韓国，クウェート，スウェーデン，中国，ドイツ，トルコ，フィンランド，フランス，ポルトガル，香港，南アフリカ，ルーマニア

⑶ **第9条（不動産化体株式の譲渡所得）第6項，第8項及び第10条（第三国所在の恒久的施設を利用する租税回避防止ルール）第5項の留保**

日本は第8条を適用対象外としているので外すこととする。

第9条（不動産化体株式の譲渡所得）

6　締約国は，次の権利に留保を付することができる。

　(a)　対象租税条約について，1の規定を適用しない権利

　(b)　対象租税条約について，1(a)の規定を適用しない権利

　(c)　対象租税条約について，1(b)の規定を適用しない権利

　(d)　1に規定する割合の基準値を満たすか否かを決定するための期間を含む1に規定する種類の規定を含む対象租税条約について，1(a)の規定を適用しない権利

　(e)　株式以外の持分の譲渡に適用する1に規定する種類の規定を含む対象租税条約について，1(b)の規定を適用しない権利

　(f)　5に規定する規定を含む対象租税条約について，4の規定を適用しない権利

8　4の規定を適用することを選択する各締約国は，その選択を寄託者に通告する。4の規定は，すべての当事国がその通告を行った場合に限り，対象租税条約について適用する。この場合には，1の規定は，当該対象租税条約については，適用しない。締約国が6(f)の規定に基づく留保を付さず，かつ，6(a)の規定に基づく留保を付する場合には，当該通告には，5に規定する規定を含む対象租税条約並びに当該規定の条及び項の番号の一覧を含む。すべての当事国が，7又はこの8の規定に基づいて

対象租税条約の規定について通告を行った場合には，4の規定は，当該
対象租税条約の規定に代わる。その他の場合には，4の規定は，当該対
象租税条約の規定が4の規定と競合する場合，当該対象租税条約の規定
に優先する。

第10条（第三国所在の恒久的施設を利用する租税回避防止ルール）

5　締約国は，次の権利に留保を付することができる。
(a)　対象租税条約について，この条の規定の全部を適用しない権利
(b)　4に規定する規定を含む対象租税条約について，この条の規定の全
部を適用しない権利
(c)　4に規定する規定を含む対象租税条約についてのみ，この条の規定
を適用する権利

日本の適用対象租税条約の第9条第6項，第8項及び第10条第5項の留保一覧

	適用対象租税条約国	第9条第6項，第8項	第10条第5項
	日本	第8項	なし
1	アイルランド	第6項(e)，第8項	第5項(a)
2	イスラエル	第6項(a)，第8項	なし
3	イタリア	第6項(a)，第8項	第5項(a)
4	インド	第8項	なし
5	インドネシア	第8項	第5項(a)
6	英国	第6項(a)	第5項(a)
7	オーストラリア	第6項(e)	第5項(a)
8	オランダ	なし	なし
9	カナダ	第6項(a)	第5項(a)
10	韓国	第6項(a)	第5項(a)
11	クウェート	第6項(a)	第5項(a)
12	サウジアラビア	（条約未署名）	（条約未署名）

13	シンガポール	第6項(a)	第5項(a)
14	スウェーデン	第6項(a)	第5項(a)
15	スロバキア	第8項	なし
16	チェコ	第6項(a)	第5項(a)
17	中国	第6項(b)	第5項(a)
18	ドイツ	第8項	なし
19	トルコ	第6項(a)(f)，第8項	第5項(a)
20	ニュージーランド	第8項	なし
21	ノルウェー	第6項(a)	第5項(a)
22	パキスタン	第6項(a)	第5項(a)
23	ハンガリー	第6項(a)	第5項(a)
24	フィジー	第6項(a)	なし
25	フィンランド	第6項(a)	第5項(a)
26	フランス	第8項	第5項(a)
27	ブルガリア	第6項(a)	第5項(a)
28	ポーランド	第8項	第5項(a)
29	ポルトガル	第8項	第5項(a)
30	香港	第6項(a)	第5項(a)
31	マレーシア	（条約未署名）	（条約未署名）
32	南アフリカ	第6項(a)	第5項(a)
33	メキシコ	なし	なし
34	ルクセンブルク	第6項(a)	第5項(a)
35	ルーマニア	第6項(a)	なし

(4) **第12条（コミッショネア契約等を利用した恒久的施設の判定の人為的回避）第4項及び第13条（準備的補助的活動等を利用した恒久的施設判定の人為的回避）第6項，第7項**

　　第11条及び第14条については，日本が適用しないことを選択していることから外してある。第15条については，適用の有無を明らかにしていないが，適用

258 Ⅳ　多国間条約の今後の課題

する条項に含まれていない。

第12条第4項

4　締約国は，対象租税条約について，この条の規定の全部を適用しない
　権利に留保を付することができる。

第13条第6項及び第7項

1　締約国は，2の規定（選択肢A）若しくは3の規定（選択肢B）を適
　用すること又はいずれの選択肢も適用しないことを選択することができ
　る。

（選択肢A）

2　「PE」を定義する対象租税条約の規定にかかわらず，次の活動を行う
　場合には，「PE」に当たらないものとする。ただし，その活動（次の(c)
　の規定に該当する場合には，次の(c)に規定する事業を行う一定の場所に
　おける活動の全体）が準備的又は補助的な性格のものである場合に限る。

　(a)　この条約によって修正される前の対象租税条約に規定する特定の活
　　　動であって，準備的又は補助的な性格のものであることを条件とする
　　　か否かを問わず，PE を構成しないとされるもの

　(b)　企業のために(a)に規定する活動以外の活動を行うことのみを目的と
　　　して，事業を行う一定の場所を保有すること。

　(c)　(a)及び(b)に規定する活動を組み合わせた活動を行うことのみを目的
　　　として，事業を行う一定の場所を保有すること。

（選択肢B）

3　「PE」を定義する対象租税条約の規定にかかわらず，次の活動を行う
　場合には，「PE」に当たらないものとする。

　(a)　この条約によって修正される前の対象租税条約に規定する特定の活
　　　動であって，準備的又は補助的な性格のものであることを条件とする
　　　か否かを問わず，PE を構成しないとされるもの。ただし，特定の活
　　　動が準備的又は補助的な性格の活動である場合に限り PE を構成しな

いものとされることが，対象租税条約の関連する規定において明示的に規定される場合を除く。
(b) 企業のために(a)に規定する活動以外の活動を行うことのみを目的として，事業を行う一定の場所を保有すること。ただし，当該活動が準備的又は補助的な性格のものである場合に限る。
(c) (a)及び(b)に規定する活動を組み合わせた活動を行うことのみを目的として，事業を行う一定の場所を保有すること。ただし，当該一定の場所におけるこのような組合せによる活動の全体が準備的又は補助的な性格のものである場合に限る。
6 締約国は，次の権利に留保を付することができる。
(a) 対象租税条約について，この条の規定の全部を適用しない権利
(b) 特定の活動が準備的又は補助的な性格のものである場合に限りPEを構成しないものとされることを明示的に規定する対象租税条約について，2の規定を適用しない権利
(c) 対象租税条約について，4の規定を適用しない権利
7 1の規定に基づき選択肢を適用することを選択する各締約国は，自己が選択した選択肢を寄託者に通告する。その通告には，5(a)に規定する規定を含む対象租税条約並びに当該規定の条及び項の番号の一覧を含む。すべての当事国が同一の選択肢を適用することを選択し，かつ，対象租税条約の規定について当該通告を行った場合に限り，当該対象租税条約の規定について，当該選択肢を適用する。
8 6(a)又は(c)の規定に基づく留保を付さず，かつ，1に規定する選択肢を適用することを選択しない各締約国は，各対象租税条約が5(b)に規定する規定を含むか否か並びに当該規定の条及び項の番号を寄託者に通告する。4の規定は，7又はこの8の規定に基づいてすべての当事国が対象租税条約の規定について通告を行った場合に限り，当該対象租税条約の規定について適用する。

260　Ⅳ　多国間条約の今後の課題

日本の適用対象租税条約の第12条第4項及び第13条第6項，第7項の留保・選択一覧

	適用対象租税条約国	第12条第4項	第13条第6項，第7項
	日本	なし	第7項Aを選択
1	アイルランド	留保	第7項Bを選択
2	イスラエル	なし	第7項Aを選択
3	イタリア	留保	第7項Aを選択
4	インド	なし	第7項Aを選択
5	インドネシア	なし	第7項Aを選択
6	英国	留保	なし
7	オーストラリア	留保	第6項(b)，第7項Aを選択
8	オランダ	なし	第7項Aを選択
9	カナダ	留保	第6項(a)
10	韓国	留保	第6項(a)
11	クウェート	留保	第7項Aを選択
12	サウジアラビア	（条約未署名）	（条約未署名）
13	シンガポール	留保	第6項(c)，第7項Bを選択
14	スウェーデン	留保	第7項Aを選択
15	スロバキア	なし	第7項Aを選択
16	チェコ	留保	第6項(a)
17	中国	留保	第6項(a)
18	ドイツ	留保	第6項(c)，第7項Aを選択
19	トルコ	なし	第7項Aを選択
20	ニュージーランド	なし	第7項Aを選択
21	ノルウェー	なし	第7項Aを選択
22	パキスタン	留保	第6項(a)
23	ハンガリー	留保	第6項(a)
24	フィジー	なし	第7項Aを選択

25	フィンランド	留保	第6項(a)
26	フランス	なし	第7項Bを選択
27	ブルガリア	留保	第6項(a)
28	ポーランド	留保	第6項(a)
29	ポルトガル	留保	なし
30	香港	留保	第6項(a)
31	マレーシア	(条約未署名)	(条約未署名)
32	南アフリカ	留保	第7項Aを選択
33	メキシコ	なし	第7項Aを選択
34	ルクセンブルク	留保	第6項(c)，第7項Bを選択
35	ルーマニア	なし	第7項Aを選択

(5)第16条（相互協議手続）第5項及び第17条（対応的調整）第3項

第16条第5項の規定は次のとおりである。日本は，第16条及び第17条の適用を選択している。

5　締約国は，次の権利に留保を付することができる。

(a)　各対象租税条約（ある者がいずれの当事国の権限ある当局に対しても事案の申立てをすることを認めるものを除く。）に基づいて，一方又は双方の当事国の措置により対象租税条約の規定に適合しない課税を受けたと認める者又は受けることとなると認める者は，その事案について，当該一方又は双方の当事国の法令に定める救済手段とは別に，自己が居住者である当事国の権限ある当局に対して又は当該事案が国籍に基づく無差別待遇に関連する対象租税条約の規定の適用に関するものである場合には自己が国民である当事国の権限ある当局に対して申立てをすることができること及び当該事案の申立てがされた一方の当事国の権限ある当局は当該申立てを正当と認めない事案について他方の当事国の権限ある当局との間で通知又は協議の手続を実施することを確保することによって，OECD/G20 BEPS措置に基づく紛争解決を改善するための最低基準を満たす意図を有することを前提として，

当該対象租税条約について，1の前段の規定を適用しない権利

(b) 1の前段に規定する事案について一定の期間内に申立てをしなければならないことを規定しないすべての対象租税条約を適用するに当たって，1に規定する者が対象租税条約の規定に適合しない課税に係る措置の最初の通知の日から3年以上の一定の期間内に当該事案について申立てをすることができることを確保することによって，OECD/G20 BEPS措置に基づく紛争解決を改善するための最低基準を満たす意図を有することを前提として，当該対象租税条約について，1の後段の規定を適用しない権利

(c) すべての対象租税条約を適用するに当たって，次のいずれかに該当することを前提として，対象租税条約について，2の後段の規定を適用しない権利

(ⅰ) 両当事国の法令上のいかなる期間制限にもかかわらず，両当事国の権限ある当局の合意のための手続を通じて成立したすべての合意を実施すること。

(ⅱ) 二国間の条約交渉において，次のすべての事項を規定する条約の規定を受け入れることによって，OECD/G20 BEPS措置に基づく紛争解決を改善するための最低基準を満たす意図を有すること。

(A) 当事国は，いずれかの当事国の企業のPEに帰せられる利得に対しては，当該利得が当該PEに帰せられたとみられる課税年度の終了の時から両当事国の間で合意された期間が満了した後は，更正をしてはならないこと及びこの(A)の規定は，不正，重過失又は故意によって租税を免れた利得については，適用しないこと。

(B) 当事国は，企業の利得となったとみられる利得であって，関連企業に関する対象租税条約の規定に規定する条件のために当該企業の利得とならなかったものに対しては，当該利得が当該企業の利得となったとみられる課税年度の終了の時から両当事国の間で合意された期間が満了した後は，これを当該企業の利得に算入して租税を課してはならないこと及びこの(B)の規定は，不正，重過失又は故意によって租税を免れた利得については，適用しないこと。

第17条第2項及び3項の規定は次のとおりである。

2　1の規定は，一方の当事国が他方の当事国の企業の利得を当該一方の当事国の企業の利得に算入して租税を課する場合において，その算入された利得が，双方の企業の間に設けられた条件が独立の企業の間に設けられたであろう条件であったとしたならば当該一方の当事国の企業の利得となったとみられる利得であるときは，当該他方の当事国の企業の利得に対して当該他方の当事国において課された租税の額について適当な調整を行うことを当該他方の当事国に求める規定に代えて（in place of），又は当該規定がない（in the absence of）対象租税条約について，適用する。

3　締約国は，次の権利に留保を付することができる。

(a)　2に規定する規定を含む対象租税条約について，この条の規定の全部を適用しない権利

(b)　対象租税条約に2に規定する規定がない場合に次のいずれかに該当することを前提として，対象租税条約について，この条の規定の全部を適用しない権利

(i)　当該締約国が，1に規定する適当な調整を行うこと。

(ii)　当該締約国の権限ある当局が，両当事国の権限ある当局の合意のための手続に関する当該対象租税条約の規定に基づき事案を解決するよう努めること。

(c)　前条（相互協議手続）5(c)(ii)の規定に基づく留保を付する締約国については，二国間の条約交渉において1に規定する種類の条約の規定を受け入れることを前提として，対象租税条約について，この条の規定の全部を適用しない権利。ただし，両当事国が，1に規定する種類の条約の規定及び同条5(c)(ii)に規定する規定について合意に達することができた場合に限る。

264　Ⅳ　多国間条約の今後の課題

日本の適用対象租税条約の第16条第5項及び第17条第3項の留保一覧

	適用対象租税条約国	第16条第5項	第17条第3項
	日本	なし	なし
1	アイルランド	なし	(a)
2	イスラエル	(a)	なし
3	イタリア	(a)	なし
4	インド	(a)	(a)
5	インドネシア	(a)	(b)(ⅰ)(ⅱ)
6	英国	なし	なし
7	オーストラリア	なし	(a)
8	オランダ	なし	なし
9	カナダ	(a)，(c)(ⅱ)	(a)，(c)
10	韓国	なし	(a)
11	クウェート	なし	なし
12	サウジアラビア	（条約未署名）	（条約未署名）
13	シンガポール	(a)	なし
14	スウェーデン	なし	(a)
15	スロバキア	(a)	(a)
16	チェコ	なし	(b)(ⅰ)(ⅱ)
17	中国	(a)	なし
18	ドイツ	(a)	(a)
19	トルコ	なし	(a)
20	ニュージーランド	なし	なし
21	ノルウェー	なし	(a)
22	パキスタン	なし	なし
23	ハンガリー	(a)	(a)
24	フィジー	なし	なし
25	フィンランド	なし	(a)

多国間条約の留保と選択一覧表　265

26	フランス	なし	なし
27	ブルガリア	なし	(a)
28	ポーランド	(a)	(a)
29	ポルトガル	(a)	なし
30	香港	なし	(a)
31	マレーシア	(条約未署名)	(条約未署名)
32	南アフリカ	(a)	なし
33	メキシコ	なし	(a)
34	ルクセンブルク	なし	なし
35	ルーマニア	(a)	(a)

(6) 第18条（第6部適用の選択），第19条（強制仲裁）第11項，第12項

　日本は，多国間条約第6部（第18条から第26条）の適用を選択している。また，19条以降の規定は仲裁に係る細則となるため，第18条を選択しない限り適用関係は生じないことになるので，ここでは割愛する。

　第18条の規定は次のとおりである。

> 　締約国は，対象租税条約について，この部の規定を適用することを選択することができる。締約国は，この部の規定を適用することを選択する場合には，その旨を寄託者に通告する。この部の規定は，双方の当事国がその通告を行った場合に限り，当該双方の当事国に関して対象租税条約について適用する。

第19条第11項，第12項の規定は次のとおりである。

> 1(b)　一方の当事国の権限ある当局が他方の当事国の権限ある当局との合意によって事案を解決するよう努めることを規定する対象租税条約の規定（第16条（相互協議手続）2の規定によって修正される場合には，その修正の後のもの）に従い，両当事国の権限ある当局が，8又は9に規定する起算日から起算して2年以内（当該期間が満了する前に，

両当事国の権限ある当局が，その事案について異なる期間について合意し，かつ，当該事案の申立てをした者に対してその合意を通知した場合には，その合意された期間内）に，当該事案を解決するための合意に達することができない場合において，当該者が書面によって要請するときは，当該事案の未解決の事項は，10の規定に基づき両当事国の権限のある当局が合意する規則又は手続に従い，この部に規定する方法によって仲裁に付託される。

11　対象租税条約についてこの条の規定を適用するに当たり，締約国は，1(b)に規定する「2年」を「3年」に代える権利に留保を付することができる。

12　この条の他の規定にかかわらず，締約国は，対象租税条約について次の規則を適用する権利に留保を付することができる。

　(a)　この条約に定める仲裁手続の対象となる両当事国の権限ある当局の合意のための手続に係る事案の未解決の事項は，いずれかの当事国の裁判所又は行政審判所が当該事項について既に決定を行った場合には，仲裁に付託されない。

　(b)　仲裁の要請が行われてから仲裁のための委員会がその決定を両当事国の権限ある当局に送付するまでの間に，当該事項についていずれかの当事国の裁判所又は行政審判所が決定を行う場合には，当該仲裁手続は終了する。

	適用対象租税条約国	第18条の選択国は○ 選択していない国は×	第19条第11項，第12項 （第18条選択しない国は―）
	日本	○	第12項を留保
1	アイルランド	○	第12項を留保
2	イスラエル	×	―
3	イタリア	○	第12項を留保
4	インド	×	―
5	インドネシア	×	―
6	英国	○	なし

資料 多国間条約の留保と選択一覧表　267

7	オーストラリア	○	第12項を留保
8	オランダ	○	なし
9	カナダ	○	第12項を留保
10	韓国	×	—
11	クウェート	×	—
12	サウジアラビア	（条約未署名）	（条約未署名）
13	シンガポール	○	第12項を留保
14	スウェーデン	○	第12項を留保
15	スロバキア	×	—
16	チェコ	×	—
17	中国	×	—
18	ドイツ	○	第11項を留保
19	トルコ	×	—
20	ニュージーランド	○	第12項を留保
21	ノルウェー	×	—
22	パキスタン	×	—
23	ハンガリー	×	—
24	フィジー	○	なし
25	フィンランド	○	第12項を留保
26	フランス	○	第11項，第12項を留保
27	ブルガリア	×	—
28	ポーランド	×	—
29	ポルトガル	○	第11項，第12項を留保
30	香港	×	—
31	マレーシア	（条約未署名）	（条約未署名）
32	南アフリカ	×	—
33	メキシコ	×	—
34	ルクセンブルク	○	第12項を留保

| 35 | ルーマニア | × | — |

　第18条を選択しない国とは仲裁の適用がないことになる。日本にとって，移転価格税制の相互協議の相手国となる，インド，インドネシア，中国等が選択していないことは，これらの国々とは相互協議の合意形成が難しい現状に変化が生じないことになる。

著者紹介

矢内　一好（やない　かずよし）
中央大学商学部教授　博士（会計学）（中央大学）

（単著）

1　『国際課税と租税条約』（ぎょうせい　平成４年）（第１回租税資料館賞受賞）
2　『租税条約の論点』（中央経済社　平成９年）（第26回日本公認会計士協会学術賞受賞）
3　『移転価格税制の理論』（中央経済社　平成11年）
4　『和英用語対照　税務・会計用語辞典』（十訂版）（編著者　矢内一好）
　　（財経詳報社　平成14年）
5　『連結納税制度』（中央経済社　平成15年）
6　『詳解日米租税条約』（中央経済社　平成16年）
7　『解説・改正租税条約』（財経詳報社　平成19年）
8　『Q&A 国際税務の基本問題〜最新トピックスの検討』（財経詳報社　平成20年）
9　『キーワードでわかる国際税務』（中央経済社　平成21年）
10　『米国税務会計史』（中央大学出版部　平成23年）
11　『現代米国税務会計史』（中央大学出版部　平成24年）
12　『改正租税条約のすべて』（財経詳報社　平成25年）
13　『英国税務会計史』（中央大学出版部　平成26年）
14　『一般否認規定と租税回避判例の各国比較〜 GAAR パッケージの視点からの分析』（財経詳報社　平成27年）
15　『コンパクト解説　日本とアジア・大洋州・米州・旧ソ連諸国との租税条約』（財経詳報社　平成28年）
16　『コンパクト解説　日本とヨーロッパ・中東・アフリカ諸国との租税条約』（財経詳報社　平成28年）
17　『Q&A 国際税務の最新情報』（財経詳報社　平成29年）

・「米国租税条約の研究」「国際連盟におけるモデル租税条約の発展」（平成元年日本税理士連合会研究奨励賞受賞）その他共著，論文多数。

解説 BEPS防止措置実施条約

平成30年1月28日　初版発行

著　者　矢　内　一　好

発行者　宮　本　弘　明

発行所　株式会社　財経詳報社

〒103-0013　東京都中央区日本橋人形町1-7-10
電　話　03（3661）5266（代）
ＦＡＸ　03（3661）5268
http://www.zaik.jp
振替口座　00170-8-26500

落丁・乱丁はお取り替えいたします。　　　　印刷・製本　創栄図書印刷
©2018　　　　　　　　　　　　　　　　　　Printed in Japan 2018

ISBN　978-4-88177-446-5